中国法学会后期资助项目文丛

BOOK SERIES FUNDED BY CHINA LAW SOCIETY

中国法学会责任审稿人

李存捧　孙立军

中国法学会后期资助项目文丛
BOOK SERIES FUNDED BY CHINA LAW SOCIETY

北京市盗窃罪量刑实证研究

——以2736份判决书为样本

An empirical study on the sentencing of larceny in Beijing
—Based on 2736 judgments

董晓华◎著

法律出版社
LAW PRESS·CHINA

序　　言

量刑不均衡或不公正是困扰各国司法界的普遍问题。近年来，我国学者在量刑方面展开了许多研究。本书是以解决量刑差异为目的，以已判盗窃案件为对象展开量刑实证研究。笔者选择了北京市 10 年间 4 个行政区的 2000 件盗窃案，对 2753 名被告人的量刑情况进行了多角度详细的研究。然后又围绕因量刑提起的上诉审，对 736 份二审判决进行了研究。

第一，本书对所有样本的整体量刑情况进行了考察，了解盗窃数额的分布规律比较一致，4 个行政区选择刑罚种类和刑期轻重的差异不大。在罚金刑方面，只有大兴区在 2003 年到 2005 年的罚金刑重于其他区，其他年份基本相同。在年度量刑比较方面，2004 年有期徒刑的平均时长处于最低的位置，而 2009 年的有期徒刑时长均值最高。其他年份也都略有变化。总体来看，2008 年至 2010 年的均值较其他年份都高，表明这 3 年适用有期徒刑的刑期较长。另外，通过年度量刑的比较，发现最高人民法院发布《人民法院量刑指导意见（试行）》前后即 2010 年前后北京市盗窃罪的量刑没有什么变化，表明《人民法院量刑指导意见（试行）》[①] 对司法实践

① 该文件已于 2015 年被《最高人民法院关于实施量刑规范化工作的通告》废止。但由于本书研究选取的案件在该指导意见适用期内，本书的讨论仍基于该指导意见的内容。笔者认为，这些内容仍具有研究价值。

的触动不大。

第二，本书研究了盗窃数额对量刑的影响力。盗窃数额是决定盗窃罪量刑的主要因素，所以笔者将所有被告人的盗窃数额按法定量刑幅度分为不同区间，在不同区间内又分为数个数额段。在每个数额区间内详细研究盗窃数额与盗窃罪量刑的关系，揭示了盗窃数额对主刑种类、主刑轻重和罚金刑轻重的决定性作用。随着盗窃数额的增大，主刑类别随之由单处罚金刑、管制刑等轻刑转变为拘役刑、有期徒刑等监禁刑，主刑量刑时长也逐渐增加，罚金刑幅度也逐渐增加。但是，盗窃数额决定的只是一个总体趋势，由于存在一些法定或酌定的量刑情节，盗窃数额并不是决定宣告刑的唯一因素，所以也会出现盗窃数额大而量刑轻或盗窃数额小而量刑重的案例。

第三，特殊犯罪主体也是影响量刑的重要因素。所以，本书选择了未成年人、非本市户籍人员和聋哑人三类犯罪主体，从强制措施、刑罚种类、刑期等方面分析了不同类型犯罪主体对量刑的影响力。得出的结论是：不同类型的犯罪主体对量刑的影响力非常明显。未成年人量刑的从轻和减轻幅度很大；刑法规定聋哑人犯罪可以从轻、减轻，但事实上聋哑人的逮捕率和实刑率却是各类主体中最高的。非本市户籍人员和本地人比较，其逮捕率和实刑率也比较高。

第四，关于自首、累犯等十余个法定和酌定情节对量刑的影响力，本书逐一进行了考察，发现各个情节对量刑的影响力大不相同。有些法定情节如立功等对量刑影响不大，而有些酌定情节如犯罪动机等对量刑的影响力却很明显。各情节对量刑的影响力是在各个数额区间内分别统计计算的，同一情节在不同数额区间内表现出不同的影响力。综合各个区间的统计结果，影响力最明显的分别是：盗窃数额、犯罪动机、未成年人、退赔、累犯和犯罪次数。

另外，在对各情节进行量刑研究的过程中，笔者也发现判决书较少区分主、从犯和既、未遂认定混乱的问题。就这些问题的表现形式、成因和解决对策，笔者也进行了深入的探讨。

第五，在对2000份一审判决全方位研究后，笔者又换了一个角度，选取了北京市第二中级人民法院2010～2014年5年间的736份二审案件，从上诉和抗诉两个不同的视角，以二审改判判决为中心，从程序和实体两个方面对盗窃罪的量刑问题再次进行了探讨。

第六，笔者对实证研究的结论进行了概括和整理。这些样本的总体量刑均衡，但某些相似个案之间的量刑存在差异；一些法定的量刑情节没有表现出影响力，而一些酌定情节却表现出了明显的影响力。笔者重点对主、从犯区分和聋哑人、非本市户籍人员量刑存在的问题进行了剖析，并提出了自己的解决对策。另外，对本书研究中突出的法官自由裁量权问题，笔者结合自己的司法实践经验，认为完善公诉机关的量刑建议是规范法官自由裁量权的有效途径。

第七，余论部分对本研究的不足进行了总结。选取便利样本进行研究，尽管在收集过程中一直强调随机性，但在本书写作时，还是发现某些数据的代表性出现了偏差。在设定变量时，由于经验不足，导致事先设定的个别变量没有找到相关的案例，而一些没有作为变量的因素却在司法实践中明显地影响了量刑。再就是判决书作为主要研究对象带来的局限性。判决书语言规整、概括、简练，记载了案件的基本信息，但是不细致，导致笔者不能详细地了解案件信息，并且使有些变量的统计不是绝对准确。

目　　录

Contents

图表目录

第一章　研究实施方案

第一节　研究意义及思路

一、盗窃罪量刑实证研究的意义

从实体法的角度看，刑事司法的两大任务就是定罪与量刑。在刑事审判实践中，受各种主客观因素影响，量刑失衡或量刑偏差以及由此引发的量刑不公问题，是世界各国普遍存在的现象。量刑偏差的后果是严重的，正如英国哲学家培根所言，“一次不公正的裁判，其恶果甚至超过十次犯罪，因为犯罪是无视法律——好比污染了水流，而不公正的裁判则毁坏法律——好比污染了水源”。赵廷光教授指出：“量刑偏差的恶果是，刑事案件的上诉申诉率居高不下，大量消耗国家有限的司法资源，增大当事人诉讼成本，给‘情’‘权’介入诉讼提供游刃空间，导致不同程度的司法腐败，侵蚀和破坏法律肌体，严重降低刑罚适用的效益。”① 事实的确如此。以笔者的司法经验来看，量刑不公将直接损害司法的公正、权威，极易导致被害人及亲友与犯罪人、司法人员的对立，动摇社会对司法和法治的信

① 赵廷光：《量刑公正实证研究》，武汉大学出版社 2005 年版，第 8 页。

心，而且还加剧了侦查机关、公诉机关和审判机关的摩擦和矛盾，降低了诉讼效率。

量刑不均衡是世界各国普遍关注的问题，一些经济发达国家对量刑问题的研究起步较早，已取得显著成果。无论是学者还是司法机关，都投入了大量的人力、物力进行研究论证，许多国家也都在研究的基础上制定了规则或指导意见规范法官的量刑。例如美国，在联邦和21个州都有量刑委员会，负责制定量刑指南，并确保量刑指南及在量刑指南指导下的判决具有权威性。① 再如英国，也通过立法建立了量刑指南委员会，作为一个独立机构，负责量刑指南的制定和修改。国外的量刑研究也多以实证研究的方法进行，且越来越精细化和具体化。由于这些研究来自司法实践，因此对司法实践的指导意义也很显著。应该说，国外已有的研究成果或立法机关、司法机关颁布的量刑指南等在一定程度上解决了量刑不均衡问题。

我国这几年对量刑问题日益关注。理论界对量刑的研究逐渐繁荣，关于量刑的研讨会、著作和论文数量日益增多，在中国知网输入“量刑”这个主题词，搜索出6509篇论文，② 足见大家对量刑研究的热情。在研究的内容上，也呈现多元化和多角度的特点，学者们分别在量刑的基本理论、程序、方法、情节以及比较研究等领域著书立说。虽然理论研究繁荣，但量刑理论的研究成果对司法实践指导作用仍不明显，基本上是各说各话。笔者认为造成这种理论和实践脱节的原因之一就是缺乏量刑的实证研究。有些学者的研究是纯理论的，有些学者的研究虽然选取了一些案例，但也是零星分散，没有对我国量刑的现状进行详尽的考察，也就不能发现真正存在的问题，更不可能得出客观的结论。在社会各方面力量的推动下，最高司法机关也越来越重视量刑的均衡问题，组织专门人员研究量刑，并相

---

① 参见胡云腾主编：《中美量刑改革国际研讨会文集》，中国法制出版社2009年版，第43页。

② 笔者于2014年3月6日在中国知网进行的检索。

继出台了《人民法院量刑指导意见（试行）》和《关于规范量刑程序若干问题的意见（试行）》，对各级法院法官的量刑活动有了一定程度的指导和约束。但在公诉机关和审判机关多年形成的惯性思维作用下，多数法官仍将量刑置于辅助和次要的地位，其研判案件的重心仍是能否定罪和如何定罪的问题，在解决上述问题后，量刑基本是顺带解决，量刑不均衡的问题依然存在。

笔者认为，量刑本身是一个实践性很强的司法行为，研究量刑问题，必须结合司法实践中的具体情况。而量刑是刑事判决书的重要内容之一，对其研究也应植根于判决活动中，所以笔者对量刑的研究选择了以判决书为对象的实证研究方法，用真实的数据和对比结果，揭开司法实践中量刑的真实状况。从经验入手，采用程序化、操作化和定量分析的手段，使量刑的研究达到精细化和准确化。有时，我们看到一个判决，仅仅凭经验和对法律规定的理解，评论量刑畸轻畸重或偏轻偏重，也许这种评论是中肯的、准确的，但凭经验和感觉得出的结论离事实真相总还有一定的距离，对某个罪名整体的量刑状况更是无能为力。实证研究的优势恰恰是摆脱经验和感觉，用最真实的数据阐述司法实践中量刑的真实状态。实证研究的结论有可能是符合我们的经验的，也有可能完全颠破我们一直以来认知的经验和规律。但无论怎样，揭开真相是实证研究的使命和价值所在。

在量刑的实证研究方面，有一些学者已经作出了颇有成效的工作。如武汉大学的赵廷光教授经过16年的潜心研究，完成了人工智能软件《辅助量刑系统》的研制，使用这个系统，只要输入罪名构成类型、量刑情节，以及对每个量刑情节的“重要性程度”和“具体表现”所做的评价，就可以通过系统的运算得出一个量刑建议及论证意见。该系统攻克了世界难题的量刑偏差，较好地实现了量刑的公正性和透明性，从而使宣告刑具有可预测和重复验证性。[①] 但是，该系统在部分法院试点应用后，并没有在全国推广开来。另外，北京大学的白建军教授在量刑的实证研究方面也颇有威望。白教授也对盗窃罪的量刑进行过研究，他从全国选择了5万多个盗窃罪判决，通过筛选裁剪样本，使样本成为无任何法定量刑情节有期徒刑适用的精品案例，其研究目的是找到最佳量刑参数，供人们参鉴。[②] 而笔者的实证研究与赵廷光教授和白建军教授的研究思路、方法与目的完全不同。笔者的实证研究方法决定了本书更多的是客观描述而不是主观设想，不能提前设定结论，甚至不确定将要发现的问题是什么。原原本本地呈现北京市盗窃罪的量刑现状，如实记录其中存在的问题，并试图解决这些问题，这就是本书的贡献。

二、本书的研究思路与结构

作为一本实证研究专著，笔者所要做的就是如实对北京市盗窃罪量刑的现状从不同角度、不同侧面进行详尽的展示和分析。循着一个由表及里、由浅入深的探索者的视角，将盗窃罪量刑的面貌逐步揭示。本书主要的研究思路是先宏观，再微观，最后进行总结和梳理。按照这个思路，本书共分七章展开：

第一章是关于盗窃罪实证研究的实施方案。主要内容有以下几部分：第一部分是关于量刑实证研究对象的介绍。该部分内容阐述了研究对象、研究地域和研究时段的确定及其原因。第二部分是关于实证研究方法的介绍。对本书所使用的档案分析法和问卷调查法进行了详细的介绍。第三部分、第四部分则分别对贯穿全书的量刑差异和单一影响率两个概念进行介绍和解析。量刑差异是本书对比各种量刑时用以发现问题的手段和途径。

---

① 参见赵廷光：《论“电脑量刑”的基本原理》，载《湖北警官学院学报》2007年第2期总第95期。

② 参见白建军：《刑法规律与量刑实践——刑法现象的大样本考察》，北京大学出版社2011年版。

单一影响率是计算各个因素对量刑的影响力时常用到的概念。

第二章是对本书研究对象的一个概括性阐述。该部分内容涵盖了2753名被告人量刑的基本情况，如盗窃数额分布情况，被告人的文化程度和强制措施情况。同时对所有被告人的量刑情况从年度和地区两个角度进行了对比分析，对司法实践中量刑在时间和空间上的变化有了认识。该部分内容是对全部案例的一个概括性阐述，从整体上对实证研究对象有一个基础性和全面性的认识。

第三章是对盗窃数额的研究。之所以单独将盗窃数额作为独立一章进行研究，是基于盗窃数额对于盗窃罪量刑的不可替代的重要性。该章内容是本书的一个重点，笔者按照法定量刑幅度将盗窃数额分为不同区间，在不同区间内又分为不同的数额段，分别在每个区间内对盗窃罪的量刑情况进行详细分析。这部分研究笔者尽可能做到细致入微，将盗窃数额与量刑的关系阐述的尽可能清楚。同时，笔者将影响盗窃罪量刑的各个变量也放在每个区间内分别统计，目的在于对各个变量在不同区间的不同影响力分别研究，使我们对各个变量影响量刑的方式、程度及其变化有更清晰的认识。

第四章是对几类特殊犯罪主体的量刑研究。未成年人、聋哑人和非本市户籍人员这几类犯罪主体也是影响量刑的几个主要变量，这一章主要是对主体因素影响量刑的情况进行分析研究。之所以没有把他们和其他影响量刑的因素放在一起研究，是考虑这几类犯罪主体是以其身份对量刑产生影响，影响量刑的方式是多方面的，如他们的强制措施、刑罚种类、主刑和罚金刑量刑幅度、刑事政策的影响以及与其他普通主体的量刑差异，内容比较丰富，可研究的空间比较大，所以笔者将其单列一章进行研究，可以对这几类主体的量刑有全面而深入的认识。

第五章是对影响盗窃罪量刑的主要情节的研究。该章内容也是本书的一个重点，包括主要的法定和酌定量刑情节，是笔者根据法律规定和司法经验提炼出来的。这些情节是除盗窃数额外影响量刑的重要因素，而且有的变量的影响程度甚至超过了盗窃数额，所以笔者对这些因素在盗窃罪量刑中所起的作用分别进行研究。各变量的研究内容在该章中的分布并不平均，有的多，有的少，原因在于笔者对各变量的研究深度和范围取决于其在量刑中表现出的影响力及发现的问题，存在问题多的变量笔者自然会投入更多的研究精力。

第六章是上述盗窃罪量刑实证研究的延伸。公诉机关或被告人认为判决公正与否，会用实际行动表达出来，抗诉和上诉就是他们表达意志的直接方式。为了使本书的研究更立体，笔者在对一审判决进行全面审视后，又从二审的角度，对检察院和被告人提起的围绕量刑的盗窃罪判决的二审情况展开研究。

第七章是本书的结论部分。这部分主要对第二章到第五章的内容进行总结和归纳，对其中得出的结论和暴露出的问题进行分析、探讨和思考，并对一些问题的解决方法提出笔者的观点。另外，余论部分对本书存在的不足和缺憾进行了总结和整理。

第二节　实证研究对象的选择

一、选择盗窃罪的原因

在做具体个罪的量刑实证研究时，首先要解决的问题就是选择哪一个罪名。基于多年的办案经验，笔者不假思索地想到了盗窃罪。之所以如此，主要有以下4个原因：

第一，盗窃罪数量多，能提供丰富的研究素材。盗窃罪是常见多发的传统罪名，实践中案例较多。据笔者粗略统计，盗窃罪在北京市各城区的所有案件中基本能占到20%以上，可以说，盗窃罪是数量最多的一种犯罪。有足够数量的案例作为支撑，是进行实证研究的良好基础。如果选那些不常见的罪名，有的城区一年最多有几个，有的城区甚至几年都没有，寥寥几个案例无法提供有价值的实证研究的基础。因此笔者选择盗窃罪，通过对大量案例进行统计分析，能得出更客观、更科学、更接近真实的结论。

第二，盗窃罪是数额犯，有利于进行量刑差异的对比和研究。盗窃罪对社会的危害程度直接通过犯罪数额体现出来，对盗窃罪定罪量刑的主要依据也是数额。盗窃罪有三个法定的量刑幅度，数额是最主要的区分界限。在每一个量刑幅度内，法官量刑时首要考虑的因素是具体的犯罪数额，犯罪数额的大小决定了量刑的轻重，而其他的量刑情节则作为辅助的量刑因素，在犯罪数额确定的基础上加以调整。盗窃罪确定的犯罪数额，为我们研究量刑的均衡和科学提供了最具体和客观的实证研究依据，也更能清晰的判断其他因素对量刑的影响力。另外，随着社会的发展，盗窃罪的立案标准也发生了很大变化，2012 年 3 月 1 日北京市将盗窃罪的定罪量刑标准上调，数额较大、巨大和特别巨大的数额都提高了很多，本研究的范围也包含了 2012 年，通过这个研究，也能够看到定罪量刑幅度提高后量刑的一些变化。因此，盗窃罪作为量刑的研究对象是比较理想的。

第三，盗窃罪的犯罪形态和犯罪过程具有多样性，包含比较全面的影响量刑的因素。作为结果犯，在犯罪阶段和形态方面，盗窃罪不仅包含犯罪预备、犯罪未遂、既遂、犯罪中止等犯罪形态和犯罪阶段，还有犯罪部分既遂、部分退赔等多样化形态；在犯罪对象方面，司法解释明确规定盗窃不同财物量刑标准是不同的，如盗窃救灾、抢险、防汛、优抚、扶贫、移民和救济物资属于从重量刑情节；在被害人方面，盗窃残疾人、孤寡老人或未成年人以及丧失劳动能力人等也是从重情节；嫌疑人犯罪后的表现也是量刑需要考虑的情节，如盗窃后的退赔、追缴赃款等都是影响量刑的法定情节和酌定情节。可以说，盗窃罪基本涵盖了影响量刑的法定和酌定情节，为研究影响量刑的各种因素提供了充分的研究空间。

第四，盗窃罪的犯罪主体没有限定。刑法规定有些犯罪只能由特定主体构成，其他人不可能构成该罪，如贪污贿赂罪的犯罪主体只能是国家工作人员。而有些犯罪，虽然刑法没有规定特定主体，但客观事实造成只能由一部分人构成，如强奸罪犯罪嫌疑人多是男性，女性比较罕见。而盗窃罪则是一个不限定犯罪主体的罪名，不受性别、年龄、地域、职业、身份、健康、信仰等方面的影响，任何人都可能涉嫌盗窃。犯罪主体的多样性和广泛性，也为研究不同犯罪主体对盗窃罪量刑的影响提供了可能和基础，如本地人和非本市户籍人员是否有差异，健康人和盲聋哑人是否有差异，成年人和未成年人是否有差异。

二、研究地域的选择

本书选择北京市一个直辖市作为研究的地域范围。之所以选择一个直辖市，而不是选择全国各地的样本进行对比研究，也主要是基于盗窃罪这个数额犯的基本特点。最高人民法院和最高人民检察院（以下简称“两高”）发布了关于盗窃罪数额较大、巨大和特别巨大三个量刑法定幅度的范围，要求各省市根据本地区经济发展状况，并考虑社会治安状况，在规定的数额幅度内，确定本地区执行的具体数额标准，并报“两高”批准。由于各地经济发展水平不均衡，制定的数额标准并不统一，甚至相差较大。既然各个省市定罪量刑的标准不一样，放在一起比较是没有现实意义的，也不可能得出有价值的结论。另外，笔者在北京市基层司法部门工作多年，在办理盗窃案件方面积累了丰富的经验，对该罪名的量刑也有一些认识和感受，这些都可以为本书的实证研究提供最真实、最直观的条件和素材。所以，选择北京市作为研究的地域范围，既是一个便利的选择，也是一个务实的选择。

确定了以北京市的盗窃罪量刑为研究对象，而北京市有16个区县，是否有必要收集所有区县的判决呢？笔者认为这是不必要的。收集16个区县的判决，数量过于庞大，繁杂的收集、统计和分析工作非一己之力所能完成，而且北京市16个区县并非都有特色和代表性。因此，笔者将北京的区县归类，从每类中选出一个区县作为研究对象，这样既可以照顾到北京城乡的巨大差异，也可以避免做一些重复的无用功。基于这样的原则，笔者以北京中心城区为原点，按照中心城区辐射的范围，选择北京西城、海淀、大兴、平谷4个城区的盗窃罪进行实证研究，每个城区分别代表一种类型。不同的城区特色直接决定了盗窃罪的不同表现形式，如中心城区的盗窃多发生在商场、车站等人流多的繁华地段，盗窃多针对被害人随身携带的财物，且单独作案多，结伙作案少；而郊区的盗窃多是针对居民区或农村院落的入户盗窃，常常结伙作案，连续作案。同时，经济发展不均衡，影响治安状况不同，出于打击犯罪维护秩序的需要，各个城区对盗窃罪的处罚也会稍微有差别。

西城区代表了北京的中心城区或叫老城区，这里地域小、人口密集，经济发达，居住的外来人口相对较少。海淀区地域面积大，外来人口多，经过多年的发展，经济比较发达，越来越向城市中心区靠拢，但依然保留了城乡接合部的特点。大兴区是近几年随着北京城市扩张而迅速发展起来的新兴城区，城市与农村特色兼具，外来人口开始增加，城乡接合部逐步扩大。平谷区则是北京远郊区县的代表，具有典型的农村特点。

另外，本书的样本中不包含中级法院判决的一审案件，但从上诉和抗诉的角度选择了二审案件进行研究。之所以如此安排，是由于盗窃罪不是重罪和暴力犯罪，最高法定刑为无期徒刑，实践中整体量刑不重，绝大多数盗窃案件都由基层法院审理，因此研究中级法院的一审案件没有意义。而中级法院审判的上诉或抗诉案件，则能从检察院和被告人的抗诉及上诉中，发现一审判决量刑中的存在问题，同时通过分析二审对一审量刑的维持或改判，来研究二审判决对量刑均衡的把握和规律。

三、研究时段的选择

在决定选择4个区县的地域标准后，又面临选择盗窃罪判决时间段的问题。时间的选择，目的是了解在一定时间跨度内量刑是稳定还是在变化发展，变化发展又有何规律，其内在动因又是什么。如果选择时间跨度过大，重复工作，没有意义。时间过短，又看不出量刑在时间上的差异，导致分析失败。选择一个合适的时间段，既能够采集到足够的判决，又能清晰地看出量刑的变化及其规律。所以笔者最终选择10年的判决作为研究对象，即从2012年往前倒推到2003年。之所以选择10年，是基于以下几个理由：

（一）立法的变化

10年内法律、司法解释和刑事政策都有变化，北京市关于盗窃罪的定罪量刑标准在2012年重新修订，再加上“两高”又新出了几个有关盗窃罪的司法解释，这些政策和司法解释的变化对量刑的影响到底有多大，只有对比分析能看出来。特别是2010年10月1日《人民法院量刑指导意见（试行)》和《关于规范量刑程序若干问题的意见（试行)》在全国法院全面试行，不同于以前的法官凭经验办案，盗窃罪的量刑开始规范化，适用量刑情节，计算刑期都有了较详细的规定。从经验量刑转变为按照规则计算刑期，应该算是量刑工作的一个重大变化，在规范前后量刑到底有多大变化，通过实证研究可以得到结论。

（二）司法理念的变化

司法理念虽是无形的，它的力量和作用却是不可小觑的，司法理念支配、影响一个人对案件的认识和判断，秉持不同理念的人甚至会对同样的事物做出截然相反的结论。随着社会和法制环境的不断发展，司法人员的司法理念也在潜移默化地变化。这种变化不仅映射到定罪中，更能直接地映射到量刑中。

（三）法官的变化

对一个单位来讲，10 年是一个比较长的阶段，其人员变化也很大，因退休、辞职、换岗等原因，能连续在刑事审判岗位上工作 10 年的情况不多，因此，同一个法院 10 年内的判决一定是由不同法官审理的。再加上近几年也是法学院校毕业生充实北京基层法院最频繁的几年，年轻法官的法学理论功底、法制观念、司法经验等和老法官都有所不同，这些也会反映到量刑中。所以笔者认为选择 10 年是一个比较理想的期间。

四、本书采用的研究方法

（一）档案分析法

1. 分析样本的选取

本书最主要的研究方法是对盗窃罪判决书的统计分析。在整个刑事诉讼程序中，只有判决书是公开可收集到的，其他的法律文书都不公开，这和审判程序公开有关。判决书一般也都承载了案件必要的内容，如被告人基本情况、盗窃手段、盗窃数额、盗窃结果及各个影响量刑的情节，有些判决还会阐述判决的理由和依据等。所以对判决书的研究虽不能全面详细了解整个案件和诉讼过程，但主要的定罪量刑信息都在，可以提取出研究所需的要素。

4 个区 10 年的盗窃判决数量是非常庞大的，笔者不可能将所有的案例都进行研究。可取的方法是从 4 个区的盗窃判决中随机抽取便利样本。这种抽样方法为非概率抽样，即调查者根据自己的方便或主观判断抽取样本的方法，它不是严格按随机抽样原则来抽取样本。[①] 北京市每个区县的盗窃案都不在少数，有些地域面积大的区县一年就有几百个甚至上千个盗窃案，小的区县也有100个左右，而且每个城区的案件特点相对稳定。笔者根据自己的研究能力，从每个区每年随机选取50个案件，总数是2000个，对于一本实证著作来讲，也是一个不小的数据库。

2. 变量的确定

变量的选择是本书实证研究的重要内容，关系到量刑研究的价值和目的。如何选择变量，选择哪些变量，笔者参考了一些已有的量刑实证研究，再加上多年实务工作的经验，将能够影响盗窃罪量刑的所有因素都作为研究选项。一方面，笔者阅读了大量判决书，从中发现司法实践中盗窃罪常见的影响量刑的因素，判决书中出现的量刑因素以法定量刑因素为主，同时还有一些认罪、退赔等酌定因素。另一方面，笔者查阅了刑法条文和司法解释条款，特别是关于盗窃罪的司法解释，从中选择影响盗窃罪量刑的因素。此外，笔者还确定了一些不在判决书和司法解释中出现的影响量刑的因素，如被告人是否为在校生、是否为本地人。以被告人是否为本地人这个因素举例，对于较轻微的盗窃案件，如果嫌疑人是本地人，往往在嫌疑人退赔并认罪的情况下，对嫌疑人采取取保候审措施，并继而适用缓刑。而非本市户籍人员则被逮捕并被判处实刑。这就会出现一个矛盾，盗窃行为基本相似的非本市户籍人员和本地人会被判处不同的刑罚。所以，为真实了解北京地区的盗窃罪量刑面貌，笔者将这些法定、酌定及

① 非概率抽样方法主要有偶遇抽样、主观抽样、定额抽样、立意抽样、滚雪球抽样等类型。本书中笔者根据自己需要，采用立意抽样的方法。立意抽样又叫判断抽样，指研究人员从总体中选择那些被判断为最能代表总体的单位作为样本的抽样方法，当研究者对自己的研究领域比较熟悉，对研究总体比较了解时采用这种抽样方法，可获得代表性较高的样本，这种抽样方法常应用于研究者的时间与人力、物力有限时采用。

事实上影响量刑的因素都作为分析的对象，最终确定了21个变量。在制作数据库过程中，这21个变量基本能满足需要，将判决书中的信息全部涵盖。但是，笔者也发现事先设定的某些变量由于司法实践中较少涉及，实际上被虚置了，如盗窃款物特征这一变量下包含救灾、抢险、防汛、优抚、扶贫、移民或救济等选项，在2000份判决书中却没有发现以这些财物作为盗窃对象的，所以关于这个变量的数据是零。

3. 统计分析手段

本书所有的研究都是以2000个案例的统计分析结果为基础的。本书对判决的统计分析主要运用的是SPSS社会科学统计程序。该程序集数据录入、资料编辑、数据管理、统计分析为一体。将2000份判决书中需要研究的要素提取出来制作数据库，然后进行统计、分析和研究。但对抗诉案件和上诉案件的研究，则没有用SPSS社会科学统计程序，主要原因在于这部分判决的研究目的是了解对一审判决量刑的评价，不涉及对确定变量的统计和测算。本书所有内容，无论是宏观还是微观，都以真实案件为基础，以统计分析为手段，统计分析的结果即是结论。用数据而不是想象发现问题，用对比结果而不是推理阐明事实，这就是实证研究的优势和特点。

本书涉及盗窃数额的研究内容较多，根据不同需要，对盗窃数额进行了详细的区间划分。在确定数额区间时，采用了“某数～某数”的表达方式，如“1000～10,000”的区间。为避免统计重复，本书中所有的该类表述，起点数都包含本数，终点数不包含本数。如“1000～10,000”的区间指的是1000元到9999元的所有研究对象。

4. 单一影响率的含义

本书在研究各变量对量刑的影响力时，使用了单一影响率的概念。单一影响率，是指单一变量对于因变量的影响，换句话说就是某一变量能在多大程度上影响量刑。如调整后数额特别巨大区间内有19名被告人，盗窃数额对主刑轻重的单一影响率是52.8%，说明盗窃数额这一变量可以解释主刑量刑幅度中52.8%的差异。导致主刑量刑幅度的原因有很多，盗窃数额只是导致主刑幅度之间存在的原因之一，而这一原因在所有原因中所占的比例为52.8%。也可以这么理解，在主刑量刑幅度中共包含19个判决，盗窃数额可以解释其中52.8%×19=10个案件之间的主刑量刑幅度为什么有差异。

从统计方法来讲，单一影响率就是一个相关系数，用以反映变量之间相关关系密切程度的统计指标。[①] 本书统计的单一影响率是一个区间内所有案件的平均影响率，只能从总体上了解该变量对案件量刑的影响力或趋势，而无法精准用于个案计算变量对具体量刑的影响力。假设在一个区间内，某变量出现频繁，且对量刑发挥了作用，则最终统计出的单一影响率必然高，反之则低。所以单一影响率只能作为帮助我们理解变量对案件量刑影响力的一个指标，而不能用单一影响率计算变量对量刑的具体影响程度。

笔者在每个区间内分别统计了各变量的单一影响率，发现同一变量在不同区间的影响率是完全不同的。这种变化主要取决于区间内案件数量的多少、变量出现频率的高低以及变量对量刑的影响。例如，主从犯这一变量，在某区间内对主刑量刑幅度的单一影响率达到34.5%，对罚金刑量刑幅度的单一影响率达到49.5%，这说明主犯在该区间内出现频率较高或对量刑发挥了较大的影响，且这种影响没有被大量案件稀释掉。而在其他区间里主从犯却只有0.4%的影响率，这表明该区间内主犯出现频率低，即使对量刑发挥了作用，也被大量案件冲淡了。各区间内变量的影响率不同，这也正是笔者分区间统计变量影响率的原因，这样可以对每个变量的

① 具体来讲，本文的相关系数是线性相关系数。相关系数是按积差方法计算，同样以两变量与各自平均值的离差为基础，通过两个离差相乘来反映两变量之间相关程度。

影响率有更细致的认识和了解。

变量的单一影响率不同于《人民法院量刑指导意见（试行）》中所规定的量刑情节的调节率。如《人民法院量刑指导意见（试行）》中对立功情节的调节率规定，“一般立功的，可以减少基准刑的20%以下”，指的是法官对立功情节减轻处罚的幅度是基准刑的20%以下，立功情节的减轻幅度依附于基准刑，适用于所有的案件。如果基准刑是3年有期徒刑，可以减轻7个月，如果基准刑是10年，则可以减轻24个月。调节率有明确的基准刑，操作性强，适用于所有的案件。而单一影响率与调节率计算方法和作用都有所不同。单一影响率是从一定范围的案件中统一算出来的，其结果受到案件数量和其他各种因素的影响。例如，立功在各个数额区间的单一影响率是不同的，在案件数量少而立功情节又发挥了作用的区间内，立功的单一影响率就高；在案件数量多而立功情节又较少发挥作用的区间内，立功的单一影响率就表现不出来。

（二）法官访谈调查法

通过对判决书的分析，能让我们对盗窃罪量刑的情况知其然，但如果想知其所以然，就必须了解判决的制作者——法官的所思所想，法官在量刑时应当考虑哪些因素、可以考虑哪些因素，哪些因素对量刑作用力大，哪些因素可以忽略不计，最终的宣告刑如何计算出来，许多通过阅读判决想不通、看不明白的问题都可以在法官这里找到答案。所以为更全面、真实地了解盗窃罪的量刑，笔者在档案分析法之外的另一个研究方法就是访谈调查法，调查对象就是基层法院刑事审判法官。这种方法主要是为了弥补静态分析判决书带来的不足。

1. 访谈问题的设计

访谈问题主要有两方面：一方面是向法官调查了解量刑过程和主要思路，调查目的是了解法官的量刑原则、量刑方法、考虑因素等基本的常规问题。这些问题可以使我们加深对判决书宣告刑的认识，让如何量刑不再神秘。另一方面主要围绕判决书的分析结论产生的问题，也就是统计结果中突破了大家长久以来形成的量刑认识，笔者不能解释和判断的现象，就这些结论背后可能存在的原因请法官进行分析和解释，帮助我们了解这些判决的形成原因，消除困惑，更深层次地了解和分析量刑。

2. 关于访谈对象的选择

本书研究分析的判决书大部分来自基层法院。所以访谈调查的法官也基本选择基层法院法官，并兼顾学历、经验、年龄、性别等方面的因素。不同年龄段的法官因从事刑事审判工作年限不同，经验积累程度不同，对案件的认识深度和角度也不同，对同样的案件会做出不同的判断。选择学历层次不同的法官，是考虑到有无受过正规的法学教育也是影响量刑的一个重要因素。目前基层法院中还有一些20世纪80年代参加工作，从其他行业或中学毕业招考到司法机关工作的，这些人没有接受过正规、系统的法学教育，虽然会办案、会运用法条，但法理知识欠缺，法治观念不够稳定。除上述因素外，性别因素也不能忽视，男女法官的心理素质和关注点不一样，女法官更感性，更富同情心，也影响了她们对案件的认定，例如，女法官对故意伤害罪、强奸罪往往持憎恶态度，体现在量刑上就会偏重。所以笔者在选择法官调查时，会兼顾这些因素，保持各类法官的适当比例，避免调查结果的偏颇。

调查方式主要采取电话采访和当面采访等。对于不同的法官，根据具体情况，可以电话采访交流，条件允许的笔者也可以当面访谈。对于判决书分析中出现的异常现象，尽量用直接沟通的方式。

第二章　盗窃罪量刑整体情况考察

第一节　盗窃罪全样本基础信息

本书选取了北京市西城区、海淀区、大兴区和平谷区2003年至2012年的2000份盗窃案件判决书，每个地区每年度随机选取50份，包含2753名被告人的判决。其中逮捕数为2425人，占全样本比例的88.1%。所有样本中共有347名被告人是未成年人，比重占12.6%，在所有犯罪嫌疑人中，共有2035名非本市户籍人员，占全样本的73.9%。

2753名被告人中有4人免予刑事处罚，占0.14%的比例；有23人被单处罚金刑，占0.83%的比例；有43人被判处管制刑，占1.5%的比例；有333人被判处拘役刑，占12%的比例；有2350人被判处有期徒刑，占85.3%的比例。从被告人被判处的主刑类别看，还是有期徒刑适用比例最高，占据绝对优势。

一、案件数和被告人数之比的差异性

本书的研究样本是从四个区各选择500个判决，但统计出的被告人数却出现了差别。西城区的被告人数最少，只有642名，被告人数与案件数之比为1.28，也就是说，一个案件平均有1.28个罪犯。海淀区的被告人

数与案件数之比为1.41，大兴区为1.39，平谷区为1.42，3个区比较接近。被告人数与案件数之比大，表明共同犯罪较多，比例小，则表明单独犯罪较多。这个数值恰好反映了4个城区的特点。西城区作为中心城区，地域狭小，居民住宅区少，商业区和公共交通枢纽多，盗窃多发生于公交车上和商业区，盗窃目标通常是匆忙的行人，盗窃犯常常单独作案，隐蔽性强，共同犯罪的比较少。海淀区和大兴区作为城乡接合部，地域面积大，既有繁华城区也有较偏僻的欠发达地区，居住的外来人口多，适宜于盗窃团伙藏身。盗窃嫌疑人多以老乡关系形成较为稳定的犯罪团伙，少则三五人，多则十多个人以盗窃为生，共同居住、共同作案、共同分赃，这些嫌疑人通常分工合作，以入室盗窃为主，作案次数多、危害大。平谷区作为远郊区县，特点和海淀区、大兴区有些接近，也是犯罪团伙多、入室盗窃多，有的犯罪团伙将近20人，查实的作案次数也有三四十起。不同区县的地域特点和经济发达程度对犯罪也有一定的影响力，体现在盗窃罪这种常见的多发犯罪中就更为明显。

二、被告人的教育程度

被告人受教育程度不是法官量刑要考虑的因素，但受教育程度是直观反映盗窃罪社会根源的指标，也是我们认识盗窃罪犯这一群体的一个重要的侧面。

通过对被告人教育程度的统计（见表2－1），文盲、小学和初中学历的被告人占到总数的83.4%，其中仅初中学历的就占51%。高中以上直至研究生学历的被告人只占16.6%，比例较低，表明受教育程度高的人进行盗窃的可能性较小。被告人受教育程度普遍偏低，这是一个符合社会现实的统计结论。

表 2-1　被告人受教育程度分布情况

被告人受教育程度	频数/人	比例/%
文盲	119	4.3
小学	773	28.1
初中	1404	51
高中	205	7.4
中专	148	5.4
大专	50	1.8
大学	52	1.9
研究生以上	2	0.1
合计	2753	100

文化程度是衡量一个人适应社会能力的重要因素，排除个别的特殊情况和反例，学历高的人一般能力也更强，更容易被社会认可，从而找到一份相对稳定和收入优厚的工作。生活有经济保障以及顾及前途和脸面，使他们不屑于去实施盗窃这种令人鄙夷的犯罪行为。反之，学历低的人受社会认可的程度就低，即使找到工作，也多是社会地位和收入都比较低的体力劳动。没有工作和收入的人群，或收入比较低勉强糊口的人群，在生活的现实压力和社会的歧视等多重作用下，最容易滑向犯罪的深渊。另外，学历高的人，相应地会掌握一些基本的法律知识，了解触犯法律的严重后果，懂得约束自己。而学历低的人则缺乏自我约束和调整，甚至意识不到犯罪后果的严重性。如一些宾馆服务员、家庭保姆，在盗窃时也能意识到自己做得不对，但以为被发现退赔就没事了，被司法机关判处刑罚时往往后悔不已。

初中以下文化程度的被告人共有 2296 名，占到所有被告人的 83.4%，构成了盗窃犯罪的主体。学历偏低的被告人无论是非本市户籍人员还是本地人，要么无业，要么从事简单的体力劳动，如服务业、建筑业，收入微薄，生活质量差。这些人生活在社会边缘，很难真正融入大城市的生活。

时常会处于经济困顿的窘境，当他们下定决心以犯罪来满足生存之需时，盗窃往往是一种最便利的选择。盗窃手段多种多样，没有复杂的技术含量，不分性别、场合、时间，随时都可以实施，且不易被人发现，所以盗窃罪在所有侵财犯罪中发案率是最高的。但是也有少数受到高等教育的人会犯盗窃罪。如被告人赵某，系中国科学院某研究所博士研究生，在北京大学某学院办公室内，盗窃被害人放在办公桌上的挎包一个，内有现金及手机等物，共计价值人民币2480.3元，其在离开现场时被发现并扭送至派出所。法院认为被告人赵某系犯罪未遂，认罪态度较好，赃物已追缴发还，判处其拘役4个月，罚金人民币1000元。

三、被告人被逮捕的情况

（一）被告人被逮捕的总体情况

全部样本2753名被告人中，共有2425名被告人被逮捕，占全样本的88.1%。总体来看，逮捕率还是很高的。逮捕是为了保证刑事诉讼程序顺利进行的强制措施，但是司法实践中，逮捕却逐渐发展出了更深的含义和作用。一般来讲，犯罪嫌疑人被逮捕意味着这样几层意思：

第一，犯罪事实清楚，证据充分。检察机关在审查逮捕时，会对公安机关提交的事实和证据进行全面而深入的审查，虽然审查只是为了决定是否适用强制措施，但这个审查标准基本等同于审查起诉的标准。如果检察机关批准逮捕，一般来说意味着犯罪事实比较清楚，证据比较充分。

第二，犯罪的社会危害性较大。检察机关在决定是否批准逮捕时，还会考虑犯罪嫌疑人的逮捕必要性，如果犯罪行为轻微，采取取保候审不致有社会危险性，能保证诉讼程序正常进行，一般检察机关会以无逮捕必要性为由不予批准逮捕。

第三，判处监禁刑的可能性非常大。对于采取逮捕措施的犯罪嫌疑人，审查起诉部门和法院在审查起诉和判决时通常会慎重对待，不会轻易推翻批捕部门的决定，虽然也有逮捕后采取取保候审措施的被告人，但为数很少。对于被逮捕的被告人，法院拟判处非监禁刑要经过更为复杂的审批程序，所以，一般情况下，被逮捕的犯罪嫌疑人多判处监禁刑。

（二）不同犯罪主体逮捕率的对比情况

表2－2　被告人逮捕情况

样本类别	逮捕率/%
全部样本	88.1
未成年人	70.3
成年人	90.6
非本市户籍人员	94.4
本地人	70
聋哑人	98.1

从表2－2统计的结果来看，各类犯罪主体中，逮捕率最高的是聋哑人，最低的是本地人。未成年人和成年人的逮捕率差别是明显的，成年人的逮捕率比未成年人高出20.3%。本地人和非本市户籍人员的逮捕率差别也很明显，非本市户籍人员的逮捕率比本地人高出24.4%。各类犯罪主体适用不同的强制措施，是司法实践中久而久之形成的习惯做法，和身份确实有很大关系，也造成了某种程度的司法不公。关于不同犯罪主体逮捕率的问题，笔者在第四章主体因素对量刑的影响部分将会有详细阐述。

（三）逮捕率十年间的变化

通过表2－3和图2－1可以看出，从2003年开始，盗窃罪逮捕率逐年上升，到2007年到达最高点。随后在2008年稍有回落，但仍高过2003年到2006年。这个逮捕率的变化是有些让笔者感到意外的。因为近些年来，北京市检察机关一直在强调严格把握“有逮捕必要”的逮捕条件，慎重适用逮捕措施，能用其他强制措施的尽量使用其他强制措施。审查批捕要严格依据法律规定，在把握事实证据条件、可能判处刑罚条件的同时，注重对“有逮捕必要”条件的正确理解和把握。对于不采取强制措施或者采取其他强制措施不至于妨害诉讼顺利进行的，应当不予批捕。对于可捕可不捕的坚决不捕。尽管司法机关一直在努力，但批捕率不降反升，而且在奥运会前达到最高峰，这主要还是首都治安形势的迫切需要导致。

表2－3　各年度逮捕率

年度	频数	比例/%
2003（N＝275）	228	82.90
2004（N＝283）	233	82.33
2005（N＝301）	259	86.05
2006（N＝306）	261	85.29
2007（N＝301）	281	93.36
2008（N＝267）	240	89.89
2009（N＝268）	249	92.91
2010（N＝248）	226	91.13
2011（N＝238）	211	88.66
2012（N＝266）	237	89.10
合计（N＝2753）	2425	88.09

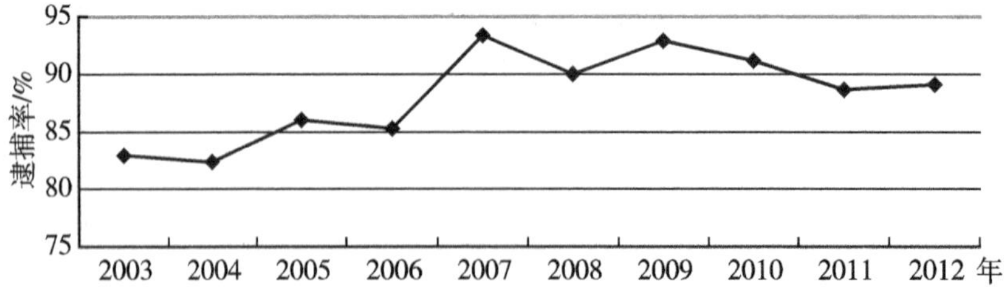

图2－1　各年度逮捕率

笔者认为，逮捕率一直居高不下的原因主要在于侦查工作的需要。侦查机关只有拘留权，而拘留一般只有7日，如果符合流窜作案、结伙作案或多次作案的嫌疑人，侦查机关可以将拘留延长至30日。要求侦查机关在7日或30日内调查取证达到事实清楚、证据充分的程度，基本不可能，特别是针对一些疑难复杂的案件，更加不可能。所以侦查机关非常需要逮捕措施继续关押犯罪嫌疑人进一步充实证据。如果不继续关押，侦查机关的侦破工作将面临多方面的风险：嫌疑人有可能脱逃，再次抓捕要付出高昂的司法成本，还很可能抓捕失败。另外，嫌疑人获得人身自由后翻供、串供的可能性大，给下一步的侦查工作制造障碍。所以，侦查机关往往以各种方式强调嫌疑人的社会危险性，给检察机关施加压力促其批准逮捕。考虑到嫌疑人脱保和翻供、串供的现象普遍存在，检察机关在审查逮捕时对逮捕必要性的考察也格外谨慎，只有在确定案件情节轻微且证据充分，不会发生变化，嫌疑人不会脱逃的情况下，才会以无逮捕必要不予批准逮捕。造成的结果就是，检察机关虽然口号上一直在喊“少捕、慎捕”，逮捕率却未下降。

（四）四区逮捕率分布情况

从表2－4来看，差别还是明显的。西城区的逮捕率最高，达到94.39%，其次是海淀区91.21%，排在第三的是大兴区88.65%，逮捕率最低的是平谷区78.73%。平谷区逮捕率最低可能和所选取样本中未成年人占比重大有一定关系。而且逮捕率的高低也呈现一个规律：按照中心城区向郊区县过渡的顺序，逮捕率逐渐降低。经济越发达的地区，逮捕率越高，郊区县逮捕率最低。海淀区和大兴区作为有城乡接合部的经济较发达区域，逮捕率介于中心城区和郊区之间。

表2－4 四区逮捕率比较

地区	频数	比例/%
西城区（N＝642）	606	94.39
海淀区（N＝705）	643	91.21
大兴区（N＝696）	617	88.65
平谷区（N＝710）	559	78.73
合计（N＝2753）	2425	88.1

（五）逮捕案件的盗窃数额分布

在被逮捕的被告人中，盗窃数额比较多的首先是集中在2000元到5000元的区间内，占29.5%的比例；其次是1000元到2000元的区间，占22.6%的比例；最后是5000元到10,000元的区间，占14.6%的比例。（见表2－5、图2－2）从盗窃数额的分布情况来看，逮捕案件较多的集中在数额较大的区间内，在数额巨大和特别巨大的区间内，逮捕案件所占比例都很小。那么这个分布规律和全样本的盗窃数额规律究竟有差异吗？下面用图2－3来直观地比较一下：

表2－5 被逮捕的被告人的盗窃数额分布情况

盗窃数额/元	频数	比例/%
1000以下	41	1.7
1000～2000	548	22.6
2000～5000	715	29.5
5000～10,000	354	14.6
10,000～20,000	305	12.6
20,000～30,000	127	5.2
30,000～60,000	176	7.3
60,000～100,000	66	2.7
100,000～300,000	70	2.9
300,000以上	23	0.9
合计	2425	100

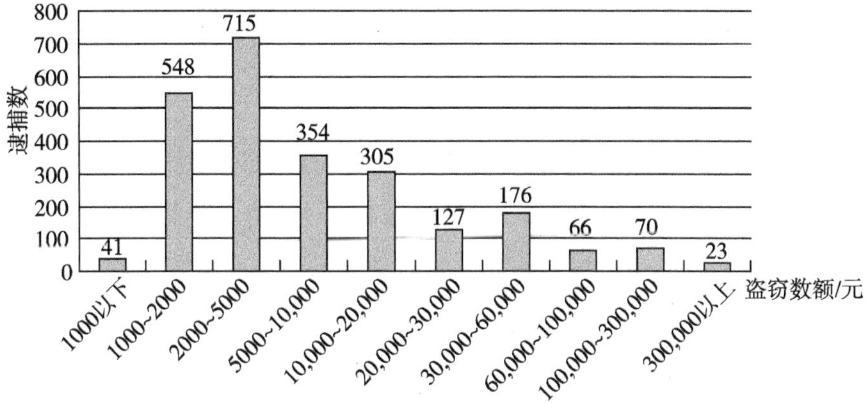

图 2-2　被逮捕的被告人的盗窃数额分布情况

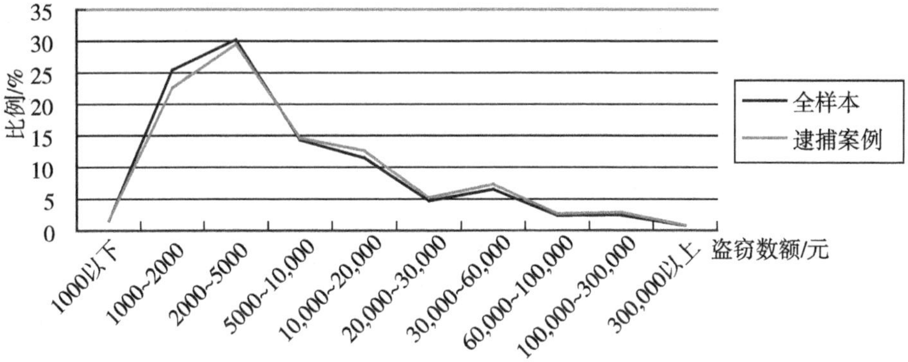

图 2-3　全样本盗窃数额分布与被逮捕被告人盗窃数额分布比较

图 2-3 中的两条折线分别代表了全样本的盗窃数额分布规律和逮捕案件的盗窃数额分布规律，明显可以看出，两条线基本重合在一起，表明适用逮捕措施的被告人的盗窃数额并不比其他案件高，其盗窃数额的分布规律和全样本的盗窃数额分布规律是一致的，二者没有差别。这种一致性也表明，是否适用逮捕措施并不取决于盗窃数额一个标准，而是有其他更多的因素在发挥作用。

（六）逮捕措施与主刑类别的关系

1. 逮捕与监禁刑的关系

统计的结果是被告人是否被逮捕与选择何种主刑有直接的关系，这个统计结论是符合办案的司法实践的。逮捕是剥夺人身自由的强制措施，是侦查阶段最严厉的强制措施，被逮捕的嫌疑人的犯罪情节一般都比较严重，而且在其后的审判程序中，一般也会被判处监禁刑。所以笔者按照是否被判处监禁刑的标准，将被告人分为两大类。一类是判处免予刑事处罚、单处罚金刑和管制刑的被告人，另一类是判处拘役和有期徒刑的被告人。

第1类判处非监禁刑的被告人共有70人，其中68人被取保候审，2人被逮捕，逮捕率只有2.85%。（见表2-6）这个统计结果表明对于最终被判处非监禁刑的被告人来说，一般不会采取逮捕措施。逮捕主要是针对那些罪行比较严重的嫌疑人。

表2-6　主刑种类与逮捕措施情况

单位：人

主刑量刑类别	是否被逮捕		合计
	否	是	
免予刑事处罚	4	0	4
单处罚金刑	22	1	23
管制	42	1	43
拘役	100	233	333
有期徒刑	160	2190	2350
合计	328	2425	2753

说明：T检验的结果表明，犯罪嫌疑人是否被逮捕在主刑量刑类别的选择上具有显著差异（$T=27.426$，$df=2751$，$p<0.001$）。

第2类判处拘役和有期徒刑的被告人共有2683名，其中有260人被取保候审，2423人被逮捕，逮捕率是90.3%。[①]（见表2－6）判处监禁刑的逮捕率如此之高恰又印证了逮捕和监禁刑之间的对应关系。

2. 逮捕与缓刑的关系

逮捕后判处监禁刑的比例高，是否判处实刑的比例也高呢？我们再进一步通过逮捕与缓刑的关系来了解一下（见表2－7）：

表2－7　是否判处缓刑与是否被逮捕情况

单位：人

是否判处缓刑	是否被逮捕		合计
	否	是	
是	248	75	323
否	80	2350	2430
合计	328	2425	2753

说明：卡方检验结果表明，嫌疑人是否被逮捕在判处缓刑方面具有显著差异（$\chi^2=1467.109$，$df=1$，$p<0.001$）。

表2－7显示被逮捕的2425名被告人中有75人被判处缓刑，仅占到被逮捕人数的3%。也就是说，被逮捕的被告人中只有3.1%的人被判处缓刑，表明逮捕后判处缓刑的可能性极小。而没被逮捕的328名被告人中有248人适用缓刑，达到75.6%的比例。

通过上面对逮捕和主刑种类的关系对比，以及逮捕和适用缓刑的关系对比，可以明显地看出逮捕作为一个强制措施，对其后是否判处实刑有很强的参照意义。

① 为统计方便，保留小数点后一位。统计总和与实际可能略有出入。

第二节 四区盗窃罪量刑的对比

一、四区盗窃数额的分布情况

为考察四区量刑的情况，进行有根据的比较，准确地找出四区的差异，我们首先要看一看四区盗窃数额的分布情况（见表2-8~表2-11），这是对四区的量刑进行比较的基础。

表2-8 西城区盗窃数额分布情况

盗窃数额/元	频数	比例/%
不满1000	21	3.3
1000~2000	198	30.8
2000~5000	190	29.6
5000~10,000	69	10.7
10,000~20,000	62	9.7
20,000~30,000	28	4.4
30,000~60,000	36	5.6
60,000~100,000	15	2.3
100,000~300,000	19	3.0
300,000以上	4	0.6
合计	642	100.0

表2-9 海淀区盗窃数额分布情况

盗窃数额/元	频数	比例/%
不满1000	4	0.6
1000~2000	198	28.1

续表

盗窃数额/元	频数	比例/%
2000～5000	225	31.9
5000～10,000	98	13.9
10,000～20,000	89	12.6
20,000～30,000	31	4.4
30,000～60,000	35	5.0
60,000～100,000	15	2.1
100,000～300,000	9	1.3
300,000 以上	1	0.1
合计	705	100.0

表2－10　大兴区盗窃数额分布情况

盗窃数额/元	频数	比例/%
不满 1000	11	1.6
1000～2000	156	22.4
2000～5000	205	29.5
5000～10,000	90	12.9
10,000～20,000	82	11.8
20,000～30,000	35	5.0
30,000～60,000	61	8.8
60,000～100,000	17	2.4
100,000～300,000	23	3.3
300,000 以上	16	2.3
合计	696	100.0

表2－11　平谷区盗窃数额分布情况

盗窃数额/元	频数	比例/%
不满1000	8	1.1
1000～2000	147	20.7
2000～5000	212	29.9
5000～10,000	137	19.3
10,000～20,000	83	11.7
20,000～30,000	36	5.1
30,000～60,000	47	6.6
60,000～100,000	19	2.7
100,000～300,000	19	2.7
300,000以上	2	0.3
合计	710	100.0

图2－4是四区盗窃数额分布的情况。从折线图来看，四区的线条呈现出基本相似的分布规律。虽然四区的案例都是随机选取的，但从这些案件的盗窃数额分布来看，案件还是有代表性的。

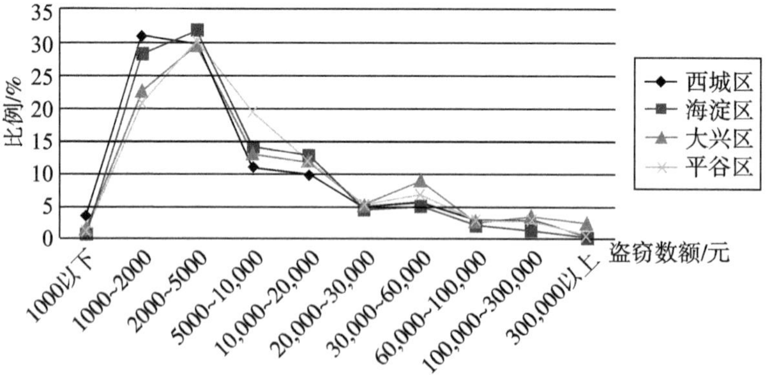

图2－4　四区盗窃数额分布情况比较

笔者将盗窃数额分为 10 个区间，四区在各个区间所占比例略有不同，但总体呈现出的趋势基本一致。数额较大 1000 元到 10,000 元的区间被告人数最多，西城区数额较大的被告人占 71.1%，海淀区占 73.9%，大兴区占 64.8%，平谷区占 69.9%。数额较大的被告人数在四区都占据了绝对优势，在该区间内再细分 1000 元到 2000 元、2000 元到 5000 元和 5000 元到 10,000 元 3 个数额段。除了西城区第 1 个数额段高于第 2 个数额段 1.2%之外，其他 3 个区都是第 2 个数额段高于第 1 个数额段，高的幅度分别是 3.8%、7.1%、9.2%，第 3 个数额段则排在第 3 位。

数额巨大 10,000 元到 60,000 元的区间内，西城区数额巨大的被告人占 19.7% 的比例，海淀区占 22%，大兴区占 25.6%，平谷区占 23.4% 的比例。在这个区间内，大兴区占比例最高，这似乎和大兴区在数额较大的区间内占比例最低形成某种呼应。其他 3 个区的比例较为接近。

如果将四区数额较大和数额巨大的人数加起来，也就是说，按照盗窃数额应该适用 10 年以下有期徒刑量刑幅度的人数，西城区两部分人数共有 90.8% 的比例，海淀区有 95.9%，大兴区有 90.4%，平谷区有 93.3%。四区最高和最低的相差 5.5 个百分点，这个差别并不是很大，这个差别能否在量刑中体现出来，我们看下面的量刑情况。

二、四区盗窃罪主刑类别比较

四区在适用主刑类别方面的相同处还是很明显的：适用免予刑事处罚、单处罚金刑的案例都特别少，在所有主刑类别中占的比例微乎其微。适用管制刑虽然比免予刑事处罚和单处罚金刑多一些，但是和其他监禁刑比较还是少很多。从整体上来看，非监禁刑的适用比例只有 2.5%，非常低。绝大多数的盗窃罪还是适用监禁刑。拘役的适用比例高于前述的非监禁刑，但和有期徒刑比还是很低。有期徒刑的适用比例在四区都占到了绝对多数，都达到了80%以上的比例，只有平谷区略低一点，占到70%的比例。(见表2－12、图2－5)

表2－12 四区适用主刑种类及比率

主刑类别	地区				合计	比例/%
	西城区	海淀区	大兴区	平谷区		
免予刑事处罚	1	2	0	1	4	0.1
单处罚金刑	1	11	1	10	23	0.8
管制	0	0	0	43	43	1.6
拘役	26	79	72	156	333	12.1
有期徒刑	614	614	623	500	2351	85.4
合计	642	706	696	710	2754	100

说明：差异检验的结果表明，四区法院在选择刑罚种类上存在显著差异。

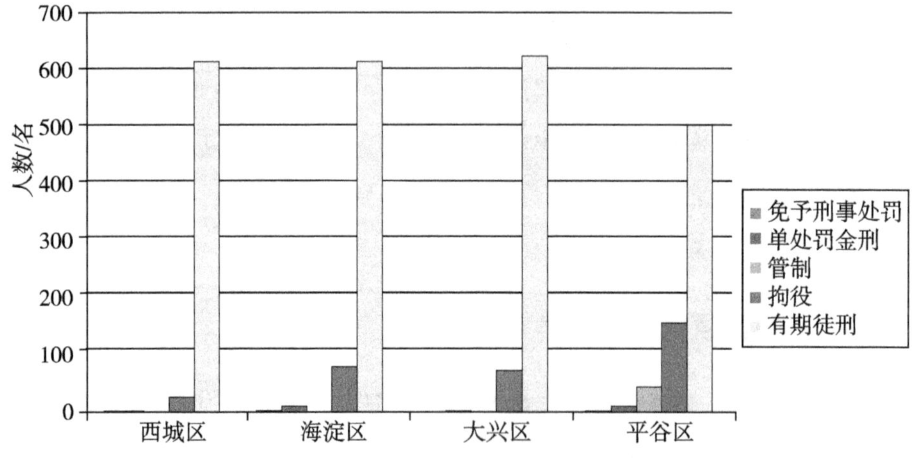

图2－5 四区主刑类别分布

但是，细分以后，四区在适用主刑方面还是有差别。免予刑事处罚总数非常少，四区10年也只有4名被告人。西城区、平谷区各1人，海淀区

2 人，大兴区没有。由于总数本身非常少，所以在免予刑事处罚的适用上，四区看不出什么差别。

单处罚金刑共有23 例，所占比例也非常小，但在各个区县分布上差异还是很明显的。西城区和大兴区仅有 1 例，而海淀区有 11 例，平谷区有 10 例。四区呈现完全不均衡的态势。

作为主刑之一的管制刑，西城区、海淀区和大兴区在 10 年中对盗窃罪都没有适用过，而平谷区在 10 年内判决了 43 名被告人管制刑。

拘役刑作为监禁刑，四区适用的差异也很显著，西城区仅有 26 例，海淀区和大兴区分别是 79 例和 72 例，两区比较接近。而平谷区则有 156 例，远远多于其他 3 个区。拘役刑适用的规律呈现出从中心老城区向郊区县越来越多。

在有期徒刑的适用方面，四区也呈现出不均衡，西城区适用有期徒刑的比例达到95%，海淀区是87%，大兴区是89%，3 个适用有期徒刑的情况比较接近。而平谷区有期徒刑的适用率只有70%，这是由于平谷区适用了较多的管制刑和拘役刑，所以适用有期徒刑的案件数大大下降。

表2－13 是对四区两两进行比较得出的结果。表中的均值差说明的是两者之间的差异性，数值越大，差异越大。如西城区和海淀区比较时，其显著性一栏为0.000，即 $P<0.001$，说明在99.9%以上的概率中两地区在选择主刑类别方面存在差异。在西城区与大兴区比较时，其显著性一栏为0.032，即 $P<0.05$，说明在99.5%以上的概率中两地在选择主刑类别方面存在差异。

表2-13 四区主刑种类比较（主刑量刑类别LSD）

(I) 地区	(J) 地区	均值差 (I-J)	标准误	显著性	95%置信区间	
					下限	上限
西城区	海淀区	0.115*	0.026	0.000	0.06	0.17
	大兴区	0.056*	0.026	0.032	0.00	0.11
	平谷区	0.337*	0.026	0.000	0.29	0.39
海淀区	西城区	-0.115*	0.026	0.000	-0.17	-0.06
	大兴区	-0.058*	0.026	0.023	-0.11	-0.01
	平谷区	0.223*	0.025	0.000	0.17	0.27
大兴区	西城区	-0.056*	0.026	0.032	-0.11	0.00
	海淀区	0.058*	0.026	0.023	0.01	0.11
	平谷区	0.281*	0.026	0.000	0.23	0.33
平谷区	西城区	-0.337*	0.026	0.000	-0.39	-0.29
	海淀区	-0.223*	0.025	0.000	-0.27	-0.17
	大兴区	-0.281*	0.026	0.000	-0.33	-0.23

* 均值差的显著性水平为0.05。①

① "-"（负号）表示的是两者之间的差异性是正向相关还是负向相关，由于四个区之间不存在正负之别，所以不用考虑。一般具有显著性意义的P值有三类表述：$P<0.001$，$P<0.01$以及$P<0.05$，分别指的是在99.9%以上，99%以上以及95%以上的概率中存在差异性或相关性。在社会学中，有时会在90%的置信区间内检验相关性或差异性，那时就会出现$P<0.1$的情况。

三、四区主刑量刑时长比较

（一）拘役刑期时长比较

从表2－14和图2－6中不难看出，平谷区判决拘役的案件数量要显著多于其他3个区，西城区判处拘役的案件数量最少。

表2－14 四区案件拘役时长分布

单位：件

拘役时长/月	地区				合计
	西城区	海淀区	大兴区	平谷区	
1	0	0	0	3	3
2	0	0	1	8	9
3	3	4	9	47	63
4	0	19	23	49	91
5	14	28	22	29	93
6	9	28	17	20	74
合计	26	79	72	156	333

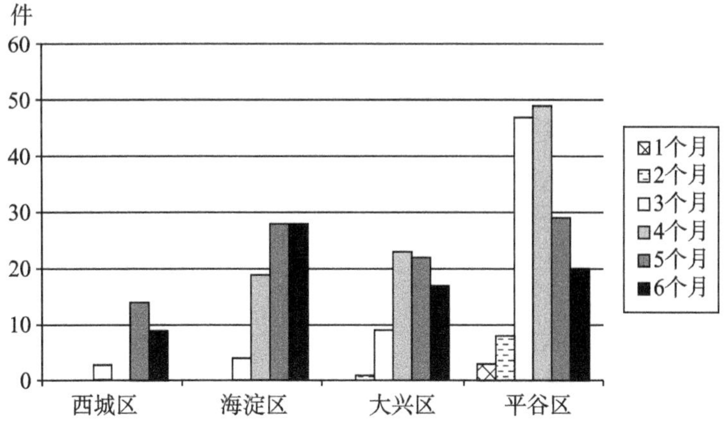

图2－6 四区案件拘役时长分布

在判决时长方面，四区也表现出了明显的不同，海淀区和西城区的拘役案件判处时长集中在5～6个月，大兴区的拘役案件判决时长集中在4～5个月，而平谷区的拘役案件判决时长则集中在3～4个月。

单从判处拘役的案件数量和判决时间上看，平谷区对于盗窃罪判决的量刑较其他3个区更为轻缓。

差异检验的结果也证实了我们观察的结论，四区在判决拘役的时限方面存在显著差异（$F(3, 329) = 21.457$，$p < 0.001$）。（见表2－15、表2－16）

表2－15　四区主刑量刑幅度比较（ANOVA）

分类	平方和	df	均方	F	显著性
组间	73.070	3	24.357	21.457	0.000
组内	373.458	329	1.135		
总数	446.528	332			

表2－16　四区主刑量刑幅度多重比较（主刑量刑幅度LSD）

(I) 地区	(J) 地区	均值差 (I－J)	标准误	显著性	95%置信区间	
					下限	上限
西城区	海淀区	0.103	0.241	0.670	－0.37	0.58
	大兴区	0.490*	0.244	0.045	0.01	0.97
	平谷区	1.135*	0.226	0.000	0.69	1.58
海淀区	西城区	－0.103	0.241	0.670	－0.58	0.37
	大兴区	0.388*	0.174	0.026	0.05	0.73
	平谷区	1.032*	0.147	0.000	0.74	1.32
大兴区	西城区	－0.490*	0.244	0.045	－0.97	－0.01
	海淀区	－0.388*	0.174	0.026	－0.73	－0.05
	平谷区	0.644*	0.152	0.000	0.35	0.94

续表

(I) 地区	(J) 地区	均值差 (I-J)	标准误	显著性	95%置信区间	
					下限	上限
平谷区	西城区	-1.135*	0.226	0.000	-1.58	-0.69
	海淀区	-1.032*	0.147	0.000	-1.32	-0.74
	大兴区	-0.644*	0.152	0.000	-0.94	-0.35

*均值差的显著性水平为0.05。

说明：在两两比较表中，需要注意的是西城区与海淀区的两两比较结果显示，两者之间的差异在95%以上的置信区间内是不存在显著相关性的，因为P=0.670>0.05. 说明两区在判处拘役时选择的时长在统计学上没有显著差异，也就是说，两者在拘役时长的选择上是相似的，但是西城区或海淀区与大兴区以及平谷区在判处拘役时长方面是有显著差异的。

（二）有期徒刑刑期时长比较

从表2-17和图2-7中我们可以看出，四区在判处有期徒刑时长的趋势方面大致相似，但还是有明显区别。其中的区别主要有以下两点：一是大兴区判处半年以下有期徒刑的数量要显著高于其他三区；二是大兴区和平谷区判处有期徒刑1年以下的被告人数量要显著低于西城区和海淀区。对此我们是否可以猜测，平谷区判决有期徒刑1年以下的数量较少可能与其判处拘役数量较多有关，而大兴区判决有期徒刑1年以下的数量较少或许是因为其判处半年以下有期徒刑的被告人数量较多。

表2-17 四区有期徒刑时长比较

单位：件

有期徒刑时长	地区				合计
	西城区	海淀区	大兴区	平谷区	
半年以下	67	84	111	71	333
1年以下	269	255	209	161	894
1年半以下	61	87	59	52	259
2年以下	44	21	32	28	125

续表

有期徒刑时长	地区				合计
	西城区	海淀区	大兴区	平谷区	
2年半以下	13	18	5	23	59
3年以下	33	35	54	29	151
3年半以下	20	22	17	24	83
4年以下	18	22	25	19	84
4年半以下	15	3	14	14	46
4年半以上	74	67	97	79	317
合计	614	614	623	500	2351

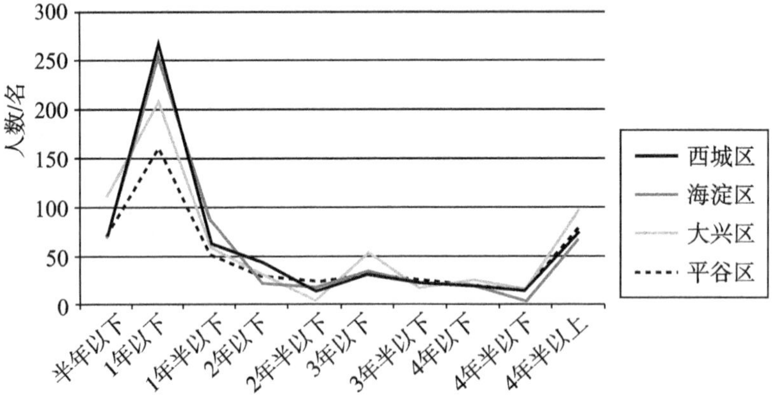

图2－7　四区有期徒刑时长比较

下面我们再用统计方法验证一下，如表2－18所示。

表2－18　四区有期徒刑时长差异检验（ANOVA）

类型	平方和	Df	均方	F	显著性
组间	23, 920. 155	3	7973. 385	6. 948	0. 000
组内	2, 693, 259. 511	2347	1147. 533		
总数	2, 717, 179. 666	2350			

说明：差异检验的结果表明，四区在有期徒刑判决时长方面存在差异（$F(3, 2347) = 6.948$，$p < 0.001$）。

对四区有期徒刑两两比较的结果表明如表 2－19 所示。西城区和海淀区，大兴区和平谷区之间并没有统计学意义上的显著差异，这表明，西城和海淀两区在采用的判决时长方面无统计学意义上的差异，大兴和平谷两区在判决时长方面同样无差异，而西城区（或海淀区）与大兴区（或平谷区）相比，两区之间在有期徒刑的判决时长方面有显著差异。

表 2－19　四区有期徒刑时长多重比较（主刑量刑时长 LSD）

(I) 地区	(J) 地区	均值差 (I－J)	标准误	显著性	95% 置信区间	
					下限	上限
西城区	海淀区	2. 989	1. 933	0. 122	－0. 80	6. 78
	大兴区	－4. 350*	1. 926	0. 024	－8. 13	－0. 57
	平谷区	－4. 708*	2. 041	0. 021	－8. 71	－0. 71
海淀区	西城区	－2. 989	1. 933	0. 122	－6. 78	0. 80
	大兴区	－7. 339*	1. 926	0. 000	－11. 12	－3. 56
	平谷区	－7. 696*	2. 041	0. 000	－11. 70	－3. 69
大兴区	西城区	4. 350*	1. 926	0. 024	0. 57	8. 13
	海淀区	7. 339*	1. 926	0. 000	3. 56	11. 12
	平谷区	－0. 357	2. 034	0. 861	－4. 35	3. 63
平谷区	西城区	4. 708*	2. 041	0. 021	0. 71	8. 71
	海淀区	7. 696*	2. 041	0. 000	3. 69	11. 70
	大兴区	0. 357	2. 034	0. 861	－3. 63	4. 35

* 均值差的显著性水平为 0. 05。

四、四区罚金刑幅度比较

在全部样本中，共有 4 名被告人未判处罚金刑，因此在以下的讨论中将其排除。

从表 2－20、图 2－8 中可以明显看出，四区在判处罚金刑幅度上总体趋势较为一致，但是大兴区的折线幅度与其他三区比较有所不同。

表2-20 四区罚金刑分布

罚金刑幅度/元	地区				合计/名
	西城区	海淀区	大兴区	平谷区	
1000以下	371	394	328	386	1479
2000以下	105	137	108	119	469
3000以下	48	56	81	73	258
4000以下	31	26	52	38	147
5000以下	29	32	29	24	114
6000以下	6	11	18	13	48
7000以下	12	6	7	8	33
8000以下	5	5	9	5	24
9000以下	1	4	4	2	11
10,000以下	10	18	19	14	61
10,000以上	24	13	41	27	105
合计	642	702	696	709	2749

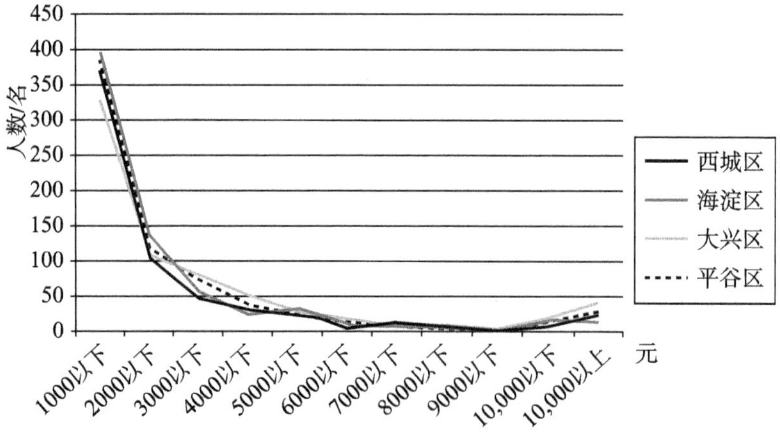

图2-8 四区罚金刑分布

下面我们用统计方法验证一下，如表2－21所示。

表2－21　四区罚金刑差异检验（ANOVA）

类型	平方和	df	均方	F	显著性
组间	3.345E8	3	1.115E8	7.725	0.000
组内	3.967E10	2749	14,431,972.685		
总数	4.001E10	2752			

说明：差异检验的结果表明，四区在判处罚金刑幅度方面存在显著差异（F（3，2349）＝7.725，p＜0.001）。

其差异正如图2－8所见，是由于大兴区与其他三区（其他3个区之间并无显著差异）在判决罚金刑幅度方面与其他3个区有显著不同。

笔者将表2－22中大兴区与其他区比较的结果特意刷黑，在显著性一栏，可以清楚地看到只有大兴区与其他区存在差异，而其他3个区之间则不存在差异。这一统计结果印证了笔者在制作数据库时的主观印象。在研读大兴区的判决书时，笔者发现相同主刑幅度的判决中，大兴区判决的罚金刑高于其他。例如，其他区通常处以1000元罚金的情况在大兴区会处以3000元。就此现象，笔者特意将数据库中所有大兴区的罚金刑情况进行了认真的观察，发现在2003年到2005年，大兴区的罚金刑明显与其他区不同，对判处有期徒刑半年或一年的被告人通常处以3000元左右的罚金，有的甚至处罚6000元罚金。但自2005年之后，这种情况开始有所变化，其罚金刑幅度开始和其他区趋近，到2006年之后，四区罚金刑的处罚情况已非常接近，此时基本看不出大兴区的差异。

表2-22 四区罚金刑多重比较（罚金刑幅度LSD）

(I) 地区	(J) 地区	均值差 (I-J)	标准误	显著性	95%置信区间	
					下限	上限
西城区	海淀区	-41.012	207.245	0.843	-447.38	365.36
	大兴区	-825.489*	207.883	0.000	-1233.11	-417.87
	平谷区	-29.435	206.897	0.887	-435.12	376.25
海淀区	西城区	41.012	207.245	0.843	-365.36	447.38
	大兴区	-784.477*	202.994	0.000	-1182.51	-386.44
	平谷区	11.577	201.984	0.954	-384.48	407.63
大兴区	西城区	825.489*	207.883	0.000	417.87	1233.11
	海淀区	784.477*	202.994	0.000	386.44	1182.51
	平谷区	796.054*	202.638	0.000	398.72	1193.39
平谷区	西城区	29.435	206.897	0.887	-376.25	435.12
	海淀区	-11.577	201.984	0.954	-407.63	384.48
	大兴区	-796.054*	202.638	0.000	-1193.39	-398.72

*均值差的显著性水平为0.05。

第三节 盗窃罪量刑的年度变化

一、刑罚种类的年度变化

（一）刑罚种类分布的总体情况

笔者选取了10年的案例，想了解一下北京市的盗窃犯罪在10年中是否有变化以及有哪些变化。（见表2-23）

表 2－23　四区主刑种类分布

年度	免予刑事处罚		单处罚金刑		管制		拘役		有期徒刑		合计/名
	频数	比例/%	频数	比例/%	频数	比例/%	频数	比例/%	频数	比例/%	
2003	0	0	3	1.09	11	4.00	43	15.64	218	79.27	275
2004	1	0.35	1	0.35	9	3.18	45	15.90	227	80.21	283
2005	0	0	8	2.66	6	1.99	32	10.63	255	84.71	301
2006	2	0.65	9	2.94	5	1.63	41	13.40	249	81.37	306
2007	0	0	0	0	3	1.00	30	9.97	268	89.04	301
2008	0	0	1	0.37	3	1.12	26	9.74	237	88.76	267
2009	1	0.37	0	0	3	1.12	25	9.33	239	89.18	268
2010	0	0	0	0	2	0.81	19	7.66	227	91.53	248
2011	0	0	0	0	0	0.00	26	10.92	212	89.08	238
2012	0	0	1	0.38	1	0.38	46	17.29	218	81.95	266
合计	4	0.15	23	0.84	43	1.56	333	12.10	2350	85.36	2753

表 2－23 是关于本书所有样本的主刑类别的分布情况，跨度为 10 年。百分比指的是每种主刑在每年所有样本中所占的比重，代表了该主刑出现的频率高低。由于每年都选取 50 个案件，2003 年到 2012 年被告人人数变化不大，有些细微的变化也主要是取决于共同犯罪的多少。在被告人人数变化不大的情况下，每种主刑出现的频率高低可以从一定程度上表明该年度刑罚的轻重。如有期徒刑等监禁刑适用的多就说明该年度刑罚重，非监禁刑适用的多就说明该年度刑罚轻。

表 2－24　年度间主刑种类差别比较（ANOVA）

类别	平方和	df	均方	F	显著性
组间	12.707	9	1.412	5.771	0.000
组内	671.025	2743	0.245		
总数	683.732	2752			

说明：方差分析的结果证实，不同年度间在主刑类别的选择上存在显著差异（$F(9, 2743)=5.771$，$p<0.001$）。

（二）每种刑罚的变化

1. 非监禁刑的变化

图2－9是三种非监禁刑10年间的分布图。

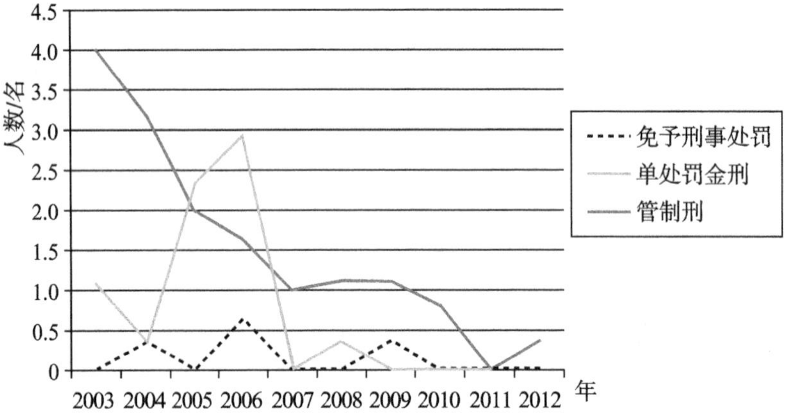

图2－9 年度间非监禁刑变化趋势

由于免予刑事处罚只有4名，绝对数量太少，分散在10年中，没有呈现规律性变化。

单处罚金刑有23名被告人，绝对数字也很小。但是，2007年后只有两名，其他21名都在2006年之前，特别是2005年有8名，2006年有9名，数量比较显著。

管制刑共有43名被告人，自2003年起，适用的比例越来越低，清晰地朝着下降趋势发展。特别是在2007年后，每年再也没有超过3名。

单处罚金刑和管制刑作为轻缓的非监禁刑适用越来越少，表明盗窃罪的处罚越来越重。

2. 监禁刑的变化

图2－10是关于拘役刑和有期徒刑发展趋势的折线图。

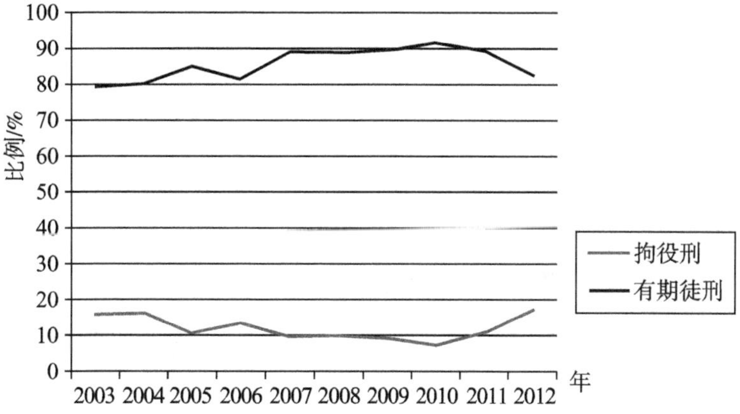

图 2-10　年度间监禁刑变化趋势

有期徒刑在上下不超过 10 个百分点的幅度内时高时低，总体保持着稳定。在 2007 年到 2011 年的 5 年间，有期徒刑的适用处于高位，尤以 2010 年比例最高，较其他年份多出近 10%，到 2012 年又回落到 2003 年的水平。

拘役刑也呈现同样的规律，变化不超过 10%。但是拘役刑的变化和有期徒刑呈现相反的趋势，在 2007 年到 2011 年的 5 年间，拘役刑的适用开始下降，在 2010 年降到最低点，2011 年开始回升，到 2012 年回到 2003 年的水平。有期徒刑和拘役刑都是监禁刑，在 2007 年到 2011 年这 5 年的时间段内，二者的适用呈现完全相反的态势，此长彼消，说明法院在选择适用监禁刑方面有加重倾向。

从几种主刑的分布来看，2007 年好像是一个节点，非监禁刑从这一年开始适用得越来越少，稍微轻缓的拘役刑适用也从这一年开始减少，而有期徒刑的数量却从这一年开始上升。这可能和 2008 年奥运会、2009 年 60 年大庆有关系，北京市为保证良好的社会治安环境，严厉打击刑事犯罪，肃清一切不安定因素。2012 年适用有期徒刑开始下降，主要是北京市新的盗窃罪定罪量刑标准普遍提高，相应地，量刑就显得轻缓了。

（三）刑罚种类的比较

为了更详尽地了解盗窃罪量刑的年度变化，笔者将10个年度的量刑情况每2年进行一次对比，看看年度之间的差别究竟在哪里。具体情况见表2－25。

表2－25 年度间主刑种类差别比较（主刑量刑类别LSD）

（I）年份	（J）年份	均值差（I－J）	标准误	显著性	95%置信区间	
					下限	上限
2003	2004	－0.022	0.042	0.604	－0.10	0.06
	2005	－0.043	0.041	0.295	－0.12	0.04
	2006	0.012	0.041	0.771	－0.07	0.09
	2007	－0.149*	0.041	0.000	－0.23	－0.07
	2008	－0.138*	0.042	0.001	－0.22	－0.05
	2009	－0.138*	0.042	0.001	－0.22	－0.06
	2010	－0.176*	0.043	0.000	－0.26	－0.09
	2011	－0.160*	0.044	0.000	－0.25	－0.07
	2012	－0.077	0.043	0.069	－0.16	0.01
2004	2003	0.022	0.042	0.604	－0.06	0.10
	2005	－0.021	0.041	0.601	－0.10	0.06
	2006	0.034	0.041	0.409	－0.05	0.11
	2007	－0.128*	0.041	0.002	－0.21	－0.05
	2008	－0.116*	0.042	0.006	－0.20	－0.03
	2009	－0.117*	0.042	0.006	－0.20	－0.03
	2010	－0.155*	0.043	0.000	－0.24	－0.07
	2011	－0.138*	0.044	0.002	－0.22	－0.05
	2012	－0.056	0.042	0.188	－0.14	0.03

续表

（I）年份	（J）年份	均值差（I-J）	标准误	显著性	95%置信区间	
					下限	上限
2005	2003	0.043	0.041	0.295	-0.04	0.12
	2004	0.021	0.041	0.601	-0.06	0.10
	2006	0.055	0.040	0.170	0.02	0.13
	2007	-0.106*	0.040	0.008	-0.19	-0.03
	2008	-0.095*	0.042	0.023	-0.18	-0.01
	2009	-0.095*	0.042	0.022	-0.18	-0.01
	2010	-0.133*	0.042	0.002	-0.22	-0.05
	2011	-0.117*	0.043	0.007	-0.20	-0.03
	2012	-0.034	0.042	0.412	-0.12	0.05
2006	2003	-0.012	0.041	0.771	-0.09	0.07
	2004	-0.034	0.041	0.409	-0.11	0.05
	2005	-0.055	0.040	0.170	-0.13	0.02
	2007	-0.161*	0.040	0.000	-0.24	-0.08
	2008	-0.150*	0.041	0.000	-0.23	-0.07
	2009	-0.150*	0.041	0.000	-0.23	-0.07
	2010	-0.188*	0.042	0.000	-0.27	-0.11
	2011	-0.172*	0.043	0.000	-0.26	-0.09
	2012	-0.089*	0.041	0.031	-0.17	-0.01
2007	2003	0.149*	0.041	0.000	0.07	0.23
	2004	0.128*	0.041	0.002	0.05	0.21
	2005	0.106*	0.040	0.008	0.03	0.19
	2006	0.161*	0.040	0.000	0.08	0.24
	2008	0.011	0.042	0.782	-0.07	0.09
	2009	0.011	0.042	0.791	-0.07	0.09
	2010	-0.027	0.042	0.527	-0.11	0.06
	2011	-0.010	0.043	0.809	-0.09	0.07
	2012	0.072	0.042	0.083	-0.01	0.15

续表

(I) 年份	(J) 年份	均值差(I－J)	标准误	显著性	95%置信区间	
					下限	上限
2008	2003	0.138*	0.042	0.001	0.05	0.22
	2004	0.116*	0.042	0.006	0.03	0.20
	2005	0.095*	0.042	0.023	0.01	0.18
	2006	0.150*	0.041	0.000	0.07	0.23
	2007	－0.011	0.042	0.782	－0.09	0.07
	2009	0.000	0.043	0.991	－0.08	0.08
	2010	－0.038	0.044	0.379	－0.12	0.05
	2011	－0.022	0.044	0.620	－0.11	0.06
	2012	0.061	0.043	0.157	－0.02	0.14
2009	2003	0.138*	0.042	0.001	0.06	0.22
	2004	0.117*	0.042	0.006	0.03	0.20
	2005	0.095*	0.042	0.022	0.01	0.18
	2006	0.150*	0.041	0.000	0.07	0.23
	2007	－0.011	0.042	0.791	－0.09	0.07
	2008	0.000	0.043	0.991	－0.08	0.08
	2010	－0.038	0.044	0.385	－0.12	0.05
	2011	－0.021	0.044	0.628	－0.11	0.07
	2012	0.061	0.043	0.153	－0.02	0.15
2010	2003	0.176*	0.043	0.000	0.09	0.26
	2004	0.155*	0.043	0.000	0.07	0.24
	2005	0.133*	0.042	0.002	0.05	0.22
	2006	0.188*	0.042	0.000	0.11	0.27
	2007	0.027	0.042	0.527	－0.06	0.11
	2008	0.038	0.044	0.379	－0.05	0.12
	2009	0.038	0.044	0.385	－0.05	0.12
	2011	0.017	0.045	0.713	－0.07	0.10
	2012	0.099*	0.044	0.023	0.01	0.18

续表

(I) 年份	(J) 年份	均值差 (I－J)	标准误	显著性	95%置信区间	
					下限	上限
2011	2003	0.160*	0.044	0.000	0.07	0.25
	2004	0.138*	0.044	0.002	0.05	0.22
	2005	0.117*	0.043	0.007	0.03	0.20
	2006	0.172*	0.043	0.000	0.09	0.26
	2007	0.010	0.043	0.809	－0.07	0.09
	2008	0.022	0.044	0.620	－0.06	0.11
	2009	0.021	0.044	0.628	－0.07	0.11
	2010	－0.017	0.045	0.713	－0.10	0.07
	2012	0.082	0.044	0.062	0.00	0.17
2012	2003	0.077	0.043	0.069	－0.01	0.16
	2004	0.056	0.042	0.188	－0.03	0.14
	2005	0.034	0.042	0.412	－0.05	0.12
	2006	0.089*	0.041	0.031	0.01	0.17
	2007	－0.072	0.042	0.083	－0.15	0.01
	2008	－0.061	0.043	0.157	－0.14	0.02
	2009	－0.061	0.043	0.153	－0.15	0.02
	2010	－0.099*	0.044	0.023	－0.18	－0.01
	2011	－0.082	0.044	0.062	－0.17	0.00

说明：均值差的显著性水平为0.05。而年度主刑类别两两比较的结果，则更具体地描述了我们在表2－25中看到的结果。由于单处罚金刑、管制刑等非监禁刑占比例较小，所以刑罚种类分布主要是以拘役刑和有期徒刑为比较对象展开的。2003～2006年与2007～2011年的刑罚种类分布存在显著差异，也就是有期徒刑2012年的刑罚种类分布与2003～2006年度趋势相似。

2012年的刑罚种类适用回到了2003年的水平。这是一个令人诧异的结果，因为2012年北京提高了盗窃罪的定罪量刑标准，数额较大的标准从1000元提到了2000元，数额巨大的标准从10,000元提到了20,000元，数额特别巨大的标准从60,000元提到了100,000元。在盗窃数额没有变化的情况下，定罪量刑标准提高就意味着选择刑罚种类要变的轻缓了，事实上

2012年的量刑也确实轻缓了，但这个轻缓回到了2003年的水平，表明2003年的盗窃罪适用的刑罚种类比较轻缓，其后一直在不断加重，直到定罪量刑提高后，才回到10年前的水平。所以，从刑罚种类的选择适用来看，有一个从轻缓到逐渐加重再回到轻缓的过程。

二、有期徒刑时长的年度比较

在比较主刑量刑时长的时候，笔者曾颇为踌躇，因为管制刑、拘役刑和有期徒刑都有刑期，如何进行比较才能看出年度间的变化。经过思考，笔者放弃了对管制刑和拘役刑的比较，主要是因为判处管制刑和拘役刑的被告人数少，在全部样本中所占比例很小，比较的意义不大。另外，管制刑和拘役刑的刑期很短，被告人间的刑期不会拉开很大差距，通过比较很难发现规律或问题。所以笔者最终决定还是以有期徒刑的时长作为比较对象，因为判处有期徒刑的被告人占到85.3%的比例，其比较结果能够具有代表性。另外有期徒刑量刑幅度比较大，判决之间能够拉开差距，有比较的价值。

（一）有期徒刑整体分布的特点

表2－26是所有有期徒刑出现的频率分布。我们可以发现，有期徒刑的判决中出现了一个非常有趣的现象，在18个月以上的判决中，判决基本集中在6个月的整数倍也就是整年（3年、4年、5年等）和整半年（3年半、4年半、5年半等）。而这其中，判处整年的案件数量又要显著多于整半年的案件数量。为了更直观地呈现这一特点，笔者将有期徒刑的时长分布规律制作成图2－11，图中可以明显看到波形分布。波峰代表的是适用频率较高的刑期，而波峰出现的规律是每半年出现一次。

表 2-26　有期徒刑时长分布

有期徒刑时长/月	频数	比例/%
6	333	14.04
7	82	3.49
8	181	7.70
9	30	1.28
10	191	8.12
11	22	0.94
12	388	16.50
13	7	0.30
14	32	1.36
15	20	0.85
16	23	0.98
17	3	0.13
18	174	7.40
20	3	0.13
21	1	0.04
22	1	0.04
24	120	5.10
26	3	0.13
27	2	0.09
28	3	0.13
29	2	0.09
30	49	2.08
31	1	0.04
32	2	0.09
34	4	0.17

续表

有期徒刑时长/月	频数	比例/%
36	144	6. 13
38	4	0. 17
39	1	0. 04
42	78	3. 32
43	1	0. 04
44	1	0. 04
46	1	0. 04
48	81	3. 45
50	1	0. 04
52	2	0. 09
54	43	1. 83
58	1	0. 04
60	62	2. 64
66	13	0. 55
72	33	1. 40
78	3	0. 13
84	26	1. 11
86	1	0. 04
90	1	0. 04
96	18	0. 77
98	2	0. 09
102	1	0. 04
108	9	0. 38
114	2	0. 09
120	29	1. 23
122	1	0. 04

续表

有期徒刑时长/月	频数	比例/%
126	15	0.64
130	2	0.09
132	35	1.49
134	1	0.04
138	6	0.26
144	30	1.28
150	6	0.26
156	11	0.47
162	2	0.09
168	5	0.21
174	1	0.04
180	1	0.04
合计	2351	100.00

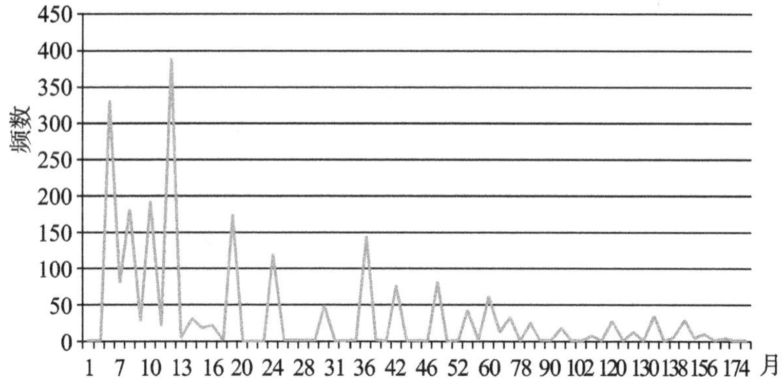

图 2－11　有期徒刑变化趋势

在所有有期徒刑刑期分布的规律中，我们可以看到占比最高的是 12 个月有期徒刑，占 16.50%，其次是 6 个月有期徒刑，占 14.04%。排在第 3 位的是 18 个月有期徒刑，占 7.40%。排在第 4 位的是 36 个月有期徒刑，占6.13%。其他的刑期分布则比较分散。从表2-26中可以看出，有期徒刑时长的分布以36个月以下刑期的出现频率最高，这和盗窃数额主要集中在数额较大的区间内有直接关系。

（二）有期徒刑时长的年度比较

表2-27中均值反映的是每年中有期徒刑的平均数，能够代表该年刑罚的轻重，所以笔者以每年的均值作为比较的标准，对10年间的有期徒刑变化做一了解。有期徒刑判决时长均值变化见图2-12。

表2-27　年度间有期徒刑时长变化

年度	极小值	极大值	均值	中值	众数	标准差
2003（N=218）	5	156	27.56	12.00	12	30.054
2004（N=227）	6	168	24.14	12.00	12	30.378
2005（N=255）	6	156	30.18	12.00	12	35.105
2006（N=249）	6	168	29.45	12.00	12	35.327
2007（N=268）	6	168	27.89	12.00	12	33.494
2008（N=237）	5	174	30.32	14.00	12	34.844
2009（N=239）	6	180	33.43	14.00	6	37.717
2010（N=227）	6	168	31.12	12.00	6	37.285
2011（N=212）	6	138	24.96	14.00	6	23.968
2012（N=218）	6	168	30.64	14.00	12	37.953
全样本（N=2350）	5	180	28.97	12.00	12	34.006

说明：极小值指的是在样本中最小的那个数，极大值则是样本中最大的那个数。均值即平均数。中值指的是在所有样本中位于中间的数值，众数是指出现次数最多的那个数，标准差主要是用来检验样本的离散程度。标准差越大，说明样本中的数值分布越广，不集中。

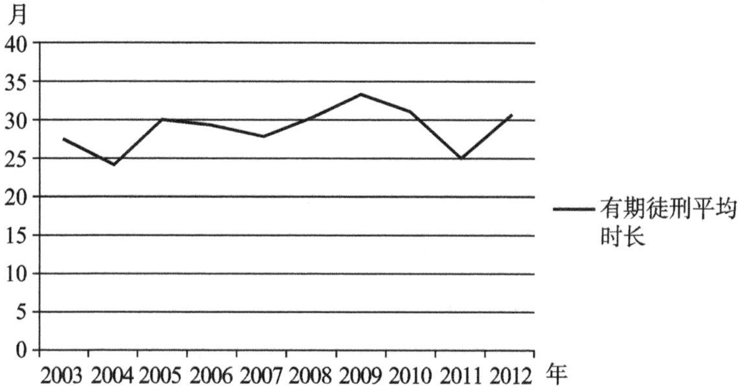

图 2－12　年度间有期徒刑时长变化

说明：方差检验结果表明，只有 2004 年与 2009 年、2010 年和 2012 年之间表现出了显著差异，其他年份之间的差异并不显著。

有期徒刑的均值表明刑罚的轻重。有期徒刑时长的平均数越大表明当年有期徒刑量刑越重，反之则越轻。从图 2－12 中我们不难看出，2004 年有期徒刑的平均时长处于最低的位置，而 2009 年的有期徒刑时长均值最高。2009 年上升的趋势得到了遏止，2011 年的均值回到了 2004 年的水平，而 2012 年又有所回升。2009 年至 2010 年均值较其他年份都高，表明这 2 年适用有期徒刑刑期较长。无论是量刑类别，还是量刑时长，都得出同样的结果，就是 2008 年到 2010 年这几年是盗窃罪量刑最重的时间段。

第四节　缓刑研究

前述将盗窃数额分为不同区间进行了详细研究，由于多数区间内都涉及缓刑问题，所以笔者在各个区间的盗窃数额分析完成以后，将全样本的缓刑情况统一进行研究。

一、缓刑总体分布情况

（一）缓刑率

在2753名被告人的判决中，共有323名被告人适用缓刑，缓刑率为11.7%。适用缓刑的所有被告人均认罪悔罪，这是适用缓刑的必要前提条件。所有样本中被判处拘役的被告人有333名，其中适用缓刑的有110名，占所有被判处拘役性被告人的33%。2351名被告人被判处有期徒刑，其中有213名适用缓刑，有期徒刑的缓刑率是9%，明显低于拘役刑33%的缓刑率。刚好说明被判处拘役的盗窃行为相对轻微，适用缓刑的可能性也就更大。

（二）缓刑案件的盗窃数额分布

表2-28是缓刑案件的盗窃数额分布情况，盗窃数额在10,000元以下的占86.4%。其中2000元以上5000元以下的占35%，1000元以上2000元以下的占34.7%，这是案件数最多的两个数额区间。缓刑案件盗窃数额的分布规律基本和全样本的盗窃数额分布规律一样。

表2-28 缓刑案件的盗窃数额分布

数额区间/元	频数	比例/%
不满1000	3	0.9
1000~2000	112	34.7
2000~5000	113	35.0
5000~10,000	51	15.8
10,000~20,000	27	8.4
20,000~30,000	8	2.5
30,000~60,000	8	2.5
60,000~100,000	1	0.3
合计	323	100.0

10,000元以下属于盗窃数额较大的区间，法定刑都在3年有期徒刑以下，只要符合其他条件，都可以适用缓刑。

10,000元到60,000元的区间属于数额巨大，依法应在3年以上10年以下有期徒刑的幅度内量刑，在这个数额区间内有43名被告人适用了缓刑。虽然盗窃数额巨大，但如果情节轻微，可以判处3年有期徒刑从而适用缓刑。如被告人肖某盗窃一案，肖某与被害人系男女朋友关系，其在被害人办公室盗窃活期存折一个，通过银行柜台取人民币50,000元。后被告人再次到银行取款时被当场抓获。现部分赃款已发还被害人。法院经审理认为，被告人肖某在被害人不知情的情况下盗走存折，并盗取存折中的存款非法占为己有，其行为已构成盗窃罪。被告人与被害人的关系是否特殊，不影响其盗窃罪的成立。鉴于肖某盗取犯罪部分未遂，且在家属帮助下已退赔全部赃款，依法对其减轻处罚并宣告缓刑，判决被告人肖某有期徒刑3年，缓刑3年，罚金人民币3000元。可见，虽然该案盗窃数额巨大，但法院还是充分考虑了双方的特殊关系及其行为的社会危害性，区别于社会上其他的普通盗窃，对被告人适用缓刑是合适的。

在2012年3月1日前，60,000元以上属于数额特别巨大，依法应在10年有期徒刑以上量刑。但是在这个数额区间也有一名被告人适用了缓刑，而且这个案件发生在2007年。该案的基本情况是：被告人王某在家中将婆婆尤某的存单7张、国债收款凭证1张及身份证等物盗走，取走人民币60,000余元。后王某到公安机关投案，涉案赃款全部退缴。法院认为鉴于被告人王某案发后主动投案自首，依法予以减轻处罚，案发后积极退赔赃款，酌予从轻处罚。判处其有期徒刑3年，缓刑5年，并处罚金人民币3000元。该案是典型的偷拿近亲属财物，按照司法解释的规定，一般可不按犯罪处理，对确有追究刑事责任必要的，处罚时也应与社会上作案的有所区别。再加上本案的被告人有自首情节，所以法院对其适用缓刑也是合理的。

二、缓刑的城区差异

从表2－29中我们可以看出，西城区与海淀区在适用缓刑比例上较为接近（可视为一组），大兴区与平谷区在适用缓刑比例上也相对接近（可认为是另一组），两组之间在适用缓刑比率方面有较大差异。

表2－29　四区的缓刑分布

地区	频数	比例/%	本区样本总数比例/%
西城（N＝642）	47	14.6	7.3
海淀（N＝705）	56	17.3	8.0
大兴（N＝696）	109	33.7	15.7
平谷（N＝710）	111	34.4	15.6
合计（N＝2753）	323	100	11.7

西城区作为中心城区，适用缓刑率最低，而远郊区县的平谷区则最高。缓刑率和逮捕率有直接的对应关系，西城区和海淀区的逮捕率高，所以其缓刑率就低，而大兴区和平谷区的逮捕率低，所以其缓刑率就高。

表2－30　四区缓刑差别卡方检验

名称	值	df	渐进 Sig.（双侧）
Pearson 卡方	42.646[a]	3	0.000
似然比	43.665	3	0.000
线性和线性组合	35.133	1	0.000
有效案例中的 N	2753		

注：a. 0单元格（.0%）的期望计数少于5。最小期望计数为75.32。

说明：卡方检验的结果验证了我们对数据的观察，检验结果表明，地区与是否判处缓刑之间具有显著相关性（$\chi^2 = 42.646$，df＝3，$p < 0.001$），即不同地区在选择是否判处缓刑的问题上有显著不同。

三、缓刑的年度差异

从表 2－31 中可以看出，缓刑在各个年度的分布情况是不均衡的，有的年度达到 17.31% 的比例，而有的年度则有 6.34% 的比例。为了更清楚地观察缓刑的变化规律，下面笔者以折线图 2－13 展示一下。

表 2－31　十年间缓刑的适用频率及百分比

年度	缓刑频数	拘役/名	有期徒刑/名	比例/%
2003（N＝275）	41	10	31	14.91
2004（N＝283）	49	17	32	17.31
2005（N＝301）	32	12	20	10.63
2006（N＝306）	32	15	17	10.46
2007（N＝301）	27	8	19	8.97
2008（N＝267）	38	9	29	14.23
2009（N＝268）	17	8	9	6.34
2010（N＝248）	24	4	20	9.68
2011（N＝238）	35	12	23	14.71
2012（N＝266）	28	15	13	10.53
全样本（N＝2753）	323	110	213	11.73

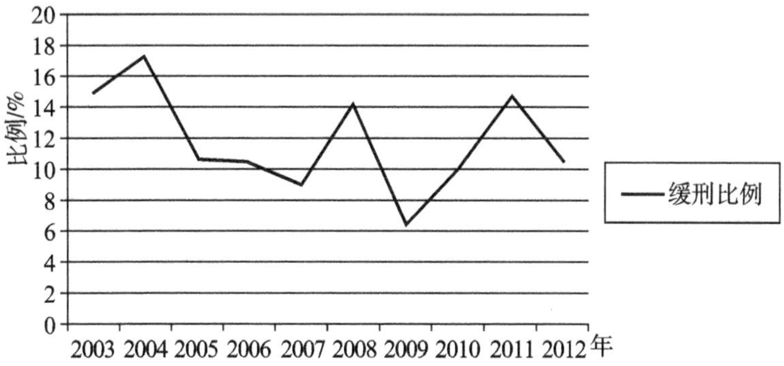

图 2－13　10 年间缓刑的适用频率

从折线图2－13中我们也可以清楚地看出，缓刑率并不平稳，忽高忽低，没有明显的规律可循。[①] 2003年缓刑率为14.91%，比较高，2004年达到最高峰值，缓刑率为17.31%。随后，缓刑率保持连年下降的趋势，但在2008年，又达到了一个较高的峰值14.23%。随后2年又呈下降趋势，但在2011年又开始回升。缓刑率最高的比例和最低比例几乎相差10.97%，且无规律可循，这可能就是北京市盗窃罪缓刑的特点。

表2－32卡方检验结果表明，3个时间段内适用缓刑的比率不存在显著差异。之所以划分这3个时间段，是因为笔者想考察一下在《人民法院量刑指导意见（试行）》出台之前和之后，北京市盗窃罪的量刑究竟有没有变化，以及北京市调整盗窃罪定罪量刑标准后量刑是否有变化。考察的结果是，无论是量刑规范以后，还是定罪量刑标准调整以后，缓刑率确实有变化，但变化并不十分明显。

表2－32　适用缓刑的时间段差异

时间段	缓刑频数	拘役/名	有期徒刑/名	比例/%
2011年之前（N＝2249）	260	83	177	11.56
2011年之后2012年3月前（N＝248）	35	12	23	14.11
2012年3月后（N＝256）	28	15	13	10.94
全样本（N＝2753）	323	110	213	11.73

① 卡方检验结果证实，不同年度之间的缓刑率存在显著差异（$\chi^2=26.789$，$p<0.05$）。

第三章　盗窃数额与量刑的关系

在盗窃罪这种侵财犯罪中，数额是社会危害性及其程度的最集中表现，也是定罪量刑的重要根据和标尺。在一般情况下，数额大小与社会危害性成正比，数额越大危害越大，反之，危害越小。虽然还有法定或酌定的情节对盗窃罪量刑起着影响作用，但毫无疑问，盗窃数额是量刑的基础和天平，其他影响量刑的因素只能在数额决定的法定幅度内发挥影响力。因此，若研究盗窃罪的量刑，盗窃数额的影响力是首先要分析的最重要部分。盗窃数额对盗窃罪量刑起到多大程度的决定作用，这些都需要数据来揭示和呈现。为了更清晰地了解盗窃数额在不同量刑幅度内的决定力和影响力，笔者按照法律规定的法定量刑幅度，按照数额较大、数额巨大和数额特别巨大的量刑档，将案例分为三部分分别进行观察和研究。

自 2012 年 3 月 1 日起，北京市开始适用新的盗窃罪定罪量刑的数额标准，所以此后的判决将和以前的判决有很大不同。数额的调整将直接影响某些盗窃行为的罪与非罪，以及罪重与罪轻，而笔者收集的样本恰好跨越了这个时间段，由于盗窃数额是决定量刑的主要因素，如果将所有案例放在一起进行分析，将模糊盗窃数额与量刑之间的关系，看不清盗窃数额对量刑的影响力。所以，为了准确统计和分析量刑，如实呈现北京市盗窃罪量刑的真实面貌，笔者将数额标准调整前后的案例分为 2 部分分别统计，这样就形成了 2 部分共 6 个数额区间，本书对盗窃数额与量刑关系的研究就是在这六个区间内展开的。笔者选取的案例截至2012年年底，所以调整标准后的案例比较少，只有225名被告人。尽管案例很少，但应该也能看出与数额标准调整前的差别。2012年3月1日前，共有2528名被告人，占91.8%，是本书研究样本的主体部分。

其他影响量刑的法定和酌定因素也是在这六个区间内分别展开的。事实证明，分时间段分数额区间进行统计，使研究结论更加清晰和具体，既能发现统一的规律，又能看出各区间的不同。而且将各个变量放在不同的数额区间内分析，也能发现同一变量在不同数额区间的不同影响力及其背后的深层次原因。

另外，考虑到每个法定刑量刑幅度的数额范围较大，如1000元到10,000元是数额较大的区间，10,000元到60,000元是数额巨大的区间，为了更加精细、准确地分析数额的分布特点及对量刑的影响力，在每个数额区间内又划分了几个数额段，如数额较大的区间内划分了1000～2000元、2000～5000元、5000～10,000元三个数额段。数额段的划分没有客观依据，完全是根据笔者自己的办案经验进行的，也就是在司法人员的惯性思维中，会把哪些数额视为同一层次从而在量刑上一视同仁。

第一节　全样本盗窃数额的分布

在将盗窃数额分区间进行单独统计分析前，笔者先将所有样本的盗窃数额的分布情况做一概括，从总体上了解和把握北京市盗窃罪的特点及规律。在了解和观察全样本的盗窃数额分布时，笔者不再区分2012年3月1日前后，因为在该部分中，笔者对数额与量刑的关系，以及各变量对量刑的影响并不展开详细分析，只是对全样本盗窃数额分布进行总览。

一、全样本盗窃数额的分布情况

表 3－1 是关于全样本盗窃数额的分布情况。为了更直观地看到各个盗窃数额区间的分布及对比情况，笔者用柱状图 3－1 来展示。

表 3－1　全样本盗窃数额分布

数额区间/地	频数	比例/%
不满 1000	44	1.6
1000～2000	699	25.4
2000～5000	832	30.2
5000～10,000	394	14.3
10,000～20,000	316	11.5
20,000～30,000	130	4.7
30,000～60,000	179	6.5
60,000～100,000	66	2.4
100,000～300,000	70	2.5
300,000 以上	23	0.8
合计	2753	100.0

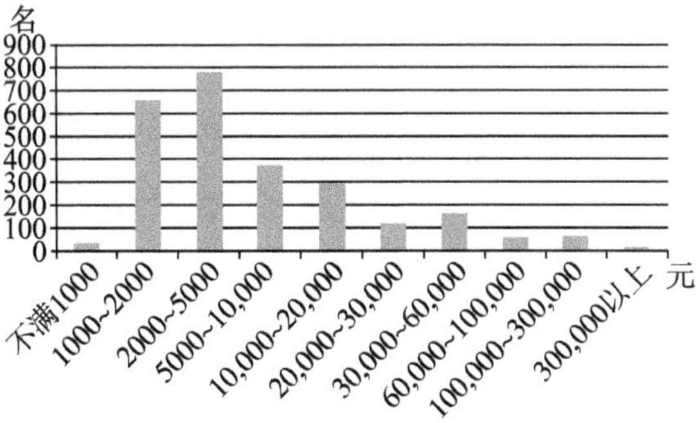

图 3－1　全样本盗窃数额分布

从表3－1和图3－1中我们可以看出，发生频率最高也就是最密集的一个盗窃数额区间是数额较大的区间。在这个区间内，最密集的第1个数额段是2000元到5000元，有832名被告人，占所有被告人的30.2%。第2是1000元到2000元的数额段，有699名被告人，占的比重是25.4%。排在第3的是5000元到10,000元的数额段，有394名被告人，占的比重是14.3%。数额较大的区间总共占到69.9%的比重，是3个数额区间中被告人最多的区间，也就是说，笔者收集的2753个盗窃案中，69.9%的被告人都应该在单处罚金刑、管制、拘役或3年有期徒刑以下量刑。

数额巨大的区间包括3个数额段，分别是10,000~20,000元、20,000~30,000元、30,000~60,000元，这3个数额段中，10,000元到20,000元的数额段，有316名被告人，占的比重是11.5%，是该区间内占比重最大的一个数额段。数额巨大的区间内共有625名被告人，占所有样本的22.7%。这个区间的被告人都应该在3年以上10年以下有期徒刑的幅度内量刑。

数额特别巨大的区间有159名被告人，占全样本的5.7%。这个区间的被告人数明显少于前面2个区间，所占比例也非常小。

除了上面3个数额区间之外，还有一个不能忽视的数额区间，那就是1000元以下的数额区间。盗窃罪的立法虽以数额作为定罪和量刑的主要标准，但毕竟不是唯一标准。在《中华人民共和国刑法修正案（八）》（以下简称《刑法修正案（八）》）实施之前，达不到数额较大的多次盗窃行为也可以入罪。在《刑法修正案（八）》实施之后，入户盗窃、多次盗窃、携带凶器盗窃和扒窃都可以不考虑数额直接入罪，所以在盗窃数额之外，还有一些案件是以其他形式的社会危害性而入罪的。盗窃数额1000元以下的被告人共有44名，占全样本的1.6%，从数量上看非常少，所占比例也小。这部分案件的定罪和量刑却呈现更加复杂的特点，值得详细研究。

二、全样本盗窃数额的分布特点

第一，数额较大的盗窃案比较多，占所有样本的69.9%，而数额巨大和数额特别巨大的案例加起来还占不到1/3。这一分布特点和笔者选择的基层法院判决有关系，基层法院审理的都是有期徒刑15年以下的犯罪，相对都是常见的、普通的盗窃行为，如果是盗窃数额惊人的犯罪一般都由上一级法院审理。但事实上，中级法院审理的一审盗窃案件并不多，实践中，盗窃行为的数额基本都是几千元或几万元。

第二，千元以下的案件非常少。北京市盗窃罪数额较大的标准是1000元，本书选取的样本中有44名被告人的盗窃数额在1000元以下，表明北京市盗窃罪的入罪标准还是以数额定罪为主。虽然法律规定盗窃罪除了以数额作为认定标准之外，还有其他的认定依据，但是从统计的数据来看，在盗窃罪定罪量刑的起点刑1000元以下的案件占到笔者收集所有样本的1.6%，其他绝大部分还是以数额作为入罪依据。这表明司法实践中以其他社会危害性标准作为入罪依据的情形还不多见，盗窃数额既是主要的入罪标准，也是量刑标准。

上述是对全样本盗窃数额的一个简单了解和概括，各数额区间及其数额段特点鲜明，差距巨大。由于笔者是随机选择了4个有代表性的基层法院的判决，所以本书样本的盗窃数额基本可以代表北京市基层法院盗窃罪的特点和规律。

第二节　千元以下案件的量刑分析

在《刑法修正案（八)》出台以前，除了数额较大的盗窃行为构成盗窃罪外，还有“多次盗窃”行为也以盗窃罪论处。依据1998年3月8日最高人民法院《关于审理盗窃案件具体应用法律若干问题的解释》[①] 的规定，多次盗窃指的是1年内入户盗窃或者在公共场所扒窃3次以上。这是在盗窃数额之外另一个定罪量刑的标准，只要入户盗窃或扒窃行为达到3次，无论数额多少，都应定罪处罚。从2011年5月1日后，《刑法修正案（八）》出台，除了多次盗窃外，将入户盗窃、携带凶器盗窃和扒窃都作为盗窃罪处理，且没有盗窃数额的限制。这主要是因为对盗窃数额的要求导致实践中一些数额未达到较大标准但具有严重社会危害性的盗窃行为无法定罪。虽然有多次盗窃的入罪标准，但司法解释又将多次盗窃限定为入户盗窃和公共场所扒窃，削弱了多次盗窃的适用能力。随着社会经济的发展，个人财富的增长及贫富差距的拉大，盗窃罪成为危害社会治安的一个普遍而突出的犯罪，加大对盗窃罪打击力度的呼声与日俱增，所以，《刑法修正案（八）》增加了盗窃的入罪形式，降低了入罪门槛，弥补了以往法律中的不足。[②] 事实上也的确如此，《刑法修正案（八）》实施后，盗窃罪的数量大幅增加，主要是扒窃的数量增长明显。对于这些没有达到数额较大标准的盗窃案件的量刑究竟是轻还是重，下面笔者将样本中所有1000元以下的盗窃案件作一详尽的分析。

一、千元以下案件的基本情况

盗窃数额在1000元以下的被告人共计44名，占全样本的1.6%，其中有41人被逮捕，逮捕率达到93%，相比于所有样本88.1%的逮捕率，高了4.9%。关于这44名被告人的案发时间和主刑类别的分布见表3-2：

---

① 该法已于2013年4月4日失效，被最高人民法院、最高人民检察院《关于办理盗窃刑事案件适用法律若干问题的解释》所废止。

② 参见张星、张玲、王会：《盗窃罪新增行为方式评析》，载《江西教育学院学报》（综合）第34卷第3期。

表3－2　千元以下案件主刑分布

单位：名

主刑量刑类别	年度段		合计
	2011年之前	2011年之后	
拘役	3	12	15
有期徒刑	11	18	29
合计	14	30	44

首先看44名被告人的案发时间分布。2011年《刑法修正案（八）》出台前，8年共有14个盗窃数额1000元以下的案件，占该类案件的31.8%。而在2011年后的2年时间内却有30个案件，占到68.2%的比例。这个悬殊的数量和比例显示出《刑法修正案（八）》出台以前，盗窃罪的定罪受到数额的限制，对千元以下案件进行刑事处罚的概率极低。而在《刑法修正案（八）》出台后，除多次盗窃外，对盗窃数额1000元以下的入户盗窃、扒窃和携带凶器盗窃的案件都可以入罪，随着入罪标准的增加，对盗窃行为的打击力度骤然加强，数量也随之明显增加。

其次看44名被告人的主刑类型。44人全部适用拘役和有期徒刑的监禁刑，没有管制、单处罚金刑等非监禁刑的适用。这也是令人意外的一个统计结果。这使我们有一个担忧，盗窃罪没有了数额限制，增加了入罪形式，盗窃罪会不会被滥用，轻微的小偷小摸行为会不会被普遍施刑，从而背离立法目的，并违背刑法的谦抑性原则呢？以下笔者将对千元以下案件的44名被告人进行详细剖析，以期了解北京市对千元以下案件如何把握定罪量刑标准。

二、案件的主要特点

为了对这部分案件有更详细的认识，笔者从不同角度进行全面的剖析：

（一）犯罪主体的特点

1. 从犯罪主体的类型来看，笔者首先注意到44名被告人中有2名未成年人。未成年人本应是从轻、减轻处罚的对象，但是盗窃数额不到1000元的未成年人被判处刑罚一定有其缘由。一名被告人赵某某，17岁，曾因殴打他人于2009年被行政拘留5日；因殴打他人并抢走手机于2009年被行政拘留10日；因殴打他人于2009年被行政拘留10日；因犯抢劫罪于2010年被判处有期徒刑一年，缓刑一年。可谓前科累累，劣迹斑斑。这次又因入户盗窃一台笔记本电脑被逮捕，由于电脑无法作价，而导致该案没有盗窃数额，但其在缓刑期内，又入户盗窃，因此法院判处其有期徒刑一年四个月。另一名被告人张某，17岁，因犯盗窃罪于2006年被判处拘役3个月，2007年又连续5次入户盗窃太阳能晒板、铜线、香烟等物，共价值人民币887元。虽然盗窃金额不到1000元，但是被告人有盗窃前科，又是入户盗窃，次数又较多，因此法院判处其拘役6个月。

上述两个案件的被告人虽然是未成年人，但都有前科，人身危险性较大，且都是入户盗窃，符合刑法规定。因此，法院对其定罪量刑是合适的。

2. 其他主体特征。44人中有6名累犯，累犯率为13.6%，和所有样本11.7%的累犯率比较，高出1.9%。16名被告人有前科，前科率为36.4%，比所有样本16.1%的前科率高出20.3%，也从另一个角度说明了这44人属于人身危险性比较大的一个群体。

从主从犯区分的角度来看，在44名被告人中竟然有5名主犯，占到11.4%的比例。而本研究所有被告人中也不过才有100名主犯，主犯占的比重是3.7%。可见这44名被告人中社会危害性突出的被告人不在少数。

再看这 44 名被告人的犯罪动机分布的情况，其中有 8 人以盗窃为生，占到了 18.2%，比例也比较高。

（二）行为手段特点及主要量刑情节

1. 盗窃手段特点

44 名被告人中有 16 人系入户盗窃，6 人系携带凶器盗窃，17 人的盗窃次数在 3 次以上。再考虑 44 人均有扒窃行为，从行为手段的数据分布来看，有多名被告人具备两种以上定罪情形，足以说明这 44 人的盗窃行为社会危害性较大。

2. 主要量刑情节

44 人中无人具备自首和立功情节。

在追缴和退赔方面，被告人全部退赔的有 27 人，只占到 61.4%，退赔率不高，被害人的经济损失不能得到挽回或弥补，也表明其盗窃行为的社会危害性较大。

综合这 44 人的主体特征、行为手段、犯罪动机、主从犯分布、法定量刑情节等情况，可以明显地看出这些人的人身危险性及社会危害性较大，虽然盗窃数额不足 1000 元，但盗窃数额不是表征盗窃罪社会危险性的唯一因素，所以法院对其定罪量刑是合理的。

三、刑罚分布的情况

（一）刑罚类别

从表 3－3 中可以看出，四个地区在主刑类别选择方面没有显著性差异。从主刑类别分布来看，对盗窃数额不满 1000 元的 44 人都判处了拘役和有期徒刑，没有单处罚金刑或管制刑等比较轻缓的刑罚，也说明了法院对这 44 名被告人的态度比较一致，应该适用较重的刑罚。

表3-3　四区主刑种类分布

单位：名

主刑量刑类别	地区				合计
	西城区	海淀区	大兴区	平谷区	
拘役	4	1	5	5	15
有期徒刑	17	3	6	3	29
合计	21	4	11	8	44

（二）刑罚轻重

由于拘役和有期徒刑都是剥夺人身自由的监禁刑，此处笔者为方便考察被告人的刑期，所以将拘役和有期徒刑合并计数。

从表3-4中方差分析结果显示，四地区在主刑量刑幅度上不存在显著差异。刑期为6个月的比较集中，有20人，占到45%的比重，其次是1年刑期的有5人，占到11.4%的比重，其他刑期分布则比较分散。从刑期的幅度来看，只有9名被告人量刑在6个月以下，表明法院对这些人量刑还是较重的。

表3-4　四区监禁刑时长分布

主刑量刑时长/月	地区/名				合计
	西城区	海淀区	大兴区	平谷区	
3	0	0	1	2	3
4	0	0	2	1	3
5	3	0	0	0	3
6	10	1	5	4	20
7	1	0	0	0	1
8	1	0	1	0	2
10	1	0	0	0	1
12	1	2	1	1	5

续表

主刑量刑时长/月	地区/名				合计
	西城区	海淀区	大兴区	平谷区	
16	0	0	1	0	1
18	2	1	0	0	3
24	2	0	0	0	2
合计	21	4	11	8	44

（三）缓刑情况

从表3－5中可以看出，44名被告人都被判处拘役或有期徒刑的监禁刑，而且其中只有3人适用缓刑，缓刑率只有6.8%，相比所有样本11.7%的缓刑率，低了4.9%。44人的实刑率达到93.2%，相比于全部样本的实刑率85.8%，高出了7.4%。盗窃数额最小，实刑率却最高，再次说明法院在量刑时，不以盗窃数额作为唯一的衡量标准。

表3－5 四区缓刑分布情况

单位：名

是否判处缓刑	地区				合计
	西城区	海淀区	大兴区	平谷区	
是	0	0	2	1	3
否	21	4	9	7	41
合计	21	4	11	8	44

（四）罚金刑轻重分布

从表3－6中方差结果显示，不同地区在罚金刑轻重的选择方面没有显著差异。44名被告人均判处罚金刑，罚金主要集中在1000元的区间，有37名被告人被判处1000元罚金刑，占到84%的比重。只有1名被告人判处低于1000元的罚金。还有6名被告人被判处高于1000元的罚金刑。

表3-6 四区罚金刑分布

罚金刑幅度/元	地区/名				合计
	西城区	海淀区	大兴区	平谷区	
500	0	0	0	1	1
1000	17	3	10	7	37
1500	2	0	0	0	2
2000	2	1	1	0	4
合计	21	4	11	8	44

四、小结

盗窃数额1000元以下的44名被告人均被判处监禁刑和罚金刑，只有3人适用缓刑，实刑率高于全样本。可以得出结论：法院对这类案件的量刑还是较重的。

另外，笔者也发现这些案例大多集中在2011年以后，这和《刑法修正案（八）》的出台有关。累犯率和前科率较高，且没有立功和自首情节，表明这些人确实人身危险性较高。逮捕率高、实刑率高、缓刑率低，这是与这些人的社会危险性有直接关系的，表明法院在适用刑罚时，不仅仅考虑盗窃数额，还要依法综合考虑其他因素。综上所述，通过这44个案例的分析，笔者认为《刑法修正案（八）》修改盗窃罪条款是非常有必要的，在此之前，由于盗窃数额和盗窃次数的限制，司法机关对一些流窜作案、长期作案并以盗窃为生的人身危险性较大的盗窃犯无计可施，要么对之治安处罚，要么任之逍遥法外，刑法不能充分地发挥其打击犯罪、维护社会治安的功能。《刑法修正案（八）》修改盗窃罪条款后，司法机关将那些人身危险性、社会危害性较大的盗窃犯以犯罪论处，摆脱了盗窃数额的限制，极大地震慑了盗窃犯罪分子，对维护社会治安、保护老百姓财产安全起到了明显的作用。而且，在《刑法修正案（八）》出台之后，达不到数额较大标准的盗窃案并没有大幅度增加，两年的时间400个案例中只有30个案例，且这些被告人都是人身危险性明显比较大的犯罪分子，表明司法机关没有滥用盗窃罪的新规定，无原则地扩大打击面。实证研究的结果表明，北京市不仅充分利用了《刑法修正案（八）》的规定，对一些人身危险性较大的盗窃犯予以严厉打击，同时很好地把握住原则和界限，在打击犯罪和保障人权之间保持了很好的平衡。

第三节　盗窃数额较大区间的量刑研究

一、数额较大区间的刑罚种类分布

北京市盗窃数额较大的区间是1000元到10,000元，该区间共有被告人1802名，占到2012年3月1日前所有样本的71.2%，比例如此之高，说明北京市基层法院判决的盗窃案还是以数额较大的盗窃行为为主，盗窃数额巨大或特别巨大的案件不多。数额较大区间内的被告人被逮捕的有1617人，逮捕率为89.7%，比所有样本的平均逮捕率高1.6%，基本持平。

对于盗窃数额较大的盗窃行为的量刑，《刑法》第264条规定："盗窃公私财物，数额较大的，或者多次盗窃、入户盗窃、携带凶器盗窃、扒窃的，处三年以下有期徒刑、拘役或者管制，并处或者单处罚金……"可以说，数额较大盗窃行为的量刑是所有盗窃行为中刑罚形式最丰富的，包含了管制、拘役和有期徒刑等主刑，以及单处罚金刑共4类。

从表3－7中可以看出，加上免予刑事处罚，数额较大的盗窃行为有5种处理结果。在所有处罚形式中，还是以有期徒刑为主，占80.6%，但是和所有样本平均的有期徒刑率85.4%相比还是低，说明这个区间内其他刑罚适用较多，造成适用有期徒刑比例不是很高。拘役刑排第2位，共有281人，是本书样本中所有拘役刑333人的84.4%，说明拘役刑主要适用于数额较大的区间。拘役刑在这个区间的适用比例占到15.6%，和所有样本平均的拘役率12.1%相比还是高出3.5%，也说明拘役刑在这个区间适用的较多。

表3-7　数额较大区间内刑罚种类分布

类别	频数	比例/%
免予刑事处罚	4	0.2
单处罚金刑	23	1.3
管制刑	43	2.3
拘役刑	281	15.6
有期徒刑	1452	80.6
合计	1803	100.0

在这个区间内，包含了免予刑事处罚、单处罚金刑和管制刑的所有案例，但这些案例绝对数量并不多。盗窃数额较大的区间是被告人数最多、刑罚种类最丰富的一个区间，存在的问题也最多，是本研究的重点之一。因此笔者对这个数额区间的研究将从不同角度分别展开。首先，笔者将这个区间内的盗窃数额再分为3个数额段，以不同数额段内刑罚种类的变化探寻数额对量刑的影响力。其次，笔者再将适用不同刑罚种类的案件进行分析和对比，探讨适用不同刑罚种类案件的特点和规律。最后，笔者再将所有的盗窃数额较大的被告人的刑期和罚金刑做一总的研究。

二、不同数额段的刑罚种类

在盗窃数额较大的整个区间内，样本数量大，刑罚种类多样，为了更加清晰地了解盗窃数额与量刑的关系，笔者将数额较大的案例分为几个数额段，分别对其量刑作一研究。

(一) 1000元到2000元的主刑类别

1000元到2000元的数额段是数额较大的区间内数额最小，也是社会危害性最小的一部分犯罪，共有690名被告人，占数额较大区间内所有被告人的38.3%。(见表3-8) 在这个数额段内，有期徒刑适用率为69%，低于数额较大区间80.6%的有期徒刑率。表明这个数额段内，适用有期徒刑相对较少。拘役刑适用率为23.8%，高于该区间内15.6%的适用率，表明这个数额段内，适用拘役刑相对较多。

免予刑事处罚的有2名被告人，占所有样本中免予刑罚被告人数的50%。单处罚金刑的有13名被告人，占所有样本中单处罚金刑人数的56.5%。适用管制刑的有32人，占所有样本中管制刑人数的74.4%。从免予刑事处罚、单处罚金刑和管制刑的适用比例来看，1000（含）元到2000元这个数额段内适用刑罚较为轻缓。

表3-8 1000元到2000元数额段内刑罚种类分布

主刑量刑类别	频数
免予刑事处罚	2
单处罚金刑	13
管制刑	32
拘役刑	164
有期徒刑	479
合计	690

（二）2000元到5000元的主刑类别

2000（含）元到5000元的数额段内共有758名被告人，占数额较大区间内所有人数的42%。其中有630人适用有期徒刑，有期徒刑率为83.1%，高于本区间80.6%的有期徒刑率，表明适用有期徒刑的比例在上升。有108人被判处拘役刑，适用率为14.2%。(见表3－9)

表3－9　2000元到5000元数额段内刑罚种类分布

主刑量刑类别	频数
免予刑事处罚	2
单处罚金刑	7
管制刑	11
拘役刑	108
有期徒刑	630
合计	758

这个数额段内免予刑事处罚的被告人有2名，占所有样本中免予刑事处罚人数的50%。单处罚金刑的被告人有7人，占所有样本中单处罚金刑人数的30.4%。适用管制刑的有11人，占所有样本中管制刑人数的25.6%。从适用免予刑事处罚、单处罚金刑和管制刑的情况来看，与1000（含）元到2000元的数额段相比，三者的适用率在下降，表明刑罚适用逐渐加重。

（三）5000元到10,000元的主刑类别

如表3－10所示，在5000（含）元到10,000元的数额段内，共有355名被告人，占数额较大区间的19.7%。在这个区间内，刑罚种类开始减少，只有3个单处罚金刑，其他都是拘役刑和有期徒刑。在该数额段内，拘役刑适用的比例为2.5%，和前两个数额段相比，急剧下降。而有期徒

刑的适用率达到96.6%，和前两个数额段相比，上升幅度很大。非监禁刑减少，监禁刑增加。在适用监禁刑时，轻缓的拘役刑减少，较重的有期徒刑增加，表明随着盗窃数额增大，刑罚的种类有了明显的变化。

表3－10　5000元到10,000元数额段内刑罚种类分布

主刑量刑类别	频数
单处罚金刑	3
拘役刑	9
有期徒刑	343
合计	355

（四）三个数额段刑罚种类的变化

为了更直观地看到在数额较大区间内三个数额段刑罚种类的变化规律，笔者分别以两个折线图来表示。图3－2表现的是免予刑事处罚、单处罚金刑和管制刑等非监禁刑的变化规律；图3－3表现的是拘役和有期徒刑等监禁刑的变化规律。

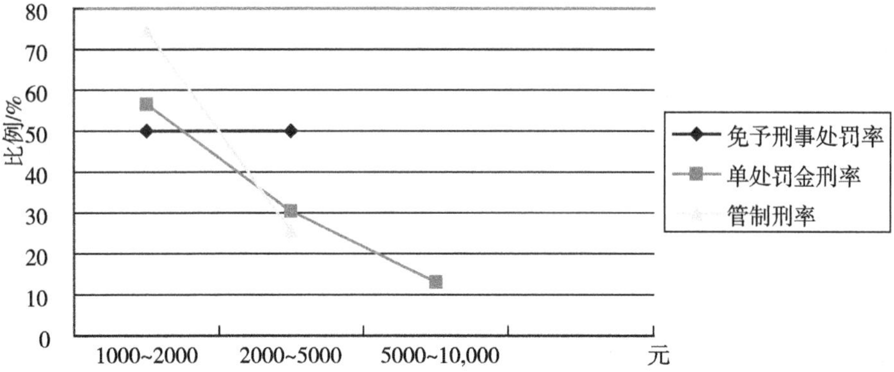

图3－2　数额较大区间内非监禁刑变化趋势

图3－2是对数额较大区间内3个数额段非监禁刑适用规律的描述。免予刑事处罚只在前两个数额段内出现过，且适用比较平均，在5000（含）

元到10,000元的数额段内，没有适用免予刑事处罚的案例。单处罚金刑和管制刑出现同样的适用规律，由多到少，下降趋势很明显，也就是说，随着盗窃数额增大，非监禁刑适用的案例越来越少。

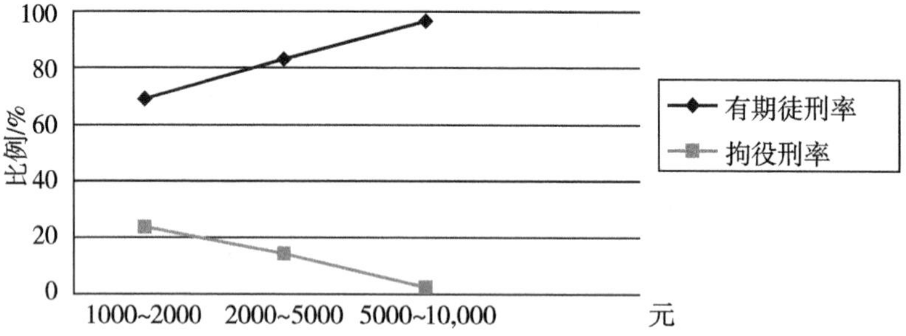

图3－3　数额较大区间内监禁刑变化趋势

图3－3是关于监禁刑适用的情况，有期徒刑和拘役刑呈现完全相反的趋势。虽然拘役和有期徒刑都是监禁刑，但是拘役刑比有期徒刑轻缓，所以，随着盗窃数额的增加，有期徒刑适用的比例越来越高，而拘役刑适用的比例越来越低。刚好印证了盗窃数额对刑罚种类的决定力。

通过3个数额段刑罚种类的逐渐变化，我们看到随着数额提高刑罚不断加重的明显趋势，表明盗窃数额对刑罚的绝对影响力。虽然对数额较大区间内不同数额段的刑罚种类变化有了认识，但是这个区间是主刑类别最丰富的一个区间，仅仅发现变化规律，还不足以了解盗窃数额较大区间内盗窃行为的量刑特点，因此，笔者换一个角度，以下将对每一个刑罚种类涉及的盗窃案例进行更加详细的分析。

三、免予刑事处罚案例的分析

在全部被告人中，只有4人被免予刑事处罚，占0.1%，适用比例极低。4人均认罪、退赔，其中有3人为未成年人，且有2人有自首或立功等法定从轻和减轻情节。表3－11是4名被告人的基本情况：

表 3－11 免予刑事处罚被告人的基本情况

盗窃金额/元	年龄/周岁	文化程度	户籍地	职业	盗窃次数	是否累犯	有无前科	是否退赔	其他量刑情节	强制措施
2840	24	高中	甘肃兰州	学生	1	否	无	是	无	取保候审
1420	17	初中	山东莱阳	洗浴中心服务业	1	否	无	是	无	逮捕
3036	17	初中	北京平谷	无业	2	否	无	是	自首、立功	取保候审
1400	17	初中	北京平谷	中学生	2	否	无	是	自首	取保候审

关于适用免予刑事处罚的条件，《刑法》第 37 条规定：“对于犯罪情节轻微不需要判处刑罚的，可以免予刑事处罚……”刑法只是原则性的规定，哪些犯罪情节可以认定为轻微，只能由司法者做出判断。就盗窃罪而言，没有相关的司法解释就免予刑事处罚的条件作出过具体规定。但司法解释对未成年被告人的免予刑事处罚有过具体规定。未成年罪犯一向是法律宽宥的一个群体，无论是法律、司法解释还是行政法规、行政规章等都有关于对未成年罪犯教育、挽救的特殊内容。最高人民法院 2006 年 1 月 11 日发布的《关于审理未成年人刑事案件具体应用法律若干问题的解释》第 17 条规定：“未成年罪犯根据其所犯罪行，可能被判处拘役、三年以下有期徒刑，如果悔罪表现好，并具有下列情形之一的，应当依照刑法第三十七条的规定免予刑事处罚：（一）系又聋又哑的人或者盲人；（二）防卫过当或者避险过当；（三）犯罪预备、中止或者未遂；（四）共同犯罪中从犯、协从犯；（五）犯罪后自首或者有立功表现；（六）其他犯罪情节轻微不需要判处刑罚的。”

按照该司法解释的规定，并不是未成年罪犯就可以免予刑事处罚，还要具备3个条件：首先要可能判处拘役或3年以下有期徒刑，其次要有悔罪表现，最后还要具有列举的6种情形之一。司法解释列举了6种应当具备的情形，对这6种情形逐一梳理后发现前5种都是法定的从轻或减轻情节，不包含酌定情节。第6项作为一个兜底条款，概括了其他犯罪情节轻微不需要判处刑罚的情形，但作为和前5项并列的条款，笔者认为该项应指其他法定的从轻或减轻情节，不应该包括酌定情节。如果将兜底条款理解为酌定情节，则有违该司法解释的意旨。但是，这只是笔者的一己之见，如果有人将兜底条款做其他理解，包括酌定的从轻或减轻情节，笔者也无肯定或权威的论据来反对。这样的兜底条款就给法官自由解释及裁判留下了灵活的空间。结合这个司法解释，辨析一下被免予刑事处罚的3名未成年被告人。其中1名同时具备自首和立功情节，另外1名具有自首情节，这2名都符合司法解释关于未成年罪犯免予刑事处罚的要求。另外，这2名的强制措施为取保候审，说明在侦查阶段，侦查机关和审查逮捕部门也认为这2名犯罪情节轻微，不需要采取逮捕的强制措施，也就是说，侦、诉、审三方的意见是一致的。另外1名没有法定从轻或减轻情节的未成年罪犯的涉案金额是1420元，刚过立案标准，从盗窃数额这一个指标上看，确实社会危害性不大，属于情节轻微的犯罪，可能判处拘役或三年以下有期徒刑，但该未成年罪犯没有其他的法定从轻或减轻情节，只有赃物已起获发还，认罪态度较好等酌定的量刑情节，按照笔者的理解不应该做免予刑事处罚的处理，能够印证笔者观点的是，该罪犯被采取了逮捕的强制措施，显示侦查机关和审查逮捕部门对其较为严重的社会危害性认识一致。但正如前述，法官以兜底条款作为依据对其免予刑事处罚，似乎也无不妥，只是显得不那么理由充分。

再来看被免予刑事处罚的成年罪犯，北京某管理学院学生，24岁，高中文化，盗窃金额2840元，法院判决认为“被告人认罪悔罪，积极赔偿被害人的经济损失，犯罪情节轻微，故可免予刑事处罚”。该名被告人不仅盗窃数额略大，而且没有法定的从轻或减轻情节，只有认罪、悔罪和退赔等一般常见的酌定量刑情节，但从笔者收集的2000个判决来看，盗窃金额为2000元以上的成年被告人比比皆是，但在没有任何法定从轻或减轻情节的情况下被免予刑事处罚的仅此一例。

对免予刑事处罚的4个案例进行分析后，笔者发现这4个案件本身差异很大，很难通过这4个案件对免予刑事处罚的原则和标准做出概括，因为这4个案件中既有未成年人，也有成年人；既有非本市户籍人员，也有本地人；既有被取保候审的，也有被逮捕的；既有1400元这样较低的数额，也有3036元这样较高的数额；既有具备法定从轻、减轻情节的，也有不具备的。特别是对盗窃数额2000余元的没有法定从轻情节的成年被告人免予刑事处罚，找不到合适的理由，我们只能理解为法官的自由裁量权超出了正常范围。

四、单处罚金刑的案例分析

（一）单处罚金刑的案例分布特点

在数额较大的区间内，对于情节轻微的盗窃行为可以单处罚金刑，对于盗窃罪来说，这是最轻的刑罚，没有主刑只有附加刑，不限制人身自由。在全部样本中，共有23名被告人单处罚金刑，占全部样本的0.84%，说明法院对盗窃罪适用单处罚金刑概率极低。在被判处单处罚金刑的23名被告人中，西城区、大兴区各1名，平谷区10名，海淀区11名。从适用数量来看，不同区县在选择是否单处罚金刑上是具有显著差异的。本地人有14名，占60.9%，表明本地人适用单处罚金刑的比例较高。

被采取逮捕强制措施的有1人，盗窃数额为4500元，仅从数额看，不应属于犯罪情节轻微的范畴，但该被告人系聋哑人、未成年人，且有自首、立功和从犯3个从轻或减轻量刑情节,① 因此法院对其适用单处罚金刑。

在犯罪动机方面,1名被告人以盗窃为生,其他22名无特定犯罪动机。

(二) 单处罚金刑案例的数额分布

如表3－12所示,从盗窃数额来看,3000元以下的盗窃案占到适用单处罚金刑案件的78%,仅从盗窃数额这一项来看,大多数单处罚金刑案件的犯罪情节确实比较轻微。

表3－12 单处罚金刑盗窃数额分布

盗窃数额/元	频数	比例/%
1000～2000	12	52.2
2000～3000	6	26.1
3000～5000	1	4.3
5000～8000	4	17.4
合计	23	100

但是,盗窃数额在3000元以上的还有5名被告人,且其中1名被告人的盗窃数额是7500元,接近10,000元,也适用了单处罚金刑。关于适用单处罚金刑的条件,根据2000年11月15日最高人民法院《关于适用财产刑若干问题的规定》,“对于犯罪情节较轻,适用单处罚金不致再危害社会并具有下列情形之一的,可以依法单处罚金:(一)偶犯或者初犯;

① 被告人系一个聋哑人盗窃团伙成员,且系未成年人,在主犯指使下,本案被告人负责望风,其他同伙持螺丝刀将被告人车窗砸碎,盗窃车内财物。本案被告人再次作案时被抓获,不仅如实交代了侦查机关不掌握的盗窃事实,还交代了其他同伙的住处等信息,且被法院认定为从犯,综合考虑上述多重因素,法院对其判处罚金刑。

（二）自首或者有立功表现的；（三）犯罪时不满十八周岁的；（四）犯罪预备、中止或者未遂的；（五）被胁迫参加犯罪的；（六）全部退赃并有悔罪表现的；（七）其他依法可以单处罚金的情形”。也就是说，对盗窃罪单处罚金刑不仅要犯罪情节轻微，还要具备司法解释列举的法定或酌定的从轻情形之一。

盗窃数额为7500元的被告人为成年人，其在案发前主动向单位交代，并积极退赔，后又主动报警自首，区别于那些公安机关立案后被告人迫于压力而自首的情形，[①] 法院综合考虑上述因素，对其适用罚金刑。被告人虽然盗窃数额偏大，但由于有自首的法定情节，就个案而言，适用单处罚金刑似乎也还合理。但将这个案件和其他数额更小的且有法定从轻情节的案件比较起来，这个案件的处罚结果还是过于轻缓而显得不甚合理。

（三）单处罚金刑的盗窃次数分布

如表3－13所示，从盗窃次数看，盗窃1次的被告人18名，占78.3%，说明适用罚金刑的大多数是初犯或偶犯。盗窃2次的有3人，盗窃3次的有2人。

表3－13　单处罚金刑盗窃次数分布

次数	频数	比例/%
1	18	78.3
2	3	13.0
3	2	8.7
合计	23	100.0

① 被告人系本市某数码科技公司员工，在公司共办公室内，多次盗窃同事放在办公室的现金，共计7500元，后被告人主动向单位负责人交代了盗窃的犯罪事实，积极退缴赃款，使各被害人的经济损失得以挽回，后又主动报警，向公安机关如实供述了盗窃的犯罪事实。法院综合考虑上述因素，对其判处罚金人民币5000元。

一般来讲，盗窃次数可表征出被告人的主观恶性大小，盗窃1次的多数是临时起意，或顺手牵羊，不是惯犯，其主观恶性往往较小。但有时由于计算盗窃次数的依据取决于盗窃时间和空间的转换，在同一个犯罪故意支配下，同一时间在不同地点实施的盗窃也被分别计算。因此，有些盗窃案中的被告人也是初犯和偶犯，却实施了2次或以上的盗窃。如被告人朱某盗窃案中，朱某系某大学在校学生，同一天在该大学的不同宿舍实施两次盗窃，盗窃金额为5100元，由于朱某系未成年人，且积极退赔，认罪态度好，再加上是大学在校生，法院对其从轻处罚，适用罚金刑。

盗窃3次的被告人有2名。1名是上述已分析过的盗窃同事7500元的科技公司员工。另外1名被告人是未成年中学生，3次伙同他人盗窃农用车电瓶，但盗窃数额刚达到定罪标准，且被告人系未成年，在校中学生，有自首情节，所以法院对其适用罚金刑。

（四）其他量刑情节

1. 法定或酌定的从轻量刑情节

23名被告人全部认罪，20名被告人全部退赔或追缴，只有3名被告人没有退赔。在23名中有1名聋哑人，4名被告人有正当职业。

在9名成年被告人中，有3名有自首情节。没有自首情节的6名成年被告人，其盗窃数额均在2000元以下，属于犯罪情节轻微的范畴，适用单处罚金刑也比较适宜。

2. 法定或酌定的从重情节

在23名被告人中无累犯，仅有1名有前科，但该被告人的盗窃数额为1160元，刚刚达到立案标准，且其盗窃行为系部分未遂。由于前科不属于法定的从重量刑情节，因此对其适用罚金刑也是适宜的。

6名被告人持械，2名被告人采取了破坏性手段。2名被告人入户盗窃，其中1名是未成年被告人。22名被告人既遂，1名被告人未遂。

（五）罚金数额分布

如何确定罚金数额，《刑法》第52条规定：“判处罚金，应当根据犯罪情节决定罚金数额。”以犯罪情节为根据决定罚金数额，主要是由罪刑相适应原则决定的。最高人民法院《关于适用财产刑若干问题的规定》第2条规定：“人民法院应当根据犯罪情节，如违法所得数额、造成损失的大小等，并综合考虑犯罪分子缴纳罚金的能力，依法判处罚金。刑法没有明确规定罚金数额标准的，罚金的最低数额不能少于一千元。对未成年人犯罪应当从轻或者减轻判处罚金，但罚金的最低数额不能少于五百元。”

如表3－14所示，从判处的罚金数额来看，最少的为500元，最多的为5000元。单处罚金刑的未成年被告人有14名，其中4人判处了低于1000元的罚金刑。其他未成年被告人和成年被告人都判处了1000元或高于1000元的罚金刑。罚金1000元占比例最高，达到43.5%的比例，这和52%的案件的盗窃数额主要在1000元左右有一定的关系。

表3－14　单处罚金刑被告人罚金分布

数额/元	频数	比例/%
500	3	13.0
800	1	4.3
1000	10	43.5
1500	1	4.3
1800	1	4.3
2000	2	8.7
2500	1	4.3
3000	3	13.0
5000	1	4.3
合计	23	100.0

表3-15 盗窃数额与罚金刑数额相关性检验

类别		盗窃数额	罚金刑幅度
盗窃数额	Pearson 相关性	1	0.639**
	显著性（双侧）	—	0.001
	N	23	23
罚金刑幅度	Pearson 相关性	0.639**	1
	显著性（双侧）	0.001	—
	N	23	23

**在0.01水平（双侧）上显著相关。

说明：盗窃数额与判处的罚金刑幅度之间存在统计学意义上的相关关系（$r = 0.639$，$p<0.01$）[①] 在单处罚金刑的23个判决中，盗窃数额对于罚金刑幅度的单一影响率为40.8%。可见盗窃数额对确定罚金数额起着至关重要的作用（也就是 $r^2 = 0.639^2 = 0.403225$）。

（六）免予刑事处罚和单处罚金刑适用情况的比较

在分别了解过免予刑事处罚和单处罚金刑的所有案件后，笔者拟对二者的适用作一简单对比。免予刑事处罚的处理结果当然要轻于单处罚金刑，笔者的对比就是确认免予刑罚的案件事实上是否都比判处罚金刑的案件轻，如果前者轻后者重，则说明适用免刑适宜，量刑均衡。如果前者重后者轻，则说明量刑不均衡，要么是免予刑事处罚轻了，要么是判处罚金刑重了。

由于免予刑事处罚的4名被告人中有3名未成年人，而成年被告人和未成年被告人的量刑差异较大，所以笔者以年龄为界，分为两组进行对比。对比的依据主要是盗窃数额，因为这是盗窃罪量刑的主要依据，同时以法定的量刑情节，如累犯、自首、立功等作为参考指标。这种对比当然不能说全面细致、准确无误，但是把影响量刑的主要因素都提炼出来，基本上能呈现案件的主要方面，对比的结果也能够反映案件的差异。考虑到

① r值表示的就是在23个单处罚金刑的判决中，盗窃数额与罚金刑幅度之间的相关系数。

两组涉及的案件数量都不多，所以笔者采用最直观的列表来比较。

1. 未成年被告人量刑的比较

从表 3-16 和表 3-17 的对比中可以明显看出，第 1 组和第 2 组在盗窃数额、盗窃次数、法定量刑情节等方面没有明显差异。就盗窃数额而言，第 1 组的 1400 元和 1420 元属于第 2 组的中间值，[①] 两组没有差异。第 1 组的 3036 元是两组中最大的盗窃数额，但又考虑到该被告人有立功和自首两个法定从轻情节，在两组中又是从轻处罚幅度最大的，因此，这个案例在两组中也不属于特殊情况。

表 3-16 免予刑事处罚的未成年被告人基本案情信息（第 1 组）

盗窃金额/元	年龄/岁	盗窃次数/次	是否累犯	有无前科	是否退赔	其他量刑情节
1420	17	1	否	无	是	无
3036	17	2	否	无	是	自首、立功
1400	17	2	否	无	是	自首

表 3-17 单处罚金刑的未成年被告人基本案情信息（第 2 组）

盗窃金额/元	年龄/岁	盗窃次数/次	是否累犯	有无前科	是否退赔	其他量刑情节
1321	17	1	否	无	是	无
1140	17	1	否	无	是	无
1155	16	1	否	无	是	无
1155	17	1	否	无	是	无
1500	17	1	否	无	是	无
1600	16	1	否	无	是	无
2320	16	3	否	无	是	自首

① 第 2 组中盗窃数额最低为 1140 元，最高为 2695 元，所以笔者认为 1400 元和 1420 元可以作为第 2 组的中间值。

续表

盗窃金额/元	年龄/岁	盗窃次数/次	是否累犯	有无前科	是否退赔	其他量刑情节
2510	17	1	否	无	是	自首
2695	17	1	否	无	是	无
2695	17	1	否	无	是	无
2695	17	1	否	无	否	无

整体对比，数额差别不大，再加上有量刑情节的干扰，很难比较出两组孰轻孰重。笔者将具有法定量刑情节的案例剔除掉，单纯以盗窃数额来对比。这样一来，第1组只剩下1个案例，盗窃数额是1420元。第2组有9个案例，其中4个案例的盗窃数额低于1420元，5个案例的数额高于1420元。两组比较的结果是，不能明显区分出某1组的案例普遍偏轻，也就是说，二者基本可以认为是相同案件。

第1组的案件是被免予刑事处罚，而第2组是判处罚金刑，从刑罚性质及量刑的均衡性来说，第1组的案例应该轻于第2组的案例，但通过对比，却没有得出这样的结论。而且，第2组中还有4名被告人的盗窃数额高于第1组的盗窃数额。我们可以得出结论:① 免予刑事处罚的未成年被告人的犯罪情节并不比判处罚金刑的未成年被告人的犯罪情节轻，反而有部分案件的犯罪情节重于免予刑事处罚的盗窃案。

2. 成年被告人的量刑比较

从表3－18和表3－19可以看出，第1组的成年被告人只有1名，盗窃数额是2840元，且无其他法定从轻或减轻的量刑情节。第2组的成年被告人中有5名没有法定从轻或减轻的量刑情节，可以和第1组的案件进行对比。第2组的盗窃数额分别是：1801元、1120元、2000元、1870元、

① 这里的结论仅就本书搜集到的有限样本而言，也许搜集更多的样本会呈现不同的结果，但就本书样本的对比结果而言，可以得出笔者如上的结论。

1831 元。这 5 个案件的盗窃数额都低于第 1 组案件的盗窃数额。因此，整体上看，免予刑事处罚的成年被告人的犯罪情节并不比判处罚金刑的成年被告人的犯罪情节轻，而且判处罚金刑的部分案件的犯罪情节还要轻于免予刑事处罚的案件。

表 3－18　免予刑事处罚的成年被告人的基本案情信息（第 1 组）

盗窃金额/元	盗窃次数/次	是否累犯	有无前科	是否退赔	其他量刑情节
2840	1	否	无	是	无

表 3－19　判处罚金刑的成年被告人的基本案情信息（第 2 组）

盗窃金额/元	盗窃次数/次	是否累犯	有无前科	是否退赔	其他量刑情节
1801	1	否	无	是	无
1120	1	否	有	是	无
1600	1	否	无	是	自首
1610	2	否	无	是	自首
2000	1	否	无	是	无
1870	1	否	无	是	无
1831	1	否	无	是	无
7500	3	否	无	是	自首

笔者将免予刑事处罚和判处罚金刑的案件分为未成年人和成年人进行对比，两组对比的结果都和预设的不一样。预设的结论是：免予刑事处罚的案件应该轻于判处罚金刑的案件，但是结果并非如此，免予刑事处罚的案件不仅没有比判处罚金刑的案件情节更轻微，甚至部分案件比判处罚金刑案件的犯罪情节还要重。对比的结果表明，法院在适用免予刑事处罚和罚金刑时没有清晰、明确的界限，也没有可操作性较强的依据原则，二者的混用是普遍的现象。这种现状凸显了法官自由裁量权在判决中所起的

作用。

五、管制刑的案例分析

管制刑是我国刑法规定的5种主刑之一，是对犯罪分子不予关押，但限制一定自由，以社区矫正的方法进行教育和改造的一种刑罚方式。罪犯服刑期间不脱离家庭生活，各种社会资源参与刑罚执行工作。在5种主刑中，管制是最轻的一种。但相对于单处罚金刑来讲，还是略显重一些，因为管制刑需要和罚金刑并罚。被判处管制刑的盗窃罪，一般是社会危害性比较轻微的犯罪。从2000个判决统计的情况看，共有43名被告人被判处管制，占全部被告人的1.6%，所占比例并不是很高。

（一）管制刑的盗窃数额分布

如表3－20所示，在43名被告人中，盗窃数额分布的情况为：1000～2000元有35名被告人，占81.4%；2000～3000元有6名被告人，占14%。判处管制刑的被告人，盗窃数额在3000元以下的占95.4%。4000元以上有2名被告人，分别是4000元和4030元。从盗窃数额这一项指标来看，全都属于数额较大的量刑幅度内，且都在数额较大中间值以下，符合《刑法》“盗窃数额较大，处三年以下有期徒刑、拘役或者管制”的规定。

表3－20 管制刑盗窃数额分布

盗窃数额/元	频数	比例/%
1000（含）～2000	35	81.4
2000（含）～3000	6	14
3000（含）～4000	0	0
4000（含）以上	2	4.6
合计	43	100

（二）盗窃次数分布

盗窃次数与盗窃数额有一定的关联性，盗窃次数多的一般盗窃金额也大，但二者之间没有绝对的正比关系。在表3－21所分析的判决中，有1次盗窃几万元的，也有10多次一共才盗窃1000多元的。但盗窃次数能反映出被告人主观恶性的大小，盗窃1次的多是初犯、偶犯，见财临时起意者多。盗窃多次的被告人主观恶性大，即使不是以盗窃为生活来源，但一而再再而三的从事盗窃，其人身危险性、再犯可能性都比初犯、偶犯大得多，属于刑法应该严厉打击的对象。从43名被告人的统计情况看，盗窃1次的被告人有33名，占被判处管制刑人数的76.7%，盗窃2次有8名，占18.6%，盗窃3起的有2名，占4.7%。由此可见，绝大多数被告人都是盗窃1次，表明这些人主观恶性较小，教育改造可能性大，不致再危害社会。对这些人不关押改造反而更有利于其回归社会。

表3－21　管制刑盗窃次数分布

盗窃次数	频数	比例/%
1	33	76.7
2	8	18.6
3	2	4.7
合计	43	100

（三）其他量刑情节

1. 法定量刑情节

对43名被告人的法定从轻、减轻量刑情节进行统计：43名中有未成年人20名，成年人23名。未成年被告人几乎占到一半，也正体现了对未成年被告人教育为主、改造为辅的原则，是对未成年人从轻、减轻处罚的结果。有7名被告人有自首情节。法定从重的量刑情节统计结果为：43名被告人中无一累犯，只有1名被告人有前科。

2. 酌定量刑情节

对酌定的从轻、减轻量刑情节进行统计：43名嫌疑人全部认罪；在犯罪动机方面都不以犯罪为生；无人采用破坏性手段；42名被告人全额退赔或追缴，只有1名被告人没有退赔或追缴。36名被告人在盗窃过程中未持械，7名被告人持械。

3. 其他影响量刑的因素

43名被告人中有38名本地人，占88.4%，表明本地人适用管制刑的比例更高。在强制措施方面，只有1名被告人被逮捕，其他42名被告人都没有逮捕必要性，表明侦查、审查起诉和审判机关的看法比较一致。从被告人是否有正当职业看，38人有正当职业，占88.4%，只有5人没有正当职业，占11.6%，可见法院在适用管制刑时，较多地考虑了被告人是否有正当职业，尽量不剥夺其人身自由，不影响其正常工作。

（四）管制刑期分布

表3－22是43名被告人的管制刑期幅度。出现频率最高的是6个月刑期，占到46.5%的比例，其次是12个月的刑期，占到41.9%的比例。其他的刑期则比较分散。刑期的分布显示出法官习惯于处6个月和12个月的刑期，其他的刑期则较少适用。管制的法定期限是3个月以上2年以下，而这43名被告人的刑期均在12个月以下，表明法院在适用管制刑时还是比较轻缓。

表3－22　管制刑刑期分布

管制时长/月	频数	比例/%
3	2	4.6
6	20	46.5

续表

管制时长/月	频数	比例/%
10	3	7
12	18	41.9
合计	43	100

（五）单处罚金刑与管制刑的案例比较

以上笔者对单处罚金刑和管制刑在盗窃罪适用中的一些基本情况做了简单的梳理，基本结果是：这些案件中的犯罪行为的情节都比较轻微，且许多案件中有法定或酌定的从轻或减轻情节。

单处罚金刑和管制刑都是不剥夺人身自由的较轻刑罚，二者之间有差别，但不是实质性的，法官在适用这两种刑罚时差别大不大呢？由于适用这两种刑罚的案件数比较多，笔者不可能将所有案件一一列出来进行比较，于是笔者将两类案件中影响量刑的主要要素提炼出来，以要素之间的对比来代表两类案件的社会危害性大小，以此来了解量刑的差异。

1. 盗窃数额的比较

盗窃数额是盗窃罪量刑最主要的依据，所以笔者首先对适用两类刑罚的盗窃数额做一比较，比较的方式是将每类案件相同数额段内案件所占的百分比进行对比。（见表3－23）

表3－23　单处罚金刑与管制刑盗窃数额比较

数额/元	单处罚金刑比例/%	管制比例/%
1000～2000	52	81.4
2000～3000	26	14
3000～5000	4.3	4.6
5000～8000	17.3	0
合计	99.6	100

分开来看，单处罚金刑的盗窃数额有一半左右处在1000～2000元的数额段，其他分散在2000～8000元的数额段内。而管制刑的案件则有81.4%处在1000～2000元的数额段内，在5000～8000元的数额内没有案件。将相同数额段内两类刑罚出现的频率进行对比，我们发现在盗窃数额最小的1000～2000元的数额段内，管制刑的比重高于单处罚金刑，这说明适用管制刑的案件中小额盗窃更多一些。而在最高的5000～8000元的数额段内，单处罚金刑的案件占17.3%，管制刑在这个数额段内却没有案件。通过盗窃数额的对比，可以一目了然地看出，单处罚金刑被告人的盗窃数额明显大于判处管制刑的被告人的盗窃数额。

2. 量刑情节的对比

笔者将适用两种刑罚的案例分为两组，选取一些主要的从轻处罚或从重处罚的情节在各组中所占的比例来说明案件的轻与重的程度。例如，笔者确定了未成年人率，指的是未成年被告人在两组案例被告人中所占的比重。比重高的说明未成年被告人多，应该适用较轻的刑罚；反之，应该适用较重的刑罚。再如累犯率，指的是两组案例中被告人具备累犯情节的比重，比重大的说明累犯较多，应该适用较重的刑罚。笔者将这些影响量刑的情节分为两类：一类是从轻的情节，另一类是从重的情节。

在表3－24中笔者选取的是一些主要的从轻情节，比重越大，说明案件包含的法定或酌定的从轻情节越多，依法应当适用较轻的刑罚。比较结果是，单处罚金刑除退赔率低于管制刑外，其他各项均高于管制刑，说明适用单处罚金刑的案件比适用管制刑的案件轻微。

表3－24 单处罚金刑与管制刑量刑情节比较

刑种	未成年人率	自首率	立功率	退赔率	认罪率	一次盗窃率
单处罚金刑	63.6%	27%	4%	90%	100%	81.8%
管制	46.5%	16%	0	97.6%	100%	76.7%

表 3－25 列举的是一些从重处罚的情节。累犯率和使用破坏性手段率两项二者均是零。累犯是法定的从重情节，在盗窃罪中，如果是累犯，即便数额小，法官一般也会适用剥夺人身自由的刑罚。破坏性手段虽然不是法定从重情节，但由于其社会危害性较大，一般也会比照普通盗窃从重处罚。这两项指标均为零，说明法院的判决既没有突破法律规定，也没有突破司法惯例，凡是适用单处罚金刑和管制刑的，均是不包含法定从重情节的盗窃行为。被告人前科情况、入户盗窃、持械盗窃三项虽不是法定从重情节，但是司法实践中一般也都从重处罚，特别是《刑法修正案（八）》出台后，达不到数额较大的入户盗窃和携带凶器盗窃直接入罪，更加彰显了刑法严厉打击这两种行为的立法目的。在适用单处罚金刑和管制刑的案例中均出现了入户盗窃和持械盗窃的案例，而且持械盗窃的案例还不在少数。

表 3－25　单处罚金刑与管制刑量刑情节比较

刑种	累犯率	前科率	破坏性手段率	入户率	持械率
单处罚金刑	0	4%	0	9%	27%
管制	0	2%	0	13.9%	16%

前科率和持械率的比较，均是单处罚金刑高于管制刑，表明单处罚金刑的被告人的人身危险性及盗窃行为的社会危害性均大于管制刑。这是一个不符合常规的结论。

3. 小结

将单处罚金刑和管制刑的案件相关要素进行对比后，我们发现前者的一部分要素比后者轻，另一部分要素比后者重，总体来看，单处罚金刑的案件没有明显的比管制刑的案件轻微，甚至一些案件的严重程度超过了管制刑，其差异和我们预设的完全相反。因此，此次对比我们不能得出结论说单处罚金刑的盗窃比管制刑的盗窃行为更轻微。

六、拘役刑的案例分析

拘役是由轻刑到重刑过渡的一个重要环节，是剥夺犯罪分子人身自由的短期刑罚，和有期徒刑有很多不同之处，总体来说比有期徒刑轻缓。刑法规定被判处拘役的犯罪分子，由公安机关就近执行，在执行期间，被判处拘役的犯罪分子每月可以回家1～2天；参加劳动的，可酌量发给报酬，另外判处拘役除犯危害国家安全罪以外无论何时再犯罪均不属累犯。

在所有被告人中，共有333名被判处拘役，占所有被告人的12%。其中46名被告人有正当职业，有11名聋哑盲人。

被判处拘役刑的被告人中有未成年人94名，占28%，比例较高，说明对未成年人适用拘役刑比较普遍。未成年人是法律的重点保护对象，凡是未成年人犯罪，法律规定要减轻和从轻处罚，对未成年人较多的适用拘役刑，也印证了未成年人犯罪处罚轻缓化的特点。

（一）拘役刑盗窃数额的分布情况

如表3－26所示，判处拘役的案例中，15名被告人的盗窃数额在1000元以下，其中，3名被告人盗窃数额虽不满1000元，但因多次盗窃而被判处拘役。另外2名被告人盗窃未遂，因无盗窃数额，在统计时以0元计。除了这5名被告人外，其他10人均因为2011年5月1日《刑法修正案（八）》颁布后，扒窃行为入罪而被判处拘役刑。扒窃行为由于在公共场所盗窃公民随身及贴身财物，危害性较大，因此《刑法修正案（八）》规定不要求数额较大，有些地方掌握的甚至不需要数额，只要是扒窃行为就定罪处罚。扒窃行为与数额较大的盗窃行为并列，同等处罚，其量刑都在3年以下有期徒刑、拘役、管制、并处或单处罚金刑的幅度内。

表 3－26　拘役刑盗窃数额分布

盗窃数额/元	频数	比例/%
0～1000	15	4.5
1000～2000	165	49.7
2000～3000	82	24.7
3000～4000	37	11.1
4000～5000	17	5.1
5000～6000	9	2.7
6000～7000	3	0.9
7000～9000	1	0.3
9000～10,000	2	0.6
10,000～20,000	1	0.3
合计	332	100

1000～10,000 元是"数额较大"的量刑幅度，依法都可以判处拘役。从所采集的样本看，判处拘役的被告人的盗窃数额主要集中在 1000～2000 元的区间内，占 49.7%，其次分布在 2000～5000 元的区间内，占 40.9.%。5000 元以上 10,000 元以下的共有 15 个案例，仅占 4.5%，显然数量极少，居于次要地位。如果在 1000 元和 10,000 元之间选择一个中间数，毫无疑问应该是 5000 元，从盗窃数额的分布看，拘役刑绝大部分的盗窃数额还是在 5000 元以下，占 95.1%。应该说拘役刑主要还是适用于达到定罪标准但数额不是很大的盗窃行为。

10,000 元以上的只有 1 个案例，按照北京市盗窃罪的量刑标准，10,000 元属于数额巨大，本应量刑在 3 年以上有期徒刑，该案却判处拘役，显然是减轻处罚的结果。该案被告人系未成年人、非本市户籍人员，在国家开发银行办公室内，分两次盗窃该单位笔记本 3 台（价值人民币 11,460 元），3 台电脑均已发还。被告人认罪，被告人犯罪时尚未成年，系初犯，认罪态度较好，且被盗赃物已发还，判处拘役3个月，缓刑4个月，并处罚金人民币500元。本案的被告人系未成年人，且有初犯、退赔、认罪等酌定的量刑情节。对其减轻处罚，在下一个量刑幅度内选择主刑和附加刑并适用缓刑，也是合情合理的。

（二）逮捕的适用

被判处拘役刑的被告人中被逮捕的有233名，还有100名被取保候审。但是判处拘役刑的被告人中有110人适用了缓刑，基本和取保候审的人数相当。也就是说，被取保候审后判处实刑的概率比较低。通常的情况是，逮捕后被判处拘役刑且不适用缓刑，而被取保候审的被告人虽被判处拘役刑但同时宣告缓刑。被取保候审的犯罪嫌疑人通常有两种情况：一种是侦查机关认为犯罪情节轻微，没有向检察院提请批准逮捕，而直接予以取保候审；另一种是侦查机关向检察院提请批准逮捕，但检察院认为无逮捕必要而不予批准逮捕，侦查机关只好对犯罪嫌疑人取保候审。无论是哪种情况，都说明嫌疑人实施盗窃罪的情节比较轻微。

（三）盗窃次数

在适用刑罚时，盗窃次数是法官考虑的一个量刑因素。从盗窃次数的分布来看，拘役刑的盗窃次数明显开始增加。从表3－27中可以看出，只有76%的被告人的盗窃次数是1次，而24%的被告人的盗窃次数超过2次，而且其中有7.2%的被告人的盗窃次数超过了4次，甚至还有盗窃次数8次和10次的被告人，可以看出，适用拘役刑的被告人无论是人身危险性还是社会危害性都有所增加。

表 3-27　拘役刑盗窃次数分布

盗窃次数	频数	比例/%
1	253	76
2	41	12.3
3	15	4.5
4	14	4.2
5	7	2.1
8	2	0.6
10	1	0.3
合计	333	100

（四）其他量刑情节

1. 法定或酌定的从重情节

被判处拘役的被告人中有 2 名累犯，涉及的盗窃金额分别是 2842 元和 2700 元。累犯属于从重处罚的法定情节，特别是金额在 2000 元以上，按说判处拘役刑偏轻。但是盗窃 2842 元的行为发生在 2012 年 3 月 1 日后，北京市已经提高了盗窃罪的入罪标准，盗窃 2000 元才构成盗窃罪，所以盗窃 2842 元刚过起刑点，判处拘役也无可厚非。盗窃 2700 元的盗窃行为发生在 2011 年，北京市的盗窃标准还是 1000 元，虽然盗窃金额高出起刑点一部分，但被告人系聋哑人，认罪态度较好，且积极退赔，所以法院对其从轻处罚。

被判处拘役的被告人中 23 人有前科。

有 28 名被告人采用破坏性手段，仅占 8%。有 52 名被告人入户盗窃，75 名被告人持械，另 258 名被告人在盗窃过程中未持械。

2. 法定或酌定的从轻情节

有 48 名被告人有自首情节，10 名被告人有立功情节。

333 名被告人中仅有 1 名被告人不认罪，其他被告人均认罪。不认罪的被告人系一名女性聋哑人，不说自己的真实身份，也不承认盗窃，且因盗窃行为被治安拘留过，虽然不认罪和有前科都属于从重量刑的酌定情节，但因其是聋哑人，而又聋又哑是从轻处罚的法定情节，法院因此判处其6个月拘役。

从犯罪动机的分布来看，有3名被告人以盗窃为生，其余330名被告人均无特定犯罪动机。

有1名被告人被认定为主犯，其余332名被告人未区分主从犯。

有319名被告人系犯罪既遂，11名被告人盗窃未遂，另有3名被告人部分既遂。

有280名被告人全额追缴或退赔，占84.1%。有36名被告人未退赔，占10.8%。有9名被告人退赔过半，有8名被告人退赔未过半。从追缴退赔的情况来看，全额退赔的比例高过全样本60.9%的比例。从挽回被害人损失方面来看，判处拘役刑的案件社会危害性更小一些。

（五）拘役刑期

表3－28显示拘役时长主要集中在3个月、4个月、5个月和6个月，分布还比较均匀，出现的频率共计321次，占96.4%。而判处拘役1个月、2个月的判决则较少，只占3.6%。这个分布规律表明，对于适用拘役刑的被告人，法官基本上都是判处较长的刑期，这可能和拘役刑本身刑期就不高有关系。

表3－28　拘役刑时长分布

拘役时长/月	频数	比例/%
1	3	0.9
2	9	2.7
3	63	18.9
4	91	27.3
5	93	27.9
6	74	22.2
合计	333	100

（六）拘役刑和管制刑的盗窃数额的对比

从表 3－29 中可以看出，判处管制刑的绝大多数案件集中在 4000 元以下，共有 81.4% 的案件的盗窃数额在 2000 元以下，最高的盗窃数额是 4030 元。而判处拘役刑的案件只有 54% 的盗窃数额在 2000 元以下，4000 元以上的占 10.2%，盗窃数额最大的达到 10,000 元以上。从盗窃数额这一指标来看，判处拘役刑的盗窃案的危害性还是大于管制刑。

通过盗窃数额、盗窃次数以及主要量刑情节的对比，可以看出适用拘役刑的案件的社会危害性明显大于管制刑。这也凸显了监禁刑和非监禁刑的区别。

表 3－29　拘役刑与管制刑盗窃数额比较

盗窃数额/元	拘役刑率/%	管制刑率/%
0～1000	4.5	—
1000～2000	49.5	81.4
2000～3000	24.3	14
3000～4000	11.1	0
4000～5000	5.4	4.6
5000～6000	2.7	—
6000～7000	0.9	—
7000～9000	0.3	—
9000～10,000	0.6	—
10,000～20,000	0.3	—

七、数额较大区间有期徒刑及罚金刑的分布

（一）数额较大区间有期徒刑的分布

表3－30和图3－4是关于数额较大区间有期徒刑的分布情况规律。前述已经将管制和拘役的刑期分布做了介绍，这里只研究有期徒刑的分布情况。其中，1年刑期出现的频率最高，占54.5%，第2是半年刑期，占20.4%。排在第3位的是1年半刑期，占14.1%。数额较大的盗窃行为在3年有期徒刑以下量刑，1年半刑期刚好处于中间数。如果以1年半刑期为界，1年半以下的占89%，1年半以上刑期的只占11%。当然，这首先和盗窃数额的分布有关系，前面统计过，数额较大区间内80.2%的案件的盗窃数额在5000元以下，也就是中间数以下，对应91.2%的案件的量刑在中间数以下。如此看来，盗窃罪量刑基本相适应，略有偏轻。但是也有21名被告人的刑期超过了3年有期徒刑，这些被告人应该是累犯，被加重处罚，关于累犯加重的问题，笔者在后面的量刑情节中将会详细谈到，当然，被加重处罚的比例不高，只有1.5%的比重。

表3－30　数额较大区间内有期徒刑时长分布

有期徒刑时长	频数	比例/%
半年	296	20.4
1年	791	54.5
1年半	205	14.1
2年	76	5.2
2年半	35	2.4
3年	27	1.9
3年半	11	0.8
4年	5	0.3
4年半	1	0.1
5年	4	0.3
合计	1451	100.0

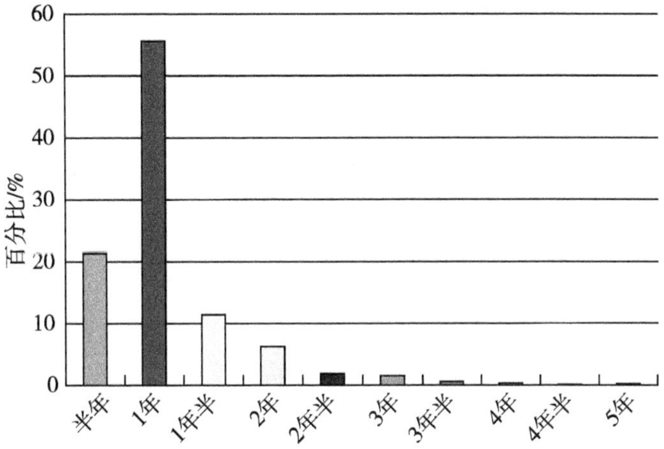

图 3－4　数额较大区间内有期徒刑时长分布

（二）数额较大案件的罚金刑幅度

1. 罚金刑的分布情况

从表 3－31 中得出盗窃数额较大的 1802 名被告人除了 4 人被免予刑事处罚之外，其他人无论是单处罚金刑，还是附加罚金刑，都被判处了罚金。图 3－5 是关于罚金刑的分布情况，非常明显的罚金刑集中在 1000 元，占到 66.4% 的比例，第 2 位是 2000 元，占到 19% 的比例，排在第 3 位的是 3000 元，占到 5.6% 的比例。2000 元以下的罚金刑共占到 91.5% 的比例，其他的罚金数额非常分散。罚金数额越大所占比例就越小，5000 元以上的罚金额只占到 1.5% 的比例。

表 3－31　数额较大区间内罚金刑分布

盗窃数额/元	频数	比例/%
0	4	0.2
500	75	4.2
600	1	0.1

续表

盗窃数额/元	频数	比例/%
800	2	0. 1
1000	1196	66. 4
1200	1	0. 1
1500	23	1. 3
1800	1	0. 1
2000	342	19. 0
2500	9	0. 5
3000	101	5. 6
4000	22	1. 2
5000	12	0. 7
6000	6	0. 3
7000	3	0. 2
8000	1	0. 1
10, 000	2	0. 1
20, 000	1	0. 1
合计	1802	100. 0

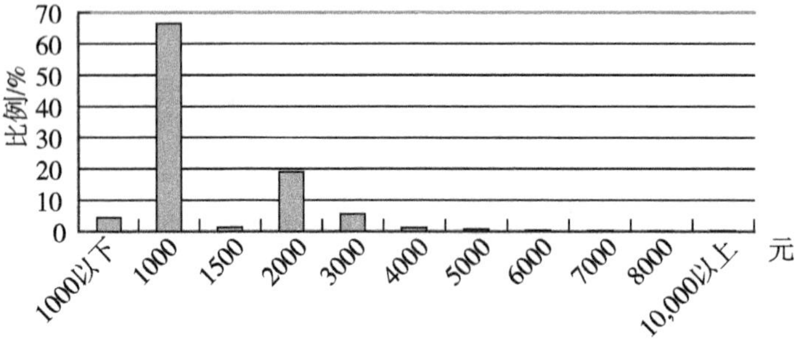

图3－5　数额较大区间内罚金刑分布

2. 盗窃数额与罚金数额的关系

关于如何确定盗窃罪罚金刑的数额，1997 年 11 月 4 日最高人民法院《关于审理盗窃案件具体应用法律若干问题的解释》规定：“对于依法应当判处罚金刑的盗窃犯罪分子，应当在一千元以上盗窃数额的二倍以下判处罚金；对于依法应当判处罚金刑，但没有盗窃数额或者无法计算盗窃数额的犯罪分子，应当在一千元以上十万元以下判处罚金。”按照司法解释的规定，罚金刑最高可判盗窃数额的 2 倍，惩罚性非常明显，是报应刑的典型表现。

罚金刑幅度和盗窃数额是否有关系呢？我们通过表 3－32 来简单对比一下。

表 3－32 数额较大区间内盗窃数额与罚金数额对比

盗窃数额/元	分布比例	罚金刑幅度/元	分布比例
1000（含）～2000	38.2%	2000 以下	91%
2000（含）～5000	42%	3000	5.6%
5000（含）～10,000	19.7%	5000 以上	1.5%

从表 3－32 我们对比一下：盗窃数额 2000 元以下的占 38.2%，而罚金刑 2000 元以下的占 91%，显然盗窃数额和罚金刑数额不完全对应。盗窃数额 2000 元到 5000 元的占 42%，而罚金刑数额 3000 元的占 5.6%，没有对应关系。盗窃数额 5000 元到 10,000 元的占 19.7%，而罚金刑数额 5000 元以上只有 1.5%。通过盗窃数额和罚金刑数额的对比关系，可以看出盗窃数额和罚金刑数额并没有明显的对应关系，罚金刑数额不仅没有按盗窃数额的 2 倍判处，而且事实上远远低于盗窃数额。

罚金刑的量刑幅度和主刑量刑幅度不同，特点如下：

（1）我们首先应当肯定罚金数额和盗窃数额有关系，盗窃数额越大，罚金刑数额相应增加。但是罚金刑数额没有随着盗窃数额的增长比例增长，而是保持着自身的稳定性，这从2000元以下的罚金刑占91%的比例可以反映出来。虽然也有一些案件的罚金数额达到8000元甚至10,000元，但都是极个别的现象，没有代表性。

(2) 罚金刑数额普遍比盗窃数额低。司法解释虽然给了罚金刑量刑的很大空间，可以在1000元以上盗窃数额二倍以下量刑，但事实上，除了个别案件判处10,000元以上罚金之外，罚金刑数额普遍比盗窃数额低。有的甚至低很多，只是象征的惩罚一下，如盗窃数额为7000元，但罚金刑只有1000元。

3. 罚金数额普遍偏低的原因

关于罚金数额普遍偏低的问题，通过向法院了解，法官们大致有这样几种理解：

(1) 盗窃罪被告人普遍经济能力差，这是判处被告人罚金较少的主要原因。本身经济条件好的被告人实施盗窃的情形相当少，这是一个常识，也可以从一些盗窃罪累犯执行刑罚的情况可以反映出来，很多累犯都执行了主刑而没有执行罚金刑，再次盗窃案发时法官判决其一并执行罚金刑。既然被告人经济条件不好，判处过高的罚金刑脱离实际，造成执行困难，所以法官一般都不会选择高额罚金。

(2) 被告人以赔偿被害人经济损失为主。在很多法官的观念里，认为被告人如果赔偿了被害人的损失，又执行了主刑，对其自由和财产都已经进行了惩罚，罚金刑就显得不那么重要了。所以在很多法官量刑时，罚金刑都是不重要但又必须有的一个内容，基本上捎带而过。

(3) 司法解释规定的罚金刑量刑幅度很宽，也给了法官自由裁量的较大空间。司法解释规定罚金刑最少1000元，最高可以达到盗窃数额的两倍。这种没有太多限制的量刑幅度，也使法官能够自由发挥，通常根据实际情况和经验来确定罚金刑，造成的结果就是罚金刑主要集中在起点刑罚金，普遍较低。不要说达到盗窃数额的两倍，连盗窃数额都达不到。

八、数额较大区间内各变量对量刑的影响

笔者确定的变量都是和盗窃罪有关的法定和酌定情节。这些变量是根据《刑法》和相关司法解释以及实践经验确定的。这些变量都在不同程度上影响盗窃罪的量刑，但影响程度有多大，有待于数据的说明。以下在讨论每一变量对量刑的影响力时都用单一影响率来说明。单一影响率指的是单一变量对于因变量的影响。举例说明，如果盗窃数额对主刑量刑幅度的影响率为10%，说明盗窃数额对主刑量刑幅度的解释率为10%，也就是盗窃数额这一变量可以解释主刑量刑幅度中10%的差异。导致主刑量刑幅度差异的原因有很多，盗窃数额只是导致主刑量刑幅度存在差异的原因之一，而这一原因在所有原因中所占的比例为10%。

生活中发生的许多现象都不是相互独立的，而是相互作用、相互影响的。一种结果的出现往往是多个因素、多个环节共同作用的结果。抛开其他因素，仅考察其中一个影响因素对结果的影响，所得出的结论是片面的，甚至可能是错误的。所以笔者在研究每个变量的单一影响率之后，会用回归方程计算所有变量的综合解释率。

从表3-33中可以看出，各变量对主刑种类、主刑轻重和罚金刑轻重的影响力完全不同，而且差别很大。在数额较大区间内，各变量对主刑量刑类别的单一影响率的排名分别是：未成年人、非本市户籍人员、盗窃数额、自首、退赔和累犯。各变量对主刑量刑幅度的单一影响率分别是：累犯、盗窃数额、犯罪动机、退赔、盗窃次数、前科。对罚金刑量刑幅度的单一影响率排在前6名的是：盗窃数额、累犯、犯罪动机、盗窃次数、退赔、未成年人。笔者之所以要将单一影响率最明显的前6名提取出来，是

为了综合判断司法实践中，哪些变量出现频率最高，对量刑的影响力最大。

表3-33 各个变量在盗窃数额较大区间内的单一影响率

变量	对主刑种类的影响别（Y_1）	对主刑轻重的影响（Y_2）	对罚金刑轻重的影响（Y_3）
盗窃数额（X_1）	5.2	19.2	10.0
盗窃次数（X_2）	1.0	7.9	2.7
盗窃款物特征（X_3）	—	—	—
被害人特征（X_4）	0.2	0.2	0
未成年（X_5）	9.8	3.8	1.8
非本市户籍人员（X_6）	5.6	0.3	0.5
累犯（X_7）	2.1	27.1	7.7
前科（X_8）	1.9	7.1	1.4
自首（X_9）	2.8	1.0	0.2
立功（X_{10}）	0	0.1	0
聋哑盲人（X_{11}）	0.1	0.1	0.2
认罪（X_{12}）	0.5	1.3	0.1
犯罪动机（X_{13}）	1.5	17.5	3.9
是否采用破坏性手段（X_{14}）	0.4	0.3	0
退赔或追缴（X_{15}）	2.4	8.2	2.3
有无正当职业（X_{16}）	0.4	1.4	0.5
主从犯（X_{17}）	0.3	1.1	0.2
是否入户（X_{18}）	0	1.1	0.4
持械（X_{19}）	0	0.3	0
既未遂（X_{20}）	0	0	0

九、小结

数额较大区间是被告人数最多、主刑类别最多的一个区间，因此，笔者在本节花费了较大的工夫进行了多方位的分析和研究，不仅对盗窃数额与量刑的关系进行了研究，而且按照从轻到重的顺序，对每一种主刑下的案件分别都进行了详细考察。从盗窃数额与主刑类别的关系可以看出，随着盗窃数额增大，主刑类别也从轻刑过渡到重刑，从非监禁刑过渡到监禁刑，这个总体的趋势还是很明显的。与此同时，笔者对相邻两种主刑下的案件也进行了比较，如免予刑事处罚与单处罚金刑的比较，单处罚金刑与管制刑的比较，整体上看，轻刑案件的社会危害性确实小于重刑案件。但是，笔者也发现相邻主刑下的部分案件互有交叉和错位，案件社会危害性程度的界限并不是十分清晰，社会危害性更大的案件不一定会量刑更重，如免予处罚案件的社会危害性要重于管制刑的案件。因此，对本节的研究可以得出结论：从宏观上看，盗窃数额与量刑有直接的因果关系，量刑随着盗窃数额的增大而加重。但是从微观上看，部分案件并没有遵循这个规律，量刑轻的案件的社会危害性重于量刑重的案件。在免予刑事处罚、单处罚金刑和管制刑的适用上互有交叉，各自的适用规律和特点不明确，也可以说存在一定程度的混乱。

笔者认为，这个结论显示出法官在遵循罪责刑相适应原则的前提下，享有一定的自由裁量权，且在某些案件中，自由裁量权比较突出。关于自由裁量权的问题，笔者将在本书的第七章中详细探讨。

第四节 盗窃数额巨大区间的量刑研究

一、盗窃数额分布

盗窃罪数额巨大的区间包含盗窃数额10,000元以上不满60,000元的案件。该区间内被告人共计539名，全部适用有期徒刑，没有拘役刑或其他非监禁刑。在了解量刑之前，我们先来了解一下盗窃数额巨大区间内数额的分布情况，见表3－34。

表3－34 数额巨大区间内盗窃数额分布

盗窃数额/元	频数	比例/%
10,000～20,000	268	49.7
20,000～30,000	118	21.9
30,000～60,000	153	28.4
合计	539	100.0

为了了解的更具体清晰一些，笔者将盗窃数额巨大区间内又分为3个数额段，分别是10,000～20,000元、20,000～30,000元、30,000～60,000元。看表3－34关于3个数额段的分布情况，第1个数额段占49.7%的比例，第2个数额段占21.9%的比例。在数额巨大区间内，中间数为35,000元，前两个数额段都处于中间数以下，这两个数额段共占71.6%的比例，而中间数以上只有28.4%的比例。可见，数额巨大的区间内，绝大多数的盗窃数额都处于中间数以下。

二、盗窃数额巨大案件的量刑情况

(一) 主刑量刑的总体情况

《刑法》规定对数额巨大的盗窃行为的量刑为“处三年以上十年以下有期徒刑，并处罚金”。在有期徒刑 3 年和 10 年之间是很大的一个幅度，具体的宣告刑究竟是什么样子呢？从表 3－35 中我们来了解一下。

表 3－35 数额巨大区间内有期徒刑时长分布

有期徒刑时长	频数	比例/%
1 年	24	4.5
1 年半	21	3.9
2 年	35	6.5
2 年半	18	3.3
3 年	111	20.6
3 年半	66	12.2
4 年	66	12.2
4 年半	44	8.2
5 年	48	8.9
5 年半	12	2.2
6 年	31	5.8
6 年半	2	0.4
7 年	22	4.1
7 年半	2	0.4
8 年	10	1.9
8 年半	3	0.6
9 年	6	1.1
9 年半	1	0.2
10 年以上	17	3.2
合计	539	100.0

为更直观地了解主刑刑期的分布特点，笔者用柱状图3－6表现刑期的分布情况。

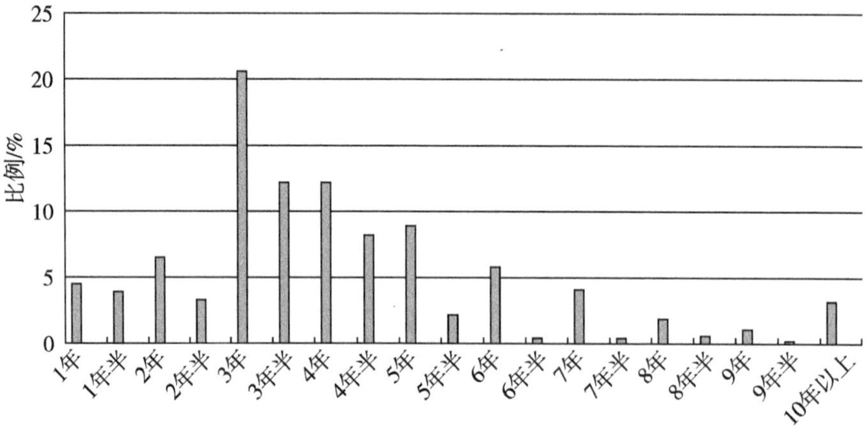

图3－6 数额巨大区间内有期徒刑时长分布

图3－6是盗窃数额巨大的刑期分布图，笔者按每半年进行统计。其中出现频率最高的是3年有期徒刑，有111名被告人，占20.6%，也就是说有1/5的被告人都处以该量刑档的起点刑。第2是3年半和4年的出现频率，各有66名被告人，所占比例各为12.2%。第3是4年半和5年有期徒刑的出现频率，各有44名被告人和48名被告人，占8.2%和8.9%。不能忽视的是，低于3年有期徒刑的被告人有98名，占18.2%。这部分被告人在法定刑以下量刑，属于减轻处罚，一般是具备法定的减轻情形，如自首、立功或未成年人。除此之外，其他量刑幅度比较分散。另外，判处10年以上有期徒刑的有17人，占3.2%，这部分属于加重处罚，一般是由于累犯造成的。

《刑法》规定对数额巨大的盗窃行为的量刑为“处三年以上十年以下有期徒刑”。在3年到10年间，如果确定一个中间值的话，应该是6年半，判处6年半以下有期徒刑的被告人占到88.5%的比例，而这其中还包括低于3年有期徒刑的18.2%的被告人。这和前面盗窃数额分布的规律结合起来看，盗窃数额在中间数以下的比例是71.6%，而主刑量刑幅度在中间数以下的比例是88.5%。仅以盗窃数额这一项来看，在盗窃数额巨大的区间内，量刑还是偏低的。

（二）关于主刑减轻和加重量刑的情况分析

有98名被告人在3年有期徒刑以下量刑，最低的是1年有期徒刑。这种情况多数都是被告人有从轻、减轻情节，法院对其减轻处罚。如被告人刘某在钓鱼台国宾馆库房内多次盗窃硬盒香烟等物，共价值人民币20,000元，但由于刘某的盗窃行为部分未遂，且其有协助抓获同案犯的立功行为，所以法院判处其有期徒刑2年。再如被告人赖某伙同另外3名被告人盗窃面包车1辆，价值人民币16,800元，由于赖某在共同犯罪中所起的作用小，被法院认定为从犯，减轻处罚，判处其有期徒刑1年。

除了减轻处罚的情况，也有加重处罚的情况，该区间内有17名被告人量刑在10年以上。这些被告人往往是具有法定的从重或加重情节。如被告人刘某系盗窃累犯，又连续3次撬门入户盗窃，盗窃数额共计人民币51,018元，法院认为刘某的累犯情节属于具有其他特别严重情节，判处其有期徒刑10年半。关于对累犯加重处罚的问题，笔者在其后的累犯情节部分将会详细谈到。

（三）罚金刑分布情况

表3－36和图3－7是关于盗窃数额巨大的被告人判处罚金刑的分布。最低的罚金是500元，最高的罚金是22,000元，但所占比例都非常小。很明显可以看出，罚金刑3000元占比例最高，达到24.3%，这和该区间内判处有期徒刑3年频率最高有直接关系。[①] 第2是罚金4000元，占

---

① 在判处有期徒刑1年以上的案件中，有期徒刑以年为单位和罚金刑以千元为单位形成 种默契的对应关系，判处1年有期徒刑就相应判处1000元罚金，3年有期徒刑就是3000元罚金。

18.7%，排在第3的是罚金刑5000元，占15.8%。

表3-36 数额巨大区间内罚金刑分布

盗窃数额/元	频数	比例/%
500	3	0.6
1000	34	6.3
1500	1	0.2
2000	57	10.6
2500	2	0.4
3000	131	24.3
3500	2	0.4
4000	101	18.7
4500	3	0.6
5000	85	15.8
5500	1	0.2
6000	37	6.9
7000	25	4.6
8000	18	3.3
9000	7	1.3
10,000	22	4.1
11,000	5	0.9
12,000	2	0.4
20,000	2	0.4
22,000	1	0.2
合计	539	100.0

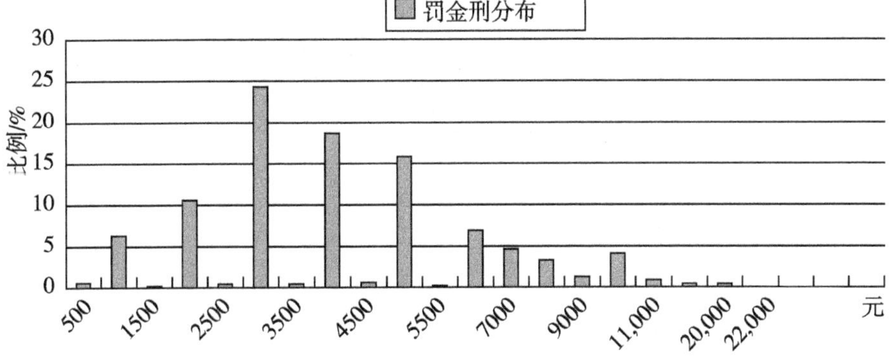

图 3－7　数额巨大区间内罚金刑分布

我们比较一下罚金和盗窃数额的关系，该区间内所有的盗窃数额都在10,000 元以上，但是罚金 10,000 元以上的只有 10 名被告人，占 1.9%，这说明罚金和盗窃数额没有对应关系。我们再看罚金和主刑量刑的关系，在 6 年半以下量刑的被告人共占 88.5%，而罚金 6000 元以下的占 85%，在每年和每千元之间基本形成一个对应关系。事实上也的确如此，法官通常的做法是对被告人处以几年有期徒刑，就对被告人处以几千元罚金，如主刑是 1 年有期徒刑，罚金就是 1000 元；主刑是 10 年有期徒刑，罚金就是 10,000 元。在主刑量刑幅度和罚金刑量刑幅度间形成一个数字上的对应，表面上看，主刑刑期长代表着盗窃行为社会危害性大，罚金刑相应也应该重，二者有对应关系是理所当然的。但为什么二者之间会形成数字上的对应，其深层次考虑是什么，为什么会形成这样一个习惯？关于这个问题，笔者向多个法官了解，都没有得到明确的答案，只说久而久之形成的习惯做法。

三、各个变量在盗窃数额巨大区间内的单一影响率

各个变量在数额巨大区间内又会呈现怎样的影响力，我们通过统计来了解一下，见表 3－37。由于在这个区间内主刑只有有期徒刑一种，因此

这里只对各变量对主刑轻重和罚金刑轻重的单一影响率进行统计。

表 3－37　数额巨大区间内各变量的单一影响率

变量	对主刑轻重的影响力（Y_2）	对罚金刑轻重的影响力（Y_3）
盗窃数额（X_1）	30.7	19.3
盗窃次数（X_2）	4.4	2.9
盗窃款物特征（X_3）	—	—
被害人特征（X_4）	1.5	6.9
未成年人（X_5）	13.5	9.1
非本市户籍人员（X_6）	1.5	1.2
累犯（X_7）	12.8	9.6
前科（X_8）	1.7	1.1
自首（X_9）	2.8	1.7
立功（X_{10}）	0.8	0.4
聋哑盲人（X_{11}）	0.1	0.4
认罪（X_{12}）	0.1	0
犯罪动机（X_{13}）	14.0	11.3
是否采用破坏性手段（X_{14}）	5.1	2.6
退赔或追缴（X_{15}）	10.6	7.8
有无正当职业（X_{16}）	1.6	1.1
主从犯（X_{17}）	2.2	1.7
是否入户（X_{18}）	3.6	4.2
持械（X_{19}）	4.2	1.8
既未遂（X_{20}）	1.7	1.1

各变量在数额巨大区间内呈现出和数额较大区间内不同的单一影响率。[①] 该区间内，对主刑轻重的单一影响率排在前 6 名的是：盗窃数额、

① 本书在第五章对各变量对量刑的影响力有更详细的分析，所以这里不再展开讨论。

犯罪动机、未成年人、累犯、退赔或追缴、是否采用破坏性手段。对罚金刑轻重的单一影响率排在前 6 名的是：盗窃数额、犯罪动机、累犯、未成年人、退赔或追缴、被害人特征。

第五节　盗窃数额特别巨大区间的量刑研究

一、盗窃数额特别巨大区间的数额分布情况

根据北京市对盗窃罪定罪量刑的规定，盗窃数额特别巨大指的是盗窃数额为 60,000 元以上的情况。如表 3－38 所示，经统计，全样本中盗窃数额特别巨大的被告人共计 134 名，占全样本的 4.8%，所占比例非常小。

表 3－38　数额特别巨大区间内盗窃数额的分布

盗窃数额/元	频数	比例/%
60,000～100,000	60	44.8
100,000～300,000	63	47.0
300,000 以上	11	8.2
合计	134	100.0

盗窃数额巨大的区间内笔者也划分为 3 个数额段，60,000～100,000 元为一个数额段，100,000～300,000 元为一个数额段，300,000 元以上为一个数额段。这 3 个数额段中，前两个数额段占 91.8%，300,000 元以上的占 8.2%。

二、盗窃数额特别巨大的主刑量刑幅度

盗窃数额巨大的盗窃行为依法都应在有期徒刑10年以上量刑。如表3－39所示，从统计结果看，有期徒刑10年以上的占81.5%，其他的占17.7%。在10年以上有期徒刑中，主要集中在13年有期徒刑以下，13年以上的比较少。判处有期徒刑11年的数量最多，占23.1%，第2是判处10年有期徒刑，占18.6%，排在第3的是有期徒刑12年，占17.1%。通过表3－39我们可以看出一个简单的规律，在有期徒刑10年以上，判处整年的数量比较多，带半年零头的案例比较少。

表3－39　数额特别巨大区间有期徒刑时长分布

盗窃数额/元	频数	比例/%
2年半	2	1.5
3年	1	0.7
5年	5	3.7
5年半	1	0.7
6年	1	0.7
7年	4	3.0
8年	7	5.2
9年	2	1.5
9年半	1	0.7
10年	25	18.6
10年半	10	7.4
11年	31	23.1
11年半	2	1.4
12年	23	17.1
12年半	3	2.2
13年	10	7.4

续表

盗窃数额/元	频数	比例/%
13 年半	1	0.7
14 年	4	2.9
14 年半	1	0.7
合计	134	100.0

在 10 年有期徒刑以下量刑的有 24 名被告人，其中 22 名被告人是在 3 年以上 10 年以下有期徒刑的幅度内量刑，对于减轻处罚的情形，通常都是有未成年人、自首、立功等法定的量刑情节。但是也有 2 名被告人是在 3 年有期徒刑以下量刑，属于跨越两个量刑档减轻刑罚。这 2 名被告人均系未成年人，而且是共犯，两人经预谋，采取钻窗入室的手段进入某工厂车间，盗窃钨合金半成品 171.75 公斤，经鉴定价值人民币 65,952 元。由于赃物已返还，二被告认罪态度好，且系未成年人，法院判决二被告人有期徒刑 2 年 6 个月，判处罚金刑 3000 元。对于未成年被告人减轻两个量刑幅度量刑的情况，司法实践中常有发生。

三、盗窃数额特别巨大的罚金刑分布

如表 3 - 40 所示，罚金刑非常明显的集中在 10,000 元、11,000 元和 12,000 元，分别占 26.9%、20.1% 和 18.7%，共计 65.7%。在这 3 个罚金之上和之下的罚金都比较分散，罚金在 10,000 元以下的共占 16.4%，这和主刑在 10 年有期徒刑以下的占 17.9% 又形成了对应关系。罚金在 13,000 元到 120,000 元的罚金占比例较小。在这个区间内，罚金呈现和数额巨大区间一样的特点，罚金以千元为单位和有期徒刑以年为单位形成数字上的对应关系。

表3-40　数额特别巨大区间内罚金刑分布

盗窃数额/元	频数	比例/%
1000	1	0.7
3000	4	3.0
5000	4	3.0
6000	2	1.5
7000	4	3.0
8000	4	3.0
9000	3	2.2
10,000	36	26.9
11,000	27	20.1
12,000	25	18.7
13,000	6	4.5
13,500	1	0.7
14,000	2	1.5
14,500	1	0.7
15,000	2	1.5
17,000	1	0.7
20,000	5	3.7
22,000	1	0.7
24,000	1	0.7
25,000	1	0.7
30,000	1	0.7
50,000	1	0.7
120,000	1	0.7
合计	134	100.0

四、各变量的单一影响率

表3－41在数额特别巨大区间内各个变量对于主刑轻重和罚金刑轻重的单一影响率：

表3－41　数额特别巨大区间内各变量的单一影响率

变量	对主刑轻重的影响力（Y_2）	对罚金刑轻重的影响力（Y_3）
盗窃数额（X_1）	15.0	0.2
盗窃次数（X_2）	5.9	0.1
盗窃款物特征（X_3）	—	—
被害人特征（X_4）	—	—
未成年人（X_5）	33.6	2.7
非本市户籍人员（X_6）	0.7	0.2
累犯（X_7）	2.4	6.6
前科（X_8）	0.1	0.5
自首（X_9）	5.1	1.1
立功（X_{10}）	0.3	0
聋哑盲人（X_{11}）	0.5	0
认罪（X_{12}）	0	5.2
犯罪动机（X_{13}）	5.2	0
是否采用破坏性手段（X_{14}）	1.2	0.4
退赔或追缴（X_{15}）	13.2	1.5
有无正当职业（X_{16}）	0.5	0.5
主从犯（X_{17}）	7.0	0.4
是否入户（X_{18}）	0.3	0
持械（X_{19}）	1.7	0
既未遂（X_{20}）	1.1	0

各变量对主刑轻重的单一影响率排在前6名的是：未成年人、盗窃数额、退赔或追缴、主从犯、盗窃次数、犯罪动机。对罚金刑轻重的单一影

响率排在前6名的是：累犯、认罪、未成年人、退赔或追缴、自首、有无正当职业。

第六节　标准调整后各数额区间的量刑研究

由于本书收集的北京市2012年3月1日定罪量刑标准调整后的案例较少，所以把这部分案例作为一节来研究，但仍区分3个数额区间。

一、盗窃数额较大区间的量刑研究

北京市调整盗窃罪的定罪量刑标准后，盗窃数额较大区间是2000~20,000元。在这个区间内，共有162名被告人。

（一）盗窃数额的分布情况

如表3-42所示，笔者将盗窃数额较大的区间划分为3个数额段，从盗窃数额的分布来看，2000~5000元占比例最高，达到46.3%，5000~10,000元占24.1%，10,000~20,000元占29.6%。这3个数额段，除第一部分明显较高外，其他两部分比较均衡。如果将10,000元作为中间数的话，盗窃数额中间数以下的被告人占70.4%。

表3-42　数额较大区间内盗窃数额的分布

盗窃数额/元	频数	比例/%
2000~5000	75	46.3
5000~10,000	39	24.1
10,000~20,000	48	29.6
合计	162	100.0

（二）主刑量刑分布情况

1. 刑罚种类的分布情况

如表3－42所示，在162名被告人中，判处管制刑的有1名，判处拘役的有126名，判处有期徒刑的有126名，有期徒刑占77.8%。和量刑标准调整前相比，数额较大区间内的主刑类别明显减少，没有免予刑事处罚和单处罚金刑的被告人，管制刑的也只有1人。有期徒刑的适用比例也比调整前的80.6%低了2.8%。

表3－43 数额较大区间内刑罚种类的分布

刑罚种类	频数	比例/%
管制刑	1	0.6
拘役刑	35	21.6
有期徒刑	126	77.8
合计	162	100.0

2. 主刑量刑时长的分布情况

如表3－44所示，为统计方便，笔者将管制、拘役和有期徒刑的刑期一并统计。从刑期分布看，1年刑期占比例最高，为40.1%，其次是半年刑期，占35.2%。半年刑期中包含了全部拘役刑的刑期，有期徒刑的仅占少数。有期徒刑最集中的还是1年有期徒刑。

表3－44 数额较大区间内刑罚时长的分布

刑罚时长	频数	比例/%
半年	57	35.2
1年	65	40.1
1年半	28	17.3
2年	7	4.3
2年半	3	1.9
3年	2	1.2
合计	162	100.0

如果将定罪量刑标准调整前后的数额较大的盗窃罪的量刑做一比较，我们发现二者惊人的相似。调整前，数额较大的主刑集中在1年有期徒刑，占45.1%，和调整后的40.1%仅差5%。调整前排在第2位的是1年半有期徒刑，占33.2%，和调整后排在第2位的1年半有期徒刑35.2%的比例仅差2%。主刑幅度和出现的频率在调整前后如此的接近，表明北京市盗窃罪的量刑比较稳定，没有大起大落。盗窃罪标准的调整没有对北京市的量刑造成太大的影响。

（三）罚金刑分布情况

如表3－45所示，罚金刑明显地集中在1000元的幅度，占66.7%，其次是2000元的幅度，占20.4%。笔者再次将标准调整前后的同一区间的罚金刑进行对比，发现调整前，罚金刑也是集中在1000元，占66.4%，其次是2000元，占19%，和调整后惊人的相似。

表3－45　数额较大区间内罚金刑的分布

盗窃数额/元	频数	比例/%
500	13	8.0
1000	108	66.7
2000	33	20.4
3000	2	1.2
4000	2	1.2
5000	3	1.9
6000	1	0.6
合计	162	100.0

（四）各变量的单一影响率

如表3－46所示，数额较大区间内，对主刑量刑类别的单一影响率排在前6名的是：盗窃数额、未成年人、累犯、前科、盗窃次数、犯罪动机、是否采用破坏性手段。对主刑量刑幅度的单一影响率排在前6名的是：盗窃数额、盗窃次数、犯罪动机、退赔或追缴、累犯、未成年人。对罚金刑量刑幅度的单一影响率排在前六名的是：盗窃数额、盗窃次数、犯罪动机、未成年人、主从犯、退赔或追缴。

表3-46　数额较大区间内各变量的单一影响率

变量	主刑量刑类别（Y_1）	主刑量刑幅度（Y_2）	罚金刑幅度（Y_3）
盗窃数额（X_1）	15.0	42.7	22.6
盗窃次数（X_2）	2.4	17.6	20.3
盗窃款物特征（X_3）	—	—	—
被害人特征（X_4）	—	—	—
未成年人（X_5）	5.6	3.7	8.2
非本市户籍人员（X_6）	2.1	3.2	2.1
累犯（X_7）	3.0	4.4	1.8
前科（X_8）	2.5	1.6	0.8
自首（X_9）	0.1	0.4	1.1
立功（X_{10}）	0.5	2.2	2.6
聋哑盲人（X_{11}）	0.9	0	0.5
认罪（X_{12}）	0.7	0.4	0.1
犯罪动机（X_{13}）	2.2	16.7	15.1
是否采用破坏性手段（X_{14}）	2.2	3.9	1.8
退赔或追缴（X_{15}）	1.4	9.1	3.0
有无正当职业（X_{16}）	1.8	0.8	0.1
主从犯（X_{17}）	0.8	3.3	3.6
是否入户（X_{18}）	0.5	0.2	0.5
持械（X_{19}）	0	1.5	0.4
既未遂（X_{20}）	1.3	0.1	0

二、盗窃数额巨大区间的量刑研究

盗窃数额巨大区间包含了20,000～100,000元的案件，共有44名嫌疑人。

（一）盗窃数额的分布情况

为了更清楚地了解盗窃数额巨大区间的数额分布情况，笔者将该区间也分为3个数额段，20,000～30,000元的数额段占27.3%，30,000～60,000元的数额段占59.1%，60,000～100,000元的数额段占13.6%。该区间内60,000元是中间数，中间数以下的数额共占86.4%。（见表3－47）

表3－47　数额巨大区间内盗窃数额的分布

盗窃数额/元	频数	比例/%
20,000～30,000	12	27.3
30,000～60,000	26	59.1
60,000～100,000	6	13.6
合计	44	100.0

（二）主刑量刑幅度分布情况

如表3－48所示，主刑量刑幅度主要集中在4年有期徒刑，占29.5%，第2是3年有期徒刑，占22.7%，第3是3年半和5年有期徒刑所占比例并列，均是13.6%。同样区间内，主刑量刑幅度的分布情况和调整前出现了差异，主要差异情况见表3－49。

表 3－48　数额巨大区间内有期徒刑时长的分布

有期徒刑时长	频数	比例/%
2 年	4	9.1
2 年半	1	2.3
3 年	10	22.7
3 年半	6	13.6
4 年	13	29.5
4 年半	1	2.3
5 年	6	13.6
6 年	1	2.3
6 年半	1	2.3
8 年	1	2.3
合计	44	100.0

表 3－49　量刑标准调整前后有期徒刑时长比较

排名	调整前	调整后
第 1	3 年有期徒刑（20.6%）	4 年有期徒刑（29.5%）
第 2	3 年半和 4 年有期徒刑（12.2%）	3 年有期徒刑（22.7%）
第 3	5 年有期徒刑（8.9%）	3 年半和 5 年有期徒刑（13.6%）

表 3－49 显示了调整前后出现频率最频繁的前 3 位的量刑幅度。调整前 3 年有期徒刑出现频率最高，而调整后则是 4 年有期徒刑出现频率最高，但是调整前后 3 年有期徒刑所占的比例变化不大，分别是 20.6% 和 22.7%，3 年半有期徒刑的比例变化也不大，分别是 12.2% 和 13.6%。变化最大的是 4 年有期徒刑，调整前只占 12.2%，调整后却占了 29.5%，一跃成为出现频率最高的量刑幅度。将排在前 3 位的主刑量刑幅度统一来看，会发现尽管有所变化，但都在 3 年到 5 年有期徒刑间徘徊，也就是说，对于盗窃数额巨大的盗窃行为，量刑最常适用的幅度还是

比较稳定。

我们将调整前后盗窃数额的分布做一个简单对比，调整前，中间数以下的案例占71.6%；调整后，中间数以下的案例占86.4%。但是，调整前适用频率最高的是3年有期徒刑，而调整后适用频率最高的是4年有期徒刑，这表明调整后的量刑还是有所加重。

（三）罚金刑量刑分布情况

如表3-50所示，罚金刑出现频率最高的分别是4000元、3000元和5000元，各占40.9%、20.5%和15.9%，罚金刑4000元出现最频繁，和该区间内4年有期徒刑最多有直接关系。

表3-50 数额巨大区间内罚金刑的分布

盗窃数额/元	频数	比例/%
1000	1	2.3
1500	2	4.5
2000	2	4.5
3000	9	20.5
3500	1	2.3
4000	18	40.9
5000	7	15.9
6000	1	2.3
7000	1	2.3
8000	1	2.3
20,000	1	2.3
合计	44	100.0

将调整前后的罚金刑做一比较，见表3-51：

表 3－51　量刑标准调整前后罚金刑时长比较

排名	调整前	调整后
第 1	3000 元（24.3%）	4000 元（40.9%）
第 2	4000 元（18.7%）	3000 元（20.5%）
第 3	5000 元（15.8%）	5000 元（15.9%）

调整前，出现频率最高的是 3000 元，而调整后则是 4000 元。5000 元在调整前后都排在第 3 位，且所占比例也惊人的相近。但是，调整前后，适用最多的罚金刑都是 3000 元到 5000 元这个幅度内，这一点没有改变。

（四）各变量的单一影响率

如表 3－52 所示，在数额巨大的区间内，对主刑量刑幅度单一影响率排在前 6 位的是：盗窃数额、犯罪动机、未成年人、主从犯、非本市户籍人员、认罪。对罚金刑量刑幅度单一影响率排在前 6 位的是：盗窃数额、犯罪动机、未成年人、非本市户籍人员、是否采用破坏性手段、累犯。

表 3－52　数额巨大区间内各变量的单一影响率

变量	主刑量刑幅度（Y_2）	罚金刑幅度（Y_3）
盗窃数额（X_1）	37.5	15.7
盗窃次数（X_2）	0.8	0.3
盗窃款物特征（X_3）	—	—
被害人特征（X_4）	—	—
未成年人（X_5）	11.2	8.3
非本市户籍人员（X_6）	6.9	3.6
累犯（X_7）	0.6	2.0
前科（X_8）	—	0
自首（X_9）	0.1	0
立功（X_{10}）	1.4	0
聋哑盲人（X_{11}）	—	—

续表

变量	主刑量刑幅度（Y_2）	罚金刑幅度（Y_3）
认罪（X_{12}）	5.5	1.6
犯罪动机（X_{13}）	16.1	12.3
是否采用破坏性手段（X_{14}）	1.0	2.5
退赔或追缴（X_{15}）	0.2	1.1
有无正当职业（X_{16}）	4.2	1.7
主从犯（X_{17}）	7.8	0.9
是否入户（X_{18}）	0.5	0.5
持械（X_{19}）	0.3	1.9
既未遂（X_{20}）	—	—

三、盗窃数额特别巨大区间量刑研究

盗窃数额特别巨大指的是盗窃数额在100,000元以上的案件，共计19名被告人。

（一）盗窃数额的分布情况

如表3－53所示，在盗窃数额特别巨大区间内笔者分为两个数额段，100,000～300,000元的有7人，占36.8%，300,000元以上的占63.2%。

表3－53　数额特别巨大区间内盗窃数额的分布

盗窃数额/元	频数	比例/%
100,000～300,000	7	36.8
300,000以上	12	63.2
合计	19	100.0

（二）主刑量刑分布情况

数额特别巨大的盗窃行为依法应在10年有期徒刑以上量刑。20人中只

有1人判处9年有期徒刑，其他均在10年有期徒刑以上量刑。（见表3－54）

表3－54 数额特别巨大区间内有期徒刑时长的分布

有期徒刑时长	频数	比例/%
9年	1	5
11年	6	30
11年半	2	10
12年	5	25
12年半	3	15
13年	1	5
13年半	1	5
14年	1	5
合计	20	100.0

（三）罚金刑分布情况

罚金刑比较集中的是11,000元到14,000元，共计占89.5%，其中，12,000元适用最多，占42.1%。而在调整前，罚金刑10,000元所占的比例最高。（见表3－55）

表3－55 数额特别巨大区间内罚金刑的分布

盗窃数额/元	频数	比例/%
9000	1	5.3
10,000	1	5.3
11,000	3	15.8
12,000	8	42.1
13,000	3	15.8
14,000	3	15.8
合计	19	100.0

从表3－56中，我们可以清楚地看出，某些变量的单一影响率明显增

强，这主要是因为该区间内案件数比较少，有些变量的影响力没有被大量案件稀释，得以表现出来。比如未遂，以前在其他数额区间内没有表现出较强的影响力，在该区间内却比较突出，这表明该区间内某些案件的未遂情节影响了量刑，且统计时又没有被大量案件冲淡，其影响力就表现出来了。再如从犯这一情节，之前在其他数额区间内也没有表现出明显的影响力，但在该区间内，对主刑轻重和附加刑轻重都表现出了明显的影响力，这就说明某个或某些案件区分主从犯，且对量刑有较大影响力，而这种影响力又因为没被众多案件均分，就强劲地显示出来了。

对主刑量刑幅度的单一影响率排在前6位的是：盗窃数额、犯罪动机、盗窃次数、主从犯、自首、既未遂。对罚金刑量刑幅度的单一影响率排在前6位的是：盗窃数额、主从犯、犯罪动机、自首、盗窃次数、既未遂。

表3-56 数额特别巨大区间内各变量的单一影响率

变量	主刑量刑幅度（Y_2）	罚金刑幅度（Y_3）
盗窃数额（X_1）	52.8	61.3
盗窃次数（X_2）	39.3	31.5
盗窃款物特征（X_3）	—	—
被害人特征（X_4）	—	—
未成年人（X_5）	—	—
非本市户籍人员（X_6）	—	—
累犯（X_7）	3.0	0
前科（X_8）	7.6	12.9
自首（X_9）	29.2	31.8
立功（X_{10}）	2.8	3.8
聋哑盲人（X_{11}）	—	—
认罪（X_{12}）	0.1	1.4

续表

变量	主刑量刑幅度（Y_2）	罚金刑幅度（Y_3）
犯罪动机（X_{13}）	40. 8	47. 1
是否采用破坏性手段（X_{14}）	7. 1	8. 0
退赔或追缴（X_{15}）	—	—
有无正当职业（X_{16}）	—	—
主从犯（X_{17}）	34. 5	49. 5
是否入户（X_{18}）	—	—
持械（X_{19}）	2. 9	8. 2
既未遂（X_{20}）	16. 1	15. 1

第四章　主体因素对盗窃罪量刑的影响

前一章对盗窃数额与量刑的关系分层次做了详细的了解，使我们从盗窃数额的角度了解了量刑的实际状况。本章笔者将从几种特殊犯罪主体的角度了解盗窃罪的量刑。这几种特殊犯罪主体指的是未成年人、聋哑人和非本市户籍人员。未成年人和聋哑人犯罪依法应当从轻和减轻处罚，对二者的研究是想验证一下司法实践中对这两类主体是否从轻或减轻及其程度。对非本市户籍人员的研究则是笔者根据自己的司法经验确定的研究对象，主要是想考察一下非本市户籍人员和本地人在量刑上的不同。

第一节　未成年被告人盗窃罪的量刑研究

一、未成年人盗窃犯罪分布特点

（一）未成年人盗窃犯罪基本情况

所有样本中共有347名被告人是未成年人，占到所有样本中被告人的12.6%，只占很小一部分，表明盗窃罪犯还是以成年人为主体的。未成年被告人中有159名非本市户籍人员，占所有未成年被告人的45.8%。这个比例比所有样本中非本市户籍人员 73.9% 的比例低了 28.1%，说明在北京实施盗窃的外地未成年人相对少。这主要是因为未成年人由于年龄较小，一般还都在户籍地上学，离开家乡出来打工的未成年人并不是很多。实施盗窃的外地未成年人一部分是家庭比较贫困，辍学出来打工而走上犯罪道路，还有一部分是跟随父母在北京打工的未成年人由于疏于管教而实施盗窃。在北京市的非本地户籍未成年人群体整体上不大，其中实施盗窃的自然就少。而与此相对的本地未成年人实施盗窃的比例达到 54.2%，超过了非本地户籍未成年人。实施盗窃的本地未成年人主要是已经辍学及正在上职高、中专或技校的学生，普通中学和高中的学生盗窃的案例比较少见。

所有未成年被告人中仅有 5 名不认罪，其他 342 名被告人都认罪，认罪率达到 98.6%，高于所有样本的 95.9% 的认罪率。

另外，未成年被告人有 53 人自首，自首率达到 15.3%，比所有样本的 8.2% 的自首率几乎高出一倍；未成年被告人中 22 人有立功情节，占所有未成年被告人的 6.3%，比全样本的 4.5% 的立功率要高。

未成年人的认罪率、自首率和立功率都比较高，表明未成年人心性纯朴，即使犯罪了也能够认罪悔罪，愿意接受法律惩罚。也印证了未成年人改造空间大，如果采取处罚措施妥当，将会有利于其重返社会，重塑人生。

（二）未成年被告人被逮捕的情况

从表 4－1 中未成年被告人被逮捕的情况来看，未成年被告人有 244 人被逮捕，逮捕率为 70.3%。而成年被告人的逮捕率为 90.6%，二者相差了 20.3%。这和法律、刑事政策中对未成年人的特殊保护有关系，对未成年嫌疑人适用逮捕时，司法机关掌握的原则是“少捕慎捕，可捕可不捕的不捕”。对于罪行较轻，具备有效监护条件或者社会帮教措施，没有社会危险性或者社会危险性较小的，一律不捕；对于罪行较重，但主观恶性不大，真诚悔罪，具备有效监护条件或者社会帮教措施，并具有一定从轻、减轻情节的，一般也可不捕；对于已经逮捕的未成年犯罪嫌疑人，也继续进行羁押必要性审查，不需要继续羁押的，及时建议释放或者变更强制措施。特别是2018年新修改的《中华人民共和国刑事诉讼法》更是设专章规定了“未成年人刑事案件诉讼程序”，要严格限制逮捕的适用。

表4-1 各类犯罪主体逮捕率比较

类别	总人数/人	逮捕数/人	逮捕率/%	缓刑率/%
全部样本	2753	2425	88.1	11.7
未成年人	347	244	70.3	20.5
成年人	2406	2181	90.6	10.4

（三）未成年人盗窃罪在四区的分布情况

未成年被告人在四个区的分布呈现明显不均衡的特点，如表4-2所示。西城、海淀和大兴三区的未成年被告人数量基本接近，分别是57名、63名和69名，没有较大差异，而且未成年被告人在本区总样本中所占的比例也接近，分别是8.9%，8.9%和9.9%。平谷区的未成年被告人却达到158名，占到四区未成年被告人的45.5%，几乎占到了半壁江山，而且未成年被告人在平谷区的所有盗窃犯中也占到了22.3%，接近1/4。平谷区的未成年盗窃犯占到这样高的比重，让人困惑。

表4-2 四区未成年被告人盗窃罪的分布

地区	频数	比例/%	本区样本总数比例/%
西城区（N=642）	57	16.4	8.9
海淀区（N=705）	63	18.2	8.9
大兴区（N=696）	69	19.9	9.9
平谷区（N=710）	158	45.5	22.3
合计（N=2753）	347	100	12.6

笔者为此特意将平谷区近几年所有的未成年人犯罪进行了统计，如表4－3所示。

表4－3　平谷区2009年至2013年盗窃罪统计

年份	未成年盗窃犯/名	未成年犯总数/名	罪犯总数/名	未成年盗窃犯比例/%
2009	26	105	540	4.8
2010	16	71	468	3.4
2011	9	65	425	2.1
2012	13	51	443	2.9
2013	14	31	524	3.1

笔者调取了平谷区2009年至2013年所有未成年人犯罪的数据，从未成年人犯罪总数来看，呈现逐年递减的规律。2009年有105人，到2013年只有31人，未成年人犯罪呈递减趋势和平谷区整个犯罪数量下降是一致的。这5年中，平谷区的未成年人盗窃犯罪总数与所有犯罪之比保持着相对稳定，最高没超过5%，最低也没低过2.1%。通过这个实际情况的呈现，我们可以看到本书抽取样本中关于平谷区未成年人盗窃犯罪的数据没有反映真实情况，不可能占到所有犯罪数量的22%。这个数据就暴露了本书收集样本的不全面性。随机抽取样本进行统计，一般来讲也是有代表性的，但它的不全面性也是不可避免的，如在平谷区未成年人犯罪这个数据上显然与实际情况差距较大。

二、未成年被告人盗窃数额分布

如表4－4所示，未成年被告人盗窃数额在10,000元以下的占到77.8%，而这其中5000元以下的占到59.9%，盗窃数额在2000元以下的有74人。未成年人的盗窃数额和成年人有差别吗，是不是未成年人盗窃行为的社会危害性比成年人小呢？下面对两个群体的盗窃数额做一比较，见图4－1、图4－2。

表4－4　未成年被告人盗窃数额分布

盗窃数额/元	频数	比例/%
不满1000	2	0.6
1000～2000	72	20.7
2000～5000	134	38.6
5000～10,000	62	17.9
10,000～20,000	43	12.4
20,000～30,000	14	4.0
30,000～60,000	14	4.0
60,000～100,000	5	1.4
100,000～300,000	1	0.3
合计	347	100.0

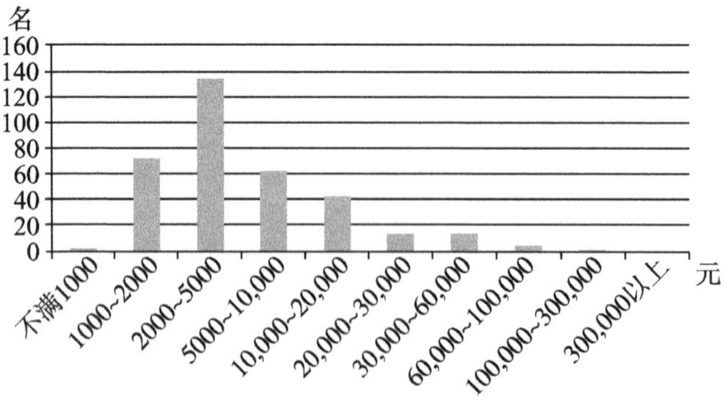

图4－1　未成年被告人盗窃数额分布

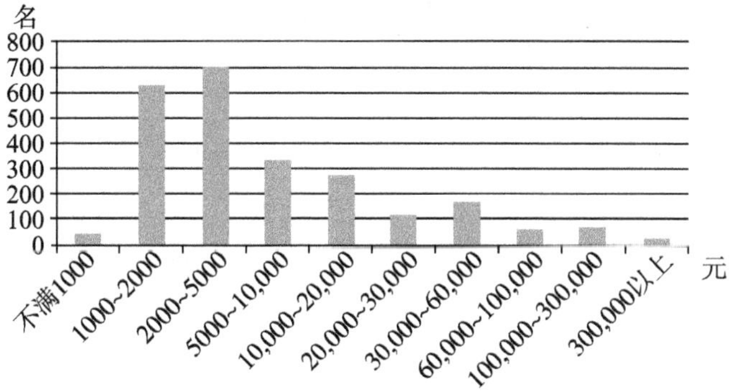

图4－2　成年被告人盗窃数额分布

图4－1、图4－2是未成年人和成年人盗窃数额的分布图，虽然二者的绝对人数不同，但是二者的盗窃数额分布比例还是基本一致的。盗窃数额最集中的是2000～5000元的区间，第2是1000～2000元的区间，排在第3的是5000～10,000元的区间。所以，从盗窃数额分布的情况看，未成年人盗窃的社会危害性和成年人盗窃的社会危害性没有明显的区别。

三、未成年被告人盗窃次数及犯罪动机分布情况

（一）盗窃次数分布

通过表4－5可以看出，盗窃1次的未成年人共有175名，占所有未成年被告人的50.4%，这些未成年人基本上都是初犯或偶犯。盗窃4次以下的未成年人共有301人，占到所有未成年人的86.8%。盗窃4次以上的未成年人也有，最多的能达到35次，但这种经常作案、流窜作案的未成年人毕竟是极个别现象。从整体上来说，未成年人盗窃犯以初犯、偶犯为主体。

表4－5 未成年被告人盗窃次数分布

盗窃次数/次	频数	比例/%
1	175	50.4
2	62	17.9
3	35	10.1
4	29	8.4
5	16	4.6
6	7	2.0
7	4	1.2
8	4	1.2
9	2	0.6
11	3	0.9
12	2	0.6
15	2	0.6
17	1	0.3
18	1	0.3
21	2	0.6
31	1	0.3
35	1	0.3
合计	347	100.0

（二）犯罪动机分布

通过表4－6可以看出，在所有未成年被告人中，有23名被告人以盗窃为生，仅占未成年被告人的6.6%，和所有样本中18.2%的以盗窃为生率来讲，低了11.6%，表明绝大多数未成年被告人都不以盗窃为生。这主要是因为未成年人大多还没有脱离家庭的监护，由家庭提供其生活的经济来源，不用自己工作谋生计。所以，未成年人盗窃一般都是为了多点零花钱，或找刺激，或受人指使和怂恿。

表 4－6　未成年被告人犯罪动机分布

类别	频数	比例/%
不以盗窃为生	324	93.4
以盗窃为生	23	6.6
合计	347	100.0

四、未成年被告人的退赔追缴情况

盗窃罪犯的退赔追缴情况反映了犯罪分子的认罪态度，但同时也受制于犯罪分子家庭的经济条件。如表 4－7 所示，70% 的未成年人盗窃后能全额退赔，还有 18.4% 的未成年人不能退赔，以及 11.5% 的未成年人部分退赔。未成年人不能退赔的多数是非本市户籍人员，自己没有经济能力，监护人不在北京，或者监护人也没有能力退赔，有些甚至联系不上。从未成年人犯罪的办案经验来看，未成年人犯罪和家庭教育有很大的关系。首先来看北京的未成年人，一般都是家庭疏于管教、从小顽劣的孩子，小时候管教不严形成恶习，长大再想管就已经管不了了。这些孩子普遍学习成绩差，有的小学毕业就辍学了，有的勉强上完了初中，基本考不上普通高中，在技校、职高就读，身边都是同类的孩子，很容易形成小团伙，进行盗窃、抢劫或寻衅滋事等犯罪。而外地的未成年人犯罪，多数来自贫困家庭，监护人没有能力为孩子创造正常的教育环境，致使孩子未成年便出门谋生，但由于年龄和劳动技能的限制，这些未成年人很难养活自己，不得已开始盗窃。还有的未成年人怕吃苦，脏、重、累的工作不想干，看到盗窃来钱快而以身试法。如果这些孩子都有一个良好的成长环境，家长给予正确的引导和约束，都不会走上犯罪的道路。

表4－7 未成年被告人退赔追缴情况

类别	频数	比例/%
全部退	243	70.0
过半退	13	3.7
未过半	27	7.8
没有退	64	18.4
合计	347	100.0

五、未成年被告人的量刑情况

（一）未成年被告人的主刑量刑种类

表4－8反映的是未成年被告人判处的刑罚分布情况。免予刑事处罚的有3人，单处罚金刑的有14人，判处管制刑的有20人。判处不剥夺人身自由的刑罚总共有37人，占到未成年被告人的10.7%。而成年被告人中，判处免予刑事处罚、单处罚金刑和管制刑的共有33人，仅占成年被告人的1.3%，二者几乎相差10倍。

表4－8 未成年被告人刑罚种类及适用缓刑情况

单位：名

主刑量刑类别	是否判处缓刑		合计
	是	否	
免予刑事处罚	0	3	3
单处罚金刑	0	14	14
管制刑	0	20	20
拘役刑	31	63	94
有期徒刑	40	176	216
合计	71	276	347

表4-9比较的是未成年被告人和成年被告人关于三种非监禁刑的比率，指的是适用某一刑罚的人数和所有未成年被告人（成年被告人）的比率。比如，免刑率指的就是被免予刑事处罚的未成年被告人与所有未成年被告人之比。未成年被告人的免刑率占到8.6%，而成年被告人只有0.4%，二者相差了21.5倍。未成年被告人的单处罚金刑率是4%，而成年被告人只有0.37%，前者是后者的10.8倍。未成年被告人的管制刑率是5.7%，而成年被告人只有0.95%，前者是后者的6倍。通过对适用非监禁刑的比较，可以发现对未成年人适用非监禁刑的概率远远超过成年被告人。这主要是因为司法机关一直以来坚持将“教育、感化、挽救”的方针和“教育为主、惩罚为辅”原则以及“两扩大、两减少”刑事政策具体到司法工作中，坚持依法少捕、慎诉、少监禁，为涉罪未成年人回归社会创造条件。①

表4-9　未成年被告人与成年被告人非监禁刑比较

单位:%

类别	免刑率	单处罚金刑率	管制刑率
未成年人	8.6	4	5.7
成年人	0.4	0.37	0.95

未成年被告人判处拘役的有94人，其中有31人适用缓刑；判处有期徒刑的有216人，其中有40人适用缓刑，在判处拘役和有期徒刑的未成年被告人中共有71人判处缓刑，占所有被判处实刑的未成年被告人缓刑率的22.9%，占所有未成年被告人的20.5%，从全部样本11.7%的缓刑率来

① 2010年2月8日最高人民法院《关于贯彻宽严相济刑事政策的若干意见》中专门有关于处理未成年人犯罪的规定：“对于未成年人犯罪，在具体考虑其实施犯罪的动机和目的、犯罪性质、情节和社会危害程度的同时，还要充分考虑其是否属于初犯，归案后是否悔罪，以及个人成长经历和一贯表现等因素，坚持‘教育为主、惩罚为辅’的原则和‘教育、感化、挽救’的方针进行处理。对于偶尔盗窃、抢夺、诈骗，数额刚达到较大的标准，案发后能如实交代并积极退赃的，可以认定为情节显著轻微，不作为犯罪处理。对于罪行较轻的，可以依法适当多适用缓刑或者判处管制、单处罚金等非监禁刑；依法可免予刑事处罚的，应当免予刑事处罚……”

看，未成年人的缓刑率还是很高的。

（二）未成年被告人与成年被告人的实刑率对比

实刑率指的是被告人被判处剥夺人身自由的监禁刑且不适用缓刑的比率。将未成年被告人免予刑事处罚、判处罚金刑和管制刑以及适用缓刑的所有人数加起来，共有108人，占所有未成年被告人的31.2%，也就是说，未成年被告人的实刑率只有68.8%。对未成年人尽量适用非监禁刑，让他们回归家庭，既可避免在监狱交叉感染，又能让他们体会到社会的宽容和家庭的温暖，有利于他们重新开始生活，尽快回归社会。

表4-10是全部样本和未成年被告人及成年被告人关于实刑率的对比。全部样本的实刑率是85.8%。将未成年人和成年人单独计算后，发现差别很大，未成年被告人的实刑率是68.8%，而成年被告人的实刑率却高达88.2%。通过实刑率的对比，能清晰地看到法院对未成年人和成年人适用刑罚的差异很大，对未成年人尽量不适用监禁刑，避免未成年人在监狱里交叉感染，染上恶习，或被社会贴上标签，不利于对其教育改造和重新回归社会。

表4-10 未成年被告人与成年被告人实刑率比较

单位：名，%

类别	总人数	免予刑事处罚	单处罚金	管制刑	缓刑	实刑率
全部样本	2753	4	23	43	323	85.8
未成年人	347	3	14	20	71	68.8
成年人	2406	1	9	23	252	88.2

（三）未成年被告人量刑的减轻幅度

上述对未成年人主刑类别的对比表明了对未成年人量刑的轻缓，但到底轻缓程度有多大呢？我们来了解一下未成年人对主刑量刑类别、主刑量刑幅度和罚金刑量刑幅度的单一影响率是多少。

表4－11是未成年人在6个数额区间内单一影响率的统计结果。在调整后的数额特别巨大区间内由于没有未成年人犯罪，所以该区间的统计结果为零。其他5个区间内未成年人对主刑量刑类别、主刑量刑幅度和罚金刑量刑幅度都表现出了明显的影响力。在第三章笔者对各个变量综合分析时，在所有变量中，未成年人出现在各区间前六名的频率是第2位，仅次于盗窃数额，足以表明未成年人对盗窃罪量刑的影响作用。

表4－11 未成年被告人对量刑的单一影响率

单位：%

盗窃数额区间	对主刑种类的影响力	对主刑轻重的影响力	对罚金刑轻重的影响力
数额较大	9.8	3.8	1.8
数额巨大	—	13.5	9.1
数额特别巨大	—	33.6	2.7
数额较大（2012年3月1日后）	5.6	3.7	8.2
数额巨大	—	11.2	8.3
数额特别巨大	—	—	—

事实上也的确如此，笔者在制作数据库的过程中，也多次发现未成年人盗窃罪的量刑确实非常轻，大多数情况下都是减轻处罚，有时还会跨越2个法定量刑幅度减轻刑罚。如李某（17岁）盗窃案，盗窃12起，盗窃数额为13,042元，依法应被判处3年以上10年以下有期徒刑，但因其是未成年人，法院判处其有期徒刑1年6个月，只判了起点刑的50%。再如被告人王某（17岁），盗窃4起，盗窃金额为54,800元，因其是未成年人，且被认定为从犯，法院判处其有期徒刑10个月，罚金人民币500元。54,800元接近盗窃数额特别巨大60,000元的标准，如果成年人犯罪，量刑不会少于7年，即便有从犯情节，也不会少于5年，法院却判处其有期

徒刑10个月，减轻的幅度确实很大。

《人民法院量刑指导意见（试行）》规定："对于未成年人犯罪，应当综合考虑未成年人对犯罪的认识能力、实施犯罪行为的动机和目的、犯罪时的年龄、是否初犯、悔罪表现、个人成长经历和一贯表现等情况，予以从宽处罚。（1）已满十四周岁不满十六周岁的未成年人犯罪，可以减少基准刑的30%～60%；（2）已满十六周岁不满十八周岁的未成年人犯罪，可以减少基准刑的10%～50%。"但是，根据笔者对未成年人量刑的研究，大量的未成年人犯罪的量刑远远超过这个比例，如赵某和王某均为未成年人，共同盗窃65,952元，法定刑应在10年有期徒刑以上，减少50%的话，量刑应在5年左右，但因2人是未成年人，法院判处2人有期徒刑2年6个月。这样的案例大量存在，对未成年人的量刑大幅度减轻已经成为惯例。

（四）未成年被告人的再犯率

为了更加有效地保护未成年人，使其犯罪记录不影响将来的求学和就业等，2003年河北省石家庄市首次试行"未成年人前科消灭制度"，此后各地纷纷开展了未成年人前科消灭制度的实验，进行着不同方式的探索与尝试。这些司法探索带着对未成年犯罪人的深切关怀，关注未成年人的社会回归，也为未来统一的犯罪记录制度的构建提供了有益的经验和思路。①2011年《刑法修正案（八）》增加了有关未成年人犯罪不构成累犯的规定和免除未成年人前科报告义务的特别条款，这也是我国《刑法》开创性的规定。未成年人前科的标签效应使其不仅要经受人们的猜疑和偏见，还会受到不公平的待遇，阻碍其重新融入社会，鉴于此，世界上很多国家在设立前科制度的同时也设立了前科消灭制度，以此来限制和平衡前科制度所

① 参见于志刚：《前科消灭制度司法探索模式的批判性反思》，载《法学评论》（双月刊）2013年第3期。

带来的不利影响，为有犯罪记录者顺利复归社会提供了制度的桥梁和保障。我国《刑法》目前仅将前科消灭制度适用于未成年人，主要还是考虑未成年人主观恶性不深，改造可能性大，人生道路还很漫长，不能因为犯罪记录而影响其一生。

未成年被告人的改造可能性到底有多大呢？我们可以通过未成年被告人中的累犯和前科情况来说明。347 名未成年被告人中有 9 名累犯，占未成年被告人的 2.6%，和所有样本的 11.7% 的累犯率来比较，还是很低的，有前科的未成年被告人有 22 名，占所有未成年被告人的 6.3%，和所有样本的 16.1% 的前科率比较，也是比较低的，说明未成年人容易被改造，再犯可能性小。这也证明了我国一直坚持对未成年人罪犯“以教育、挽救为主、惩罚为辅”原则的正确性。

第二节　聋哑人盗窃罪的量刑

一、聋哑人盗窃罪概况

所有样本中聋哑人共有 104 人，占全样本的 3.8%，比例比较低。其中共有 9 名被告人是未成年人，占所有聋哑被告人的 8.7%。其中有 3 名被告人自首，占所有聋哑被告人的 2.9%。有 6 名被告人持械，有 8 名被告人采用了破坏性手段，有 1 名被告人实施入户盗窃，有 4 名聋哑人系盗窃未遂。

从聋哑被告人在各个城区分布的情况来看，西城区有 66 人，人数最多，占到所有聋哑人的 63.4%；海淀区有 19 人，占 18.2%；大兴区有 9 人，占 8.6%；平谷区有 10 人，占 9.6%。这个分布明显是从城中心区向郊区呈递减规律。这个分布规律还和聋哑人中非本市户籍人员较多有关系。所有聋哑人中共有 98 名被告人是非本市户籍人员，占所有聋哑被告人的94.2%，只有6名是本地人，其中3名是西城区人，3名是平谷区人。这些外地的聋哑人基本都是以盗窃为目的来到北京市，在选择犯罪地时，很多选择人多繁华的闹市区，而较少选择远郊区县。聋哑人由于先天残疾，不能在普通学校就读，一般都在聋哑学校读几年书，小学学历是比较普遍的情况，极少部分人能读到初中，也有一些没接受过教育的文盲。以他们的知识水平和能力，再加上与正常人沟通存在严重障碍，在健全人就业都难的社会背景下，他们很难找到工作。如果家庭、政府或社会不能给他们提供生存的条件，他们就铤而走险，以盗窃为生。我们可以通过聋哑人盗窃次数和盗窃动机的情况来了解其特点。

二、聋哑人盗窃数额的分布情况

从表4－12来看，2000～5000元是最高发的区间，其次是1000～2000元的区间，最后是10,000～20,000元的区间。这个分布规律和全样本的盗窃数额分布规律基本一致。

表4－12　聋哑人盗窃数额的分布

盗窃数额/元	频数	比例/%
不满1000	6	5.8
1000～2000	25	24.0
2000～5000	29	27.9
5000～10,000	13	12.5
10,000～20,000	14	13.5
20,000～30,000	3	2.9
30,000～60,000	11	10.6
60,000～100,000	3	2.9
合计	104	100.0

聋哑人盗窃数额和其他犯罪主体是否有区别呢？为了更清楚地说明问

题，笔者把聋哑人和未成年人以及非本市户籍人员的盗窃数额做一个对比说明（见表4－13）。

表4－13　聋哑人与其他犯罪主体盗窃数额的比较

盗窃数额/元	未成年人		非本市户籍人员		聋哑盲人	
	频数	比例/%	频数	比例/%	频数	比例/%
不满1000	2	0.6	39	1.9	6	5.8
1000～2000	72	20.7	544	26.7	25	24
2000～5000	134	38.6	596	29.3	29	27.9
5000～10,000	62	17.9	260	12.8	13	12.5
10,000～20,000	43	12.4	233	11.4	14	13.5
20,000～30,000	14	4.0	104	5.1	3	2.9
30,000～60,000	14	4.0	133	6.5	11	10.6
60,000～100,000	5	1.4	56	2.8	3	2.9
100,000～300,000	1	0.3	49	2.4	0	0
300,000以上	0	0	21	1	0	0
合计	347	100	2035	100	104	100

表4－13显示三个犯罪主体在各个数额段内出现的频率及所占比例，具体的数值不同，但总体的趋势是相同的，可以通过图4－3表示。

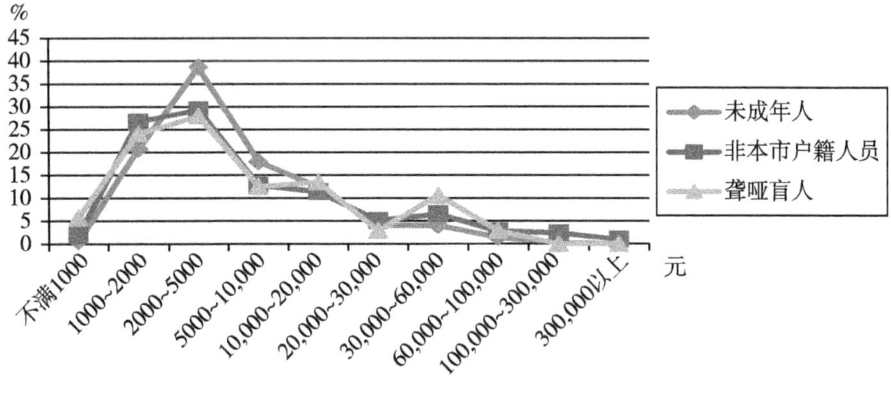

图4－3　聋哑人与其他犯罪主体盗窃数额的比较

从图4－3可以看出，聋哑人的盗窃数额的分布规律和未成年人及非本市户籍人员是一致的，多数集中在1000（含）～20,000元的区间，2000（含）～5000元的区间所占比例最大。在20,000（含）元以上的区间里，各种犯罪主体所占的比例都明显下降，通过盗窃数额的对比，可以看出聋哑人虽然身有残疾，但其盗窃行为的社会危害性和其他健全人是一样的，并没有发现差别。另外也说明基层法院判决的盗窃罪还是以数额较大和数额巨大为主，数额特别巨大的盗窃行为只占很小的比例。

三、聋哑人盗窃次数及犯罪动机的分布情况

（一）盗窃次数的分布

从表4－14可以看出，盗窃1次的有73人，占所有聋哑人的70.2%，盗窃2次以上的有31人，占所有聋哑人的29.6%。笔者在制作数据库时，盗窃次数的统计是根据判决书确定的事实为依据的，判决书认定被告人盗窃1次并不等于被告人实际上只盗窃1次，只不过司法机关掌握的证据只能证明1次。根据笔者的办案经验，由于多数聋哑人没有生活来源，其盗窃多为连续作案，或完全依赖盗窃为生。所以对盗窃次数的统计应该是少于实际的盗窃次数。

表4－14 聋哑人盗窃次数的分布

盗窃次数	频数	比例/%
1	73	70.2
2	10	9.6
3	4	3.8
4	5	4.8
5	4	3.8
11	2	1.9
12	2	1.9
14	4	3.8
合计	104	100.0

（二）犯罪动机的分布

从表4－15可以看出，104名聋哑盗窃犯中有37名以盗窃为生，占到35.6%，这个比例远远高于未成年人6.6%的比例，也高于所有样本18.2%的比例。这正好说明了聋哑人无劳动技能，比普通人更加依赖盗窃这种简单的犯罪行为作为谋生手段。104名聋哑被告人中有正当职业的聋哑人只有3名，占所有聋哑嫌疑人的2.9%。以笔者的实践经验了解的情况确实是许多聋哑人到北京来，就是以盗窃为目的，认为北京市的人钱多，好偷，在老家相约其他聋哑人，三五一伙专程到北京盗窃，在盗窃过程中，稍微能干或胆大的聋哑人就逐渐成为团伙头目，他们统一住宿，对聋哑人进行盗窃技能和反侦查能力的培训，有组织、有分工地进行盗窃和分配赃物。所以北京的聋哑人盗窃的另一个特点就是共同犯罪多，单独作案少。这可能跟他们先天残疾，对外界有抵触且有恐惧，只能和同类人交流有关，所以容易形成团伙。如被告人关某、沙某、谢某等5人分别来自北京、辽宁、山东、河南等地，5人结成盗窃团伙，以拍车门的方式在本市实施盗窃10多起，后被抓获。类似的拍车门的盗窃团伙还不止这一个，特别是在2005年至2007年，以拍车门方式盗窃的聋哑人团伙在西城区相当猖獗。

表4－15 聋哑人犯罪动机的分布

类别	频数	比例/%
不以盗窃为生	67	64.4
以盗窃为生	37	35.6
合计	104	100.0

四、聋哑人盗窃的年度变化

表4－16和图4－4是关于聋哑人盗窃的年度分布，2003年至2006

年，聋哑人盗窃比较多。侦查机关在讯问中了解到，聋哑人之间相互传递信息，说在北京偷钱容易，于是出现了全国各地的聋哑人都结伙到北京盗窃的现象。办理聋哑人盗窃案，公检法都需要聘请聋哑学校的老师做手语翻译，那几年手语翻译基本上天天都要往各个司法机关跑，忙得不可开交。到了2007年，北京为迎接奥运，加大了对非本市户籍人员来京的管理，也严厉了对各种刑事犯罪的打击，聋哑人盗窃有所收敛。到了2010年，聋哑人盗窃又有抬头，数量又开始增大，基本上回到了2004年到2006年的水平。聋哑人盗窃是一个社会问题，光靠司法机关打击是不能从根本上解决的。

表4－16　聋哑人盗窃的年度变化

年度	人数/名	比率/%
2003	23	22
2004	11	10.5
2005	12	11.5
2006	21	20
2007	8	7.6
2008	3	2.8
2009	1	0.9
2010	4	3.8
2011	10	9.6
2012	11	10.5

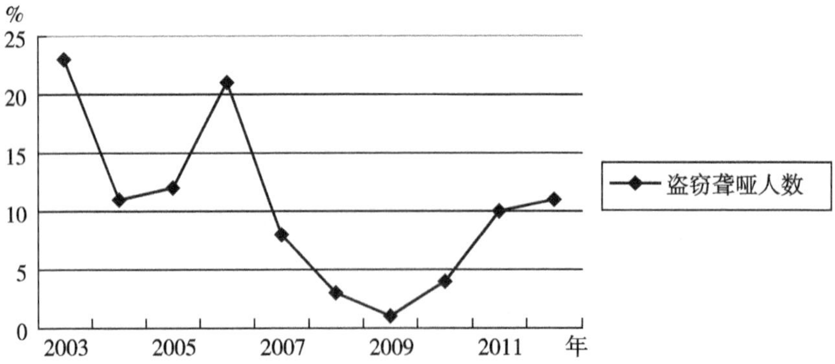

图4－4　聋哑人盗窃的年度变化

五、聋哑被告人被逮捕的情况

聋哑被告人中共有102名被逮捕，仅有2名被告人没有被逮捕。被逮捕的聋哑被告人占所有聋哑被告人的98.1%，逮捕率相当高。（见表4－17、图4－5）

表4－17　聋哑人与其他犯罪主体的逮捕率比较

类别	逮捕率/%
全部样本	88.1
未成年人	70.3
成年人	90.6
非本市户籍人员	94.4
本地人	70
聋哑人	98.1

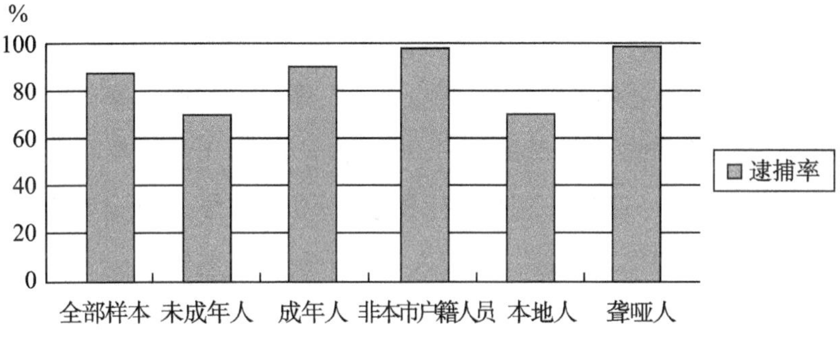

图4－5　聋哑人与其他犯罪主体的逮捕率比较

笔者将聋哑被告人的逮捕率和全样本、未成年被告人、成年被告人及外地被告人的逮捕率做一对比。通过表4－17可以发现，在所有类别的被告人中，聋哑人的逮捕率最高，这是一个令人感到意外的结论。聋哑人和未成年人一样，都是《刑法》规定的从轻、减轻或免除处罚的特殊犯罪主体，其逮捕率却高出未成年人27.8%，也高过所有样本平均的逮捕率。聋哑人身有残疾，适应社会能力差，本应受到特殊照顾，但司法机关普遍默契地对聋哑人都采取了逮捕的强制措施。笔者经过了解和思考，主要有以下几个原因：(1) 聋哑人中非本市户籍人员较多，占94.2%，外地的聋哑人在北京没有固定的住处和工作单位，也没有保证人，更没有能力缴纳保证金，所以不具备取保候审条件，司法机关不得已采取逮捕的强制措施。(2) 聋哑人中前科、累犯多，聋哑人犯罪的另一个特点是重复犯罪。聋哑被告人中有14名累犯，占到全部聋哑人的13.5%，而所有样本的平均累犯率是11.7%，未成年人的累犯率是2.6%，都低于聋哑人的累犯率。累犯是司法机关在决定是否采取逮捕措施时非常重要的一个衡量标准，一般凡是累犯都有逮捕必要，这也是导致聋哑人逮捕率较高的一个因素。再有，聋哑人的前科也比较多，有20名聋哑人有前科，占所有聋哑人的19.2%，所有样本的平均前科率为16.1%，未成年人的前科率为6.3%，都低于聋哑人。前科虽然不同于累犯，不是决定采取逮捕措施时的标准，但也是应当考量的一个因素，有前科的犯罪嫌疑人证明其人身危险性大，再次犯罪一般也会对其采取逮捕措施。(3) 聋哑人的退赔率比较低。聋哑被告人案发后能够全部退赔的只有62人，占59.6%；没有退赔的有29人，占27.9%；退赔未过半的有13人，占12.5%。退赔率低也和聋哑人这个特殊的群体有关系，聋哑人是一个被社会忽略的群体，他们中很多也被家庭抛弃，盗窃财物是一些聋哑人赖以生存的手段，案发后，常常没有经济能力向被害人退赔。由于不能弥补被害人损失，这也是司法机关采取逮捕措施的一个原因。(4) 聋哑盗窃犯认罪率低也是采取逮捕措施的一个原因。经统计，聋哑盗窃犯认罪率是90.4%，比所有样本95.9%的认罪率低5.5%。由于不认罪显示嫌疑人主观恶性大，不符合取保候审条件，一般会对其采取逮捕措施，这应该也是聋哑人逮捕率高的一个原因。

六、聋哑被告人的主从犯分布情况

从表4-18可以看出，104名聋哑人中有11名主犯，占到所有聋哑人的10.6%，相比于所有样本中3.6%的主犯比率，这个比率的确比较高。法院在审理聋哑人盗窃罪时，区分主从犯比较多，印证了两个问题：第一，聋哑人盗窃犯罪中共同犯罪比较多。前面笔者已经提到过，聋哑人很少单独盗窃，都是三五一伙，甚至形成数十人的大团伙，共同居住生活，共同享用盗窃赃物。在这个团伙持续盗窃过程中，逐渐就形成了团伙的头目，管理和控制聋哑人盗窃行为。主犯的作用和地位比较明显，容易区分。第二，法院为区别量刑，也倾向于区分聋哑人团伙中的主从犯。聋哑人盗窃中，有些组织者专门四处召集聋哑人组成盗窃团伙，这些人虽不亲自实施盗窃，但社会危害性大，主观恶性强，法院在判决时，为了贯彻宽严相济刑事政策对团伙成员区别量刑，重点打击首犯和惯犯，挽救和帮助初犯或从犯，往往会选择区分主从犯，在量刑幅度上明显拉开档次。

表4-18 聋哑人主从犯的分布

类别	频数	比例/%
从犯	3	2.9
未区分主从犯	90	86.5
主犯	11	10.6
合计	104	100.0

七、聋哑被告人的量刑情况

（一）聋哑被告人的主刑量刑及缓刑

表4－19是聋哑人主刑类别的分布情况，除了1名聋哑人判处罚金刑之外，其他都判处了拘役或有期徒刑，有期徒刑的适用率达到88.5%。判处拘役和有期徒刑的共有103名，其中只有2名适用缓刑，缓刑率只有1.9%。和所有样本11.7%的缓刑率比起来，确实非常低。

表4－19　聋哑人主刑种类及适用缓刑的情况

类别	频数	比例/%
单处罚金刑	1	1.0
拘役刑	11	10.6
有期徒刑	92	88.5
合计	104	100.0

判处缓刑的2名被告人1名是非本市户籍人员，1名是本地人。被告人解某系内蒙古人，伙同他人连续两次盗窃，第1次盗得人民币5000元，第2次盗窃1台笔记本电脑时被当场抓获。第1次盗窃的5000元人民币未退赔，法院认为解某系聋哑人，依法对其从轻处罚并宣告缓刑。这个案件被告人盗窃两次，盗窃数额高，且未退赔，仅1名聋哑人的法定从轻情节，法院即判处缓刑，与其他聋哑人盗窃案相比，确实过于轻缓。另一名被告人许某系本地人，北京某厂职工，伙同他人盗窃同厂工友存折并取走存折内人民币2800元，许某分得800元，案发后，许某认罪悔罪，积极退赔并预缴罚金，法院判处拘役4个月，缓刑8个月。许某是初犯，偶犯，且没有具体事实盗窃的行为，这个判决笔者认为还是比较适宜的。

总体来看，聋哑人的监禁刑率达到97.1%，这是本书研究样本中监禁刑率最高的一个群体，而这还是一个残疾人群体，是一个需要社会保护和帮助的群体。也是一个刑法明确规定可以从轻、减轻或者免除处罚的群体，统计的结果却是对聋哑人量刑没有明显从轻。

（二）聋哑被告人对量刑的影响率分析

为了更详细和准确地了解聋哑人这一特殊身份对量刑的单一影响率问题，我们了解一下在6个数额区间内聋哑被告人的单一影响率。① （见表4－20）

表4－20 聋哑人对量刑的单一影响率

盗窃数额区间		对主刑种类的影响	对主刑轻重的影响	对罚金刑轻重的影响
2012年3月1日前	数额较大	0.1%	0.1%	0.2%
	数额巨大	—	0.1%	0.4%
	数额特别巨大	—	0.5%	0
2012年3月1日后	数额较大	0.9%	0	0.5%
	数额巨大	—	—	—
	数额特别巨大	—	—	—

通过表4－20可以看出，无论在哪个数额区间内，聋哑人这一特殊身份对量刑的影响都非常微弱，以至于可以忽略不计。这和《刑法》规定的对聋哑人从轻、减轻或免除处罚的原则是不相符的。另外，2007年4月《人民法院量刑指导意见》（第八稿）曾经规定“对又聋又哑的人或者盲人犯罪，应当综合考虑生理缺陷形成的原因，及其对具体犯罪的刑事责任能力影响，以及影响的程度大小等情况”。同时在量刑情节适用一章规定，

① 在2012年3月1日后的数额巨大和数额特别巨大的区间内，都没有聋哑人盗窃的案例，所以该区间的单一影响率都是零。

“对于可以型法定情节，在量刑时一般要依法予以考虑”。但在其后的几稿中，尤其是2010年正式发布的《人民法院量刑指导意见（试行）》都不再出现关于聋哑人犯罪的指导意见，这也是令人费解的一个现象。难道这和聋哑人实际的逮捕率高、监禁刑适用率高有某种契合？

就此问题，笔者向参与《人民法院量刑指导意见（试行）》调研的有关人士了解，得到的答复是：因为聋哑人的问题不常见、不典型，所以最后定稿里没有规定。对于这个答复，笔者感到难以接受和理解，因为司法实践中聋哑人犯罪的现象非常普遍，法律也明确规定了聋哑人是可以从轻、减轻、免除处罚的特殊犯罪主体，为什么《人民法院量刑指导意见（试行）》对一些酌定情节如何适用都有指导意见，却对法定的特殊主体的量刑原则不予细化规定呢？进一步观察，笔者发现，虽然最高人民法院发布的《人民法院量刑指导意见（试行）》没有关于聋哑人的内容，但是一些省级法院在制定本地的《人民法院量刑指导意见》实施细则时却详细规定了聋哑人的量刑指导意见。①

对于聋哑人量刑的这种现状，笔者向几名法官了解，得到的答案和预想的大致一样，主要和前述笔者分析聋哑人逮捕率高的原因类似。主要有以下几个因素：第一，最主要的原因在于聋哑人犯罪中初犯和偶犯少，社会危害性大，对他们不适合适用非监禁刑。第二，由于聋哑人没有经济来源，特别是外地聋哑人在北京多数以盗窃为生，不能退赔被害人，所以也不能适用非监禁刑。

---

① 如江苏省高级人民法院《〈人民法院量刑指导意见（试行）〉实施细则》规定：“对于又聋又哑的人或者盲人犯罪，综合考虑聋哑或视力障碍影响其辨认能力的程度决定从轻幅度。（1）又聋又哑的人或者盲人犯罪的，可以减少基准刑的10%~30%；犯罪情节较轻不需要判处刑罚的，可以免予刑事处罚；（2）聋或哑，视力或听力存在严重障碍的，可以减少基准刑的20%以下。”同样地，湖北省高级人民法院《〈人民法院量刑指导意见〉实施细则》也规定：“对于又聋又哑、盲人犯，综合考虑实施犯罪行为的动机和目的、认知程度、是否初犯、悔罪表现和一贯表现等情况，可以减少基准刑的50%以下；犯罪较轻的，可以减少基准刑的50%以上或者免除刑罚。”

虽然聋哑人和未成年人一样也是需要社会重视和保护的一个群体，但相对于未成年人罪犯的教育和挽救，无论是法律规定还是司法实践都做的远远不够。聋哑人本身就是一个被社会遗忘的群体，犯罪的聋哑人更是被社会和家庭抛弃的一群人，人们普遍没有对聋哑人抱以同情心，这也许才是聋哑人量刑较重的一个根本原因。未成年人犯罪需要我们挽救和教育，聋哑人犯罪更需要我们帮助。如果我们能对健全人的盗窃行为宽宥，对聋哑人就更应该原谅，毕竟绝大多数聋哑人都是因为找不到谋生手段才走上犯罪道路的。

第三节 非本市户籍人员盗窃罪的量刑

一、非本市户籍人员盗窃概况

本书所指的非本市户籍人员是不具有北京市户籍的人。无论是否在北京工作，只要户籍不在北京，在本书的统计中都作为非本市户籍人员看待。本地人包括出生在北京的本地人和工作在北京并且有北京户籍的人。这种认定标准和嫌疑人是否有正当职业有密切的关联性。一般来讲，在北京有比较稳定的正式工作，如在国家机关或国有企事业单位，即使不在北京出生也都会具有北京户籍。反过来说，虽然有些人长期在北京工作和生活，但因为所在单位的非国有性质而不能将其户籍迁至北京，在本书中也作为非本市户籍人员看待。事实上，只有在北京有户籍和正式工作，其稳定性才会比较强。

在所有被告人中，共有非本市户籍人员2035名，占全样本的73.9%。非本市户籍人员盗窃中，有21.1%的被告人是以盗窃为生，而所有样本中以盗窃为生的被告人的比例是18.2%。盗窃罪犯中非本市户籍人员占比重大，非本市户籍人员以盗窃为生的人数更多，是有其深层次的社会根源的。盗窃犯罪作为一种常见多发的侵财犯罪，实施起来容易，获得不义之财的速度快，且不易被发现，成为一些低收入人群或好吃懒做者的不二选择。尤其是非本市户籍人员，怀着发财梦到首都，被无情的现实打击后，没有生活来源，不得已走上盗窃之路，渐渐地成为专业盗贼。还有些非本市户籍人员虽然找到了工作，但多数也都是收入低的服务业或建筑业等，如餐馆、宾馆服务员、家庭保姆或建筑工人，这些人虽然有工作，但收入低，也很难禁得住钱财的诱惑，在工作中遇到合适的机会便见财起意，这样的盗窃案件数量也比较多。还有一些非本市户籍人员有强烈的仇富心理，在大城市见到一些人挥金如土，而自己拿着微薄的工资却从事又脏又累的工作，心里不平衡，干脆放弃工作以盗窃为生。甚至有些非本市户籍人员就以盗窃为目的到首都结伙作案，作案后返回老家，过段时间再来作案，把北京当作捞钱的“福地”。所以，上述几种因素导致非本市户籍人员盗窃案件明显多于本地人，以至于所有盗窃案的嫌疑人中有73.9%的人为非本市户籍人员。

对于下岗职工，北京市政府也有帮扶和优惠政策，街道办事处或居民委员会会提供就业岗位或创业资助等。再加上北京市的低保补助覆盖面也比较大，这些措施使北京市本地人基本不会陷入生活困顿，不会因生活所迫而去盗窃，所以北京本地人从事盗窃的概率很低，只有26.1%。即使盗窃也是为贪便宜或临时起意、顺手牵羊。

二、非本市户籍人员盗窃数额分布

表4-21是非本市户籍人员盗窃数额分布的情况，可以明显地看出，非本市户籍人员盗窃数额的分布和所有样本盗窃数额的分布是一样的。2000~5000元是最密集的区间，第二是1000~2000元的区间，第三是5000~10,000元的区间，第四是10,000~20,000元的区间。非本市户籍

人员盗窃数额不仅和所有样本的盗窃数额分布规律一致，而且和本地人盗窃数额分布的规律也一致。图 4－6、图 4－7 就能清晰地看出非本市户籍人员和本地人在盗窃数额分布上的异同。

表 4－21　非本市户籍人员盗窃数额的分布

盗窃数额/元	频数	比例/%
不满 1000	39	1.9
1000～2000	544	26.7
2000～5000	596	29.3
5000～10,000	260	12.8
10,000～20,000	233	11.4
20,000～30,000	104	5.1
30,000～60,000	133	6.5
60,000～100,000	56	2.8
100,000～300,000	49	2.4
300,000 以上	21	1.0
合计	2035	100.0

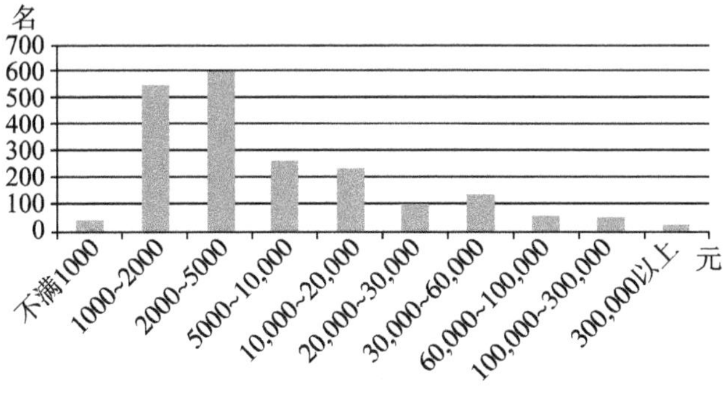

图 4－6　非本市户籍人员盗窃数额分布

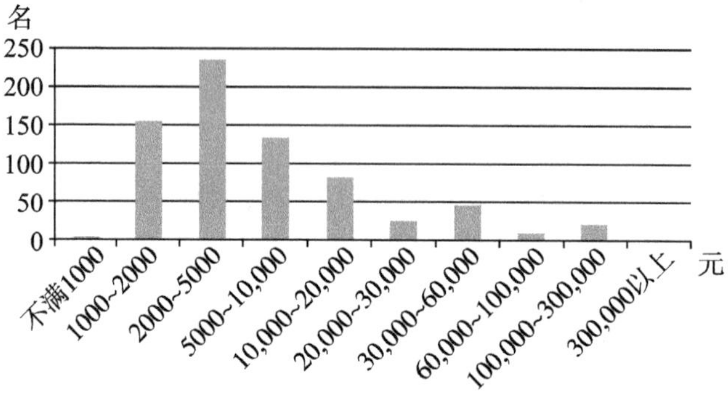

图4－7　本地人盗窃数额分布

虽然非本市户籍人员和本地人在被告人人数上存在较大差异，但两个人群的盗窃数额分布规律是一样的，这表明两类人群的社会危害性程度是一样的。

三、非本市户籍人员被逮捕的情况

如表4－22所示，非本市户籍人员中被逮捕的有1922名，逮捕率为94.4%。全样本的逮捕率是88.1%。

表4－22　非本市户籍人员与其他犯罪主体的逮捕率比较

类别	总人数/人	逮捕数/人	逮捕率/%	缓刑率/%
全部样本	2753	2425	88.1	11.7
非本市户籍人员	2035	1922	94.4	6.8
本地人	718	503	70	25.7

非本市户籍人员的逮捕率高于全样本和本地人的逮捕率。在是否采取逮捕的强制措施时，检察机关对本地人和非本市户籍人员的态度是不一样的。逮捕率就是一个明显的例证：其中非本市户籍人员1922名，占全部外地被告人的94.4%；本地人503名，占所有本地人的70%。非本市户籍人员和本地人相比，逮捕率高了24.4%，这说明逮捕措施的适用对本地人和

非本市户籍人员还是有很大差别的。事实上也的确如此，逮捕措施的适用一方面要看是否达到逮捕条件，即事实是否清楚，证据是否充分，是否可能判处徒刑以上刑罚。另一方面还要看是否有逮捕必要性，即犯罪嫌疑人是否认罪，是否具备取保候审条件，能否保证到案等。由于涉嫌盗窃的非本市户籍人员往往在京没有固定住址和工作，也没有可靠的保证人，更交不出保证金，不具备取保候审条件，只能将其关押以保证诉讼的正常进行，而且司法实践的经验也证明，即使具备取保候审条件的外地嫌疑人一旦被取保，很容易脱保，导致诉讼不能进行，而再次抓捕的办案成本也比较高。所以多重原因造成了对外地嫌疑人能逮捕就逮捕的惯性思维和做法。而本地嫌疑人则不同，案发后，嫌疑人家属积极退赔，挽回被害人损失，再加上本地人在北京有稳定工作及固定住址，有家属作为保证人，一般也不会脱逃，所以只要不是罪行比较严重必须逮捕的情形，一般都会对本地人采取取保候审的强制措施。这些因素就造成了非本市户籍人员比本地人逮捕率明显高出一大截。而且，是否采取逮捕措施也直接影响了在审判阶段是否判处监禁刑。

非本市户籍人员和本地人在适用逮捕上的差异比较突出，已经造成了一些负面影响，以至于有人认为这是司法不公的表现之一。北京市司法机关也意识到了这个问题，一直在努力改善这个局面，尽量平衡非本市户籍人员和本地人适用强制措施和刑罚的差异。如北京市人民检察院 2012 年出台规范性文件，[①] 放宽了对非本市户籍人员取保候审条件的要求，犯罪嫌疑人“在京有合法自购并实际居住的住房，或者有合法登记的租住、寄住的居所，可视为有固定住所。在合法注册登记的工作单位持续工作 6 个月以上，且所在单位表示继续留用或者能够履行监管职责的，可视为有固定

① 2012 年 12 月北京市人民检察院、北京市公安局、北京市国家安全局联合印发《关于适用逮捕强制措施有关问题的解答》。

工作”。但是该文件自2012年年底开始实施，其实施效果还有待时间的检验。

四、非本市户籍人员量刑情况研究

（一）非本市户籍人员与本地人在主刑量刑种类上的比较

t检验的结果表明，是否非本市户籍人员在法院选择主刑量刑类别方面具有显著差异（$t = 10.621$，$df = 2751$，$p < 0.001$）。表4－23可以明显看出，非本市户籍人员判处非监禁刑的比例低于本地人，而判处监禁刑的比例却高于本地人。

表4－23 非本市户籍人员与其他犯罪主体适用刑罚种类的比较

主刑量刑类别	本地人（N＝718）		非本市户籍人员（N＝2035）	
	频数	比例/%	频数	比例/%
免予刑事处罚	2	0.28	2	0.10
单处罚金刑	14	1.95	9	0.44
管制刑	38	5.29	5	0.25
拘役刑	125	17.41	208	10.22
有期徒刑	539	75.07	1811	88.99

先看非监禁刑比例的对比，非本市户籍人员免予刑事处罚的比例是0.1%，而本地人却是0.28%，本地人的免刑率是非本市户籍人员的2.8倍。非本市户籍人员单处罚金刑的比例是0.44%，本地人单处罚金刑的比例是1.95%，本地人单处罚金刑的比例是非本市户籍人员的4.43倍。非本市户籍人员判处管制刑的比例是0.25%，而本地人判处管制刑的比例是5.29%，二者相差21.16倍。从免予刑事处罚、单处罚金刑和管制刑三种处理结果的对比情况来看，对本地人判处非监禁刑的比例远远大于非本市户籍人员的比例。

再看监禁刑的比较，非本市户籍人员判处拘役的比例是10.22%，本地人判处拘役刑的比例是 17.41%，本地人比非本市户籍人员多了 7.19%。在有期徒刑方面，非本市户籍人员判处的比例是 88.99%，而本地人判处的比例是 75.07%。虽然拘役刑和有期徒刑都是监禁刑，但拘役刑还是比有期徒刑要轻缓一些，刑期短，每月可以回家一两天，所以本地人在拘役刑的适用上就高于非本市户籍人员。而在最重的有期徒刑的适用上，非本市户籍人员却高于本地人 13.92%。说明在适用刑罚上，本地人还是比非本市户籍人员轻缓。

（二）非本市户籍人员与本地人在有期徒刑量刑时长上的比较

t 检验的结果表明，非本市户籍人员与本地人在有期徒刑量刑时长方面并不具有显著差异。前述比较的结论是本地人比非本市户籍人员的非监禁刑比例高，但是在同样适用有期徒刑的情况中，由于二者社会危害性基本相同，量刑就没有太大差别了。（见表 4－24）

表 4－24　非本市户籍人员与其他犯罪主体有期徒刑时长的比较

分类	极小值	极大值	均值	中值	众数	标准差
非本市户籍人员	5	180	29.42	12.00	12	34.820
本地人	5	168	27.68	12.00	12	31.108

（三）非本市户籍人员的缓刑情况研究

在是否判处缓刑方面，法院对本地人和非本市户籍人员的态度也是迥异的。所有样本中判处缓刑被告人是 323 人，总的缓刑率为 11.7%。其中判处缓刑的外地被告人共 138 名，缓刑率为 6.8%。判处缓刑的本地人有 185 名，缓刑率为 25.7%。本地人的缓刑率比非本市户籍人员高出 18.9%，再一次证明了非本市户籍人员的量刑比本地人更严苛。不仅北京市，各地法院在实践中对于外地户籍的犯罪人基本上不适用缓刑。[①] 对非本市户籍人员判处监禁刑比例高，并较少适用缓刑是综合因素作用的结果。主要有以下几个原因：

表4－25 非本市户籍人员主刑种类与适用缓刑

单位：名

主刑量刑类别	是否判处缓刑		合计
	是	否	
免予刑事处罚	0	2	2
单处罚金刑	0	9	9
管制刑	0	5	5
拘役刑	40	168	208
有期徒刑	98	1713	1811
合计	138	1897	2035

第一，法院判处管制刑或适用缓刑，必须要落实被告人刑罚的执行。本地人有固定住处，即便没有工作单位，也会有居住地的居民委员会或村民委员会，每一级的司法行政机关和派出所也都健全，司法行政机关对社区服刑罪犯的接收、管理、教育工作模式比较先进和成熟，可以执行对犯罪分子的监外执行，法院判处了非监禁刑不担心刑罚的执行问题。而对非本市户籍人员就比较困难，如果犯罪分子在北京没有工作单位和固定住处，则无法确定刑罚的具体执行单位，在北京不能执行管制刑或缓刑。如果让犯罪分子回老家执行刑罚，更没有保障。法院将判决书寄回犯罪分子户籍所在地，当地的公安部门和司法行政单位也往往是束之高阁，不能切实履行监管职责。而且更多的情况是，犯罪分子根本就不在老家，当地司

① 参见臧冬斌：《量刑的合理性与量刑方法的科学性》，中国人民公安大学出版社2008年版，第25页。

法行政机关也找不到人，更谈不上履行监管职责。所以，对非本市户籍人员判处非监禁刑可能就使法院判决书成为一纸空文，无法落实，和无罪释放差不多，导致法院对非本市户籍人员判处非监禁刑非常谨慎，除非非本市户籍人员在京有固定单位，并且表示愿意接收和履行相关监管职责，或者非本市户籍人员户籍地的相关单位表示能够履行监管职责，法院才会判处非监禁刑，这就导致了非本市户籍人员的非监禁刑适用率非常低。

2012年1月10日，最高人民法院、最高人民检察院、公安部和司法部联合颁布了《社区矫正实施办法》，对监外执行的程序作了更加细致的规定，法院拟判处非监禁刑的，先要调查罪犯对所居住社区的影响，由受委托的司法行政机关对被告人或罪犯的居所情况、家庭和社会关系、一贯表现、犯罪行为的后果和影响、居住地居（村）民委员会和被害人的意见、拟禁止的事项等进行调查了解，形成评估意见。同时，法院对于适用社区矫正的罪犯，在向其宣判时还要书面告知居住地县级司法行政机关，同时抄送其居住地县级人民检察院和公安机关。从该规定来看，社区矫正的适用条件和程序都进一步严谨和复杂，是否判处非监禁刑不仅仅依靠被告人的犯罪事实和悔罪表现，还要依据多方面的评估意见，笔者预测这会在程序上限制法院对非监禁刑的适用。非监禁刑适用的比例将会下降。但由于笔者统计的判决截至2012年年底，所以目前还看不到这个趋势。

第二，侵犯财产罪一般以挽回被害人损失为适用缓刑的前提。适用缓刑要求犯罪情节轻微、有悔罪表现、没有再犯罪的危险等。对于侵财类犯罪，司法实践中掌握的是要对赃款赃物追缴或退赔，挽回或弥补被害人的财产损失表明其社会危害性减轻，才可能适用缓刑。本地人盗窃后，多数能够退赔，即便本人无力退赔，其家属也会代其退赔，所以，在退赔方面，本地人占有很大优势。而盗窃的非本市户籍人员多出于经济困顿的原因，所以案发后除了赃物能起获以外，一般退赔的不多，家属也无力赔偿。

表4-26可以看出，只有57.9%的被告人全额追缴或退赔了赃款，有5.5%的被告人退赔赃款过半，有11.5%的被告人退赔赃款未过半，还有25.2%的被告人没有退赔赃款。总体来看，有将近一半的人不能全额退赔被害人，在这种情况下，法院一般不会适用缓刑。

表4-26　非本市户籍人员退赔的情况

情形	频数	比例/%
全部退	1178	57.9
过半退	111	5.5
未过半	234	11.5
没有退	512	25.2
合计	2035	100.0

第五章　各种情节对量刑的影响力研究

本章研究的各种情节主要是指依据法律、司法解释和判决书，并结合笔者的司法经验最终确定的影响量刑的各个情节。凡是《刑法》规定的法定量刑情节和盗窃罪司法解释中规定的特殊量刑情节都在笔者的选择范围之内，另外，在盗窃罪判决书中出现频率较高、对量刑有影响的情节和笔者根据自己经验认为会影响盗窃罪量刑的情节，都纳入研究的范围。这其中包括法定量刑情节与酌定量刑情节、从重情节与从轻情节、单功能情节与多功能情节、总则性情节与分则性情节等。[①] 但是本章的写作结构不是按照情节分类来确定的，而是笔者根据统计结果，每一节研究一个或两个相近的情节，如认罪、主从犯等单独展开研究，而自首和立功、累犯和前科因为具有相似或相近的含义而放在一节中进行研究。

---

① 参见陈庆：《量刑理论若干问题探究》，知识产权出版社2011年版，第90页。

第一节 认罪对量刑的影响

一、被告人认罪的概况

所有样本中认罪的被告人为2641人，占全样本的95.9%。从这个比例来看，盗窃案的认罪率还是相当高的。由于判决书表述的原因，统计的认罪都是指当庭认罪，在以前的诉讼过程中是否认罪在所不计。盗窃罪认罪率高主要有这样几个因素：

第一，有一些盗窃被告人是被现场抓获。也即在盗窃过程中，嫌疑人被被害人或其他群众发现，并抓获扭送至司法机关。这种情况下，事实清楚，证据充分，被告人都认罪。

第二，被告人虽然不是现场抓获，但人赃并获，嫌疑人不认罪反而会被处刑更重，所以选择认罪换取轻刑。无论是被告人自愿认罪，还是迫于压力不得已认罪，只要当庭认罪，法院都从轻处罚。

第三，还有一些被告人是初犯、偶犯，一时鬼迷心窍、见财起意，事后都非常后悔，认罪态度也很好。

第四，犯罪人性格。除了上述几个原因外，笔者认为还有一个原因也不能忽视，那就是犯罪人性格。不同性格的人在选择犯罪方式时也能体现出来，比如，同是侵财犯罪，胆子大、性格暴烈、凶狠的人会去抢劫，来钱更快更直接，也不怕造成严重的后果；狡猾、多变而又善于伪装的人会去诈骗；胆子小，怕被发现不敢和被害人直接接触的人会选择盗窃。犯罪后，不同性格的犯罪人也会有不同的表现，抢劫的人认罪最痛快，其次是盗窃，比较而言，诈骗的犯罪人认罪率最低，总是百般狡辩，想方设法推卸责任。所以笔者依据办案经验，认为盗窃罪犯罪人的性格也是认罪率高的一个原因。

二、认罪对量刑的影响

无论是司法解释中，还是司法实践中，对认罪的人一般都从轻量刑，但从轻的幅度因案而异。《人民法院量刑指导意见（试行）》规定“对于当庭自愿认罪的，根据犯罪的性质、罪行的轻重、认罪程度以及悔罪表现等情况，可以减少基准刑的10%以下，依法认定自首、坦白的除外”。在表5－1中从单一影响率的统计结果来看，各个数额区间内，认罪对量刑的影响力并不相同。

表5－1　认罪在各个数额区间内的单一影响率

单位：%

数额区间		对主刑种类的影响占比	对主刑轻重的影响占比	对罚金刑种类的影响占比
2012年3月1日前	数额较大	0.5	1.3	0.1
	数额巨大	—	0.1	0
	数额特别巨大	—	0	5.2
2012年3月1日后	数额较大	0.7	0.4	0.1
	数额巨大	—	5.5	1.6
	数额特别巨大	—	0.1	1.4

在2012年3月1日前，在数额较大的区间内，被告人认罪对主刑量刑类别的影响率是0.5%，对主刑轻重的单一影响率是1.3%，对罚金刑轻重的单一影响率是0.1%，影响力很弱。而在数额巨大的区间内，认罪对量刑的影响力几乎没有。在数额特别巨大的区间内，认罪对主刑量刑幅度的影响力也是零，但对罚金刑量刑幅度的影响力明显一些。在2012年3月1日后，认罪对盗窃罪主刑类别仍没有影响力。但在主刑量刑幅度上，特别是在盗窃数额巨大的区间内，认罪的影响力增强，对罚金刑量刑幅度的影

响力也增强了一些。为什么在这个时间段这个区间认罪的影响力会增强，笔者综合看2012年3月1日后的影响力情况，一些变量的影响力都有所增强，这可能是因为这个时间段案件数量少，某些变量的影响力没有被稀释或冲淡，就显得突出了。

但是，整体上来看，相对于其他变量，认罪对量刑的影响力还是很弱的。主要原因还是法官对认罪的认可度不高。法官普遍认为认罪是被告人应该做的，虽然值得鼓励，但并不是应给予从轻的情节。就算从轻，幅度也很小。这和《人民法院量刑指导意见（试行）》中对认罪的从轻幅度只有10%相呼应。但是，对于不认罪的被告人，特别是在充分的证据面前仍不认罪的被告人，量刑时会明显从重，一方面，这些被告人主观恶性程度比较大，不容易改造。另一方面，这些被告人不认罪，给诉讼过程制造了许多不必要的障碍。从现状来说，司法人员对认罪的从轻力度不大，但对不认罪的从重力度则很明显。

另外，笔者认为《人民法院量刑指导意见（试行）》关于认罪的量刑规定存在问题。能当庭认罪的犯罪人，一般主观恶性和人身危险性较小，应当在量刑时区别于拒不认罪的犯罪分子；同时，当庭认罪能使法庭选择普通程序简化审或者简易程序审理案件，在保证诉讼公正的前提下，提高了诉讼效率，节约了司法资源，所以应当在量刑时鼓励自愿认罪的犯罪分子。但是，《人民法院量刑指导意见（试行）》特别强调当庭认罪，也就是只顾及了自己庭审的事实，而忽略了被告人在整个诉讼过程中的表现。事实上，很多被告人在侦查阶段和审查起诉阶段不认罪，为了收集和完善证据，侦查人员要付出更多的时间和精力，耗费了大量的司法成本。而到了庭审阶段，被告人一看证据充分，事实清楚，知道再狡辩只会从重量刑，于是改变态度在庭审时认罪。这些狡猾的被告人和那些一开始就认罪从而使诉讼程序顺利进行的被告人完全不同，但由于二者都在庭审时认罪，所以法院一视同仁，笔者认为这是一种片面的看法，法院不能站在自己的立场，狭隘地看问题，被告人认罪态度是否好以及司法资源是否得到有效节省，要综合整个诉讼过程来看。因此，在考察被告人认罪态度上，法院应改变现在的立场。

第二节　自首和立功对量刑的影响

一、自首对量刑的影响

（一）被告人自首情节的概况

所有被告人中自首的有 227 名，占全样本的 8.2%。这个比例还是很低的。这其中有 53 名是未成年人，自首未成年人数占所有未成年被告人的 15.2%，而成年被告人的自首率只有 7.2%，可见，未成年被告人悔过自新的比例高于成年人。

盗窃罪的自首主要有两种情形：一种是盗窃后，主动到公安机关投案自首。另一种是因形迹可疑，被警察盘查时，主动交代犯罪事实。和职务犯罪比较起来，盗窃罪的自首比较容易认定，一般不会有争议。

司法实践中，法院认定自首的范围越来越宽，掌握的标准越来越松，自首的认定情形有不断扩大之势。由于自首是法定量刑情节，公诉部门认为不能这样随意扩大自首的认定范围，一开始，公诉机关通过抗诉等形式意图否定法院的认定，但是法院坚持认定这种情形属自首，其理由是应给被告人更多机会。随着时间推移，这种自首形式渐渐固定下来，争议声也越来越少。

（二）自首对量刑的影响

我国刑法对自首的处罚原则是“可以从轻或者减轻处罚。其中，犯罪较轻的，可以免除处罚”。《人民法院量刑指导意见（试行）》规定“对于自首情节，综合考虑投案的时机、时间、方式、罪行轻重、如实供述罪行的程度及悔罪表现等情况，可以减少基准刑的40%以下；犯罪较轻的，可以减少基准刑的40%以上或者依法免除刑罚”。

自首在实践中到底对量刑有多大影响呢，我们通过数据来说话（见表5-2）。

表5-2 自首在各数额区间的单一影响率

单位:%

数额区间		对主刑种类的影响占比	对主刑轻重的影响占比	对罚金刑种类的影响占比
2012年3月1日前	数额较大	2.8	1.0	0.2
	数额巨大	—	2.8	1.7
	数额特别巨大	—	5.1	1.1
2012年3月1日后	数额较大	0.1	0.4	1.1
	数额巨大	—	0.1	0
	数额特别巨大	—	29.2	31.8

从表5-2中可看出，自首在各个区间内的单一影响率并不相同。但总体来说，自首对量刑的影响力不是很突出。

2012年3月1日前，自首对数额较大的主刑类别有2.8%的影响力。对主刑轻重的影响力，随着盗窃数额的增大而开始增强，分别是1.0%、2.8%和5.1%。对罚金刑轻重的影响力则呈现无规律变化，但其影响力幅度小于对主刑轻重的影响力。

2012年3月1日后，自首对主刑轻重和罚金刑轻重的影响力也是无规律可循。在数额较大和数额巨大的区间内，影响力非常弱，但到了数额特别巨大的区间内，影响力突增，达29.2%和31.8%的程度。这也是和该区间内案例较少有关系。

自首是最常见的法定量刑情节，实践中法官对自首的被告人一般都会从轻量刑，在《人民法院量刑指导意见（试行）》出台前，法官对自首的被告人从轻量刑的幅度都自由掌握，酌情认定，没有统一的标准。有的从轻幅度大，有的小，有的甚至看不出来。笔者选了某区同一年的4个案件进行对比。

第1个案件：被告人梁某盗窃手机1部，价值人民币1300元，后投案自首。法院判处其拘役6个月，缓刑1年，并处罚金人民币1000元。

第2个案件：被告人王某盗窃手机1部，价值人民币1100元，后被抓获归案，法院判处其有期徒刑6个月，缓刑1年，并处罚金人民币1000元。

第3个案件：被告人王某盗窃汽车后桥、变速箱等物，价值人民币1980元，后被抓获。法院判处其有期徒刑8个月，缓刑1年，并处罚金人民币3000元。

这3个案件中第一个案件系自首，后两个案件系抓获归案。我们首先来比较一下主刑：第一个案件主刑类别是拘役，后两个案件主刑类别为有期徒刑，虽然主刑类别不同，但3个案件都适用缓刑，最终的结果没有区别。而且第3个案件的盗窃数额还高于第1个案件，也和第1个案件一样适用了缓刑，没有表现出自首的从轻幅度。其次再来比较一下罚金刑：第1个和第2个案件都是罚金1000元，第3个案件罚金3000元，只有一个案件比自首案件罚金高，自首的从轻幅度也没有表现出来。从笔者随机选的这3个案件的对比来看，非自首案件比自首案件在主刑量刑和罚金刑量刑的从轻幅度都没有表现出来。

第4个案件：胡某盗窃奶牛1头，价值人民币12,000元，胡某投案自首，法院判处其有期徒刑2年，罚金3000元。

胡某的盗窃数额属于巨大，量刑本应在3年以上，但因其有自首情节，法院在下一个量刑幅度内量刑，不是从轻，而是减轻了，且减轻的幅度达到33%。从这个案件来看，自首的影响力还是很大的。

自首对量刑的影响在某些案件显得很明显，在某些案件却不明显，大量的案件平均后，自首的影响力就被弱化了。这就是统计结果中自首情节影响率不高的原因。

二、立功情节对量刑的影响

（一）被告人立功的概况

有立功情节的被告人共计123人，占全样本的4.5%，且都属于一般立功，没有重大立功。立功的情形都是协助司法机关抓获同案犯。关于立功的统计也是根据判决书的认定进行的，是准确的数字。

立功的被告人数量比较少，这和司法实践中立功的情形比较单一有关系。例如，在本书研究的样本中，立功的情形都是协助抓捕同案犯，首先只有在共同犯罪中才能出现，而本研究中共同犯罪只有480件，这些案件中被告人能够协助抓捕同案犯的可能性就更小。

（二）立功对量刑的影响

立功是法定的量刑情节，《刑法》规定对于一般立功的处罚原则是“可以从轻或者减轻处罚”。《人民法院量刑指导意见（试行）》规定“对于立功情节，综合考虑立功的大小、次数、内容、来源、效果以及罪行轻重等情况，确定从宽的幅度。（1）一般立功的，可以减少基准刑的20%以下……”从该司法解释来看，对立功的从轻幅度确定的并不是很大。实践中，立功的从轻幅度到底有多大，看一看下面的统计结果。（见表5－3）

表 5-3　立功在各数额区间的单一影响率

单位：%

数额区间		对主刑种类的影响占比	对主刑轻重的影响占比	对罚金刑轻重的影响占比
2012 年 3 月 1 日前	数额较大	0	0.1	0
	数额巨大	—	0.8	0.4
	数额特别巨大	—	0.3	0
2012 年 3 月 1 日后	数额较大	0.5	2.2	2.6
	数额巨大	—	1.4	0
	数额特别巨大	—	2.8	3.8

首先，立功对主刑种类的影响是微弱的。2012 年 3 月 1 日前，在 3 个数额区间内，立功对主刑轻重的影响率分别是 0.1%、0.8% 和 0.3%，可以看出立功的影响力较弱。对罚金刑轻重的影响力更弱，除了对数额巨大区间的罚金刑轻重影响率是 0.4% 外，对另两个数额区间的影响力都是 0。在 2012 年 3 月 1 日后，立功对 3 个数额区间的主刑轻重影响率分别是 2.2%、1.4% 和 2.8%，影响力比 2012 年 3 月 1 日前略有提高，其中，数额特别巨大区间内 2.8% 的影响率偏高，但这也是案件数量少造成的。

三、自首和立功对量刑的影响

笔者将自首和立功在 6 个数额区间内对主刑轻重的单一影响率做一比较（见图 5-1）。发现在 4 个区间内，自首都要比立功影响力大，而且大的幅度明显。但《刑法》对自首和立功规定的处罚原则基本相同，都是“可以从轻或减轻处罚”。甚至可以免除处罚。

虽然《刑法》规定自首和立功从轻幅度一样，但《人民法院量刑指导意见（试行）》规定“对于自首情节……可以减少基准刑的 40% 以下；犯罪较轻的，可以减少基准刑的 40% 以上或者依法免除处罚”。对立功的规

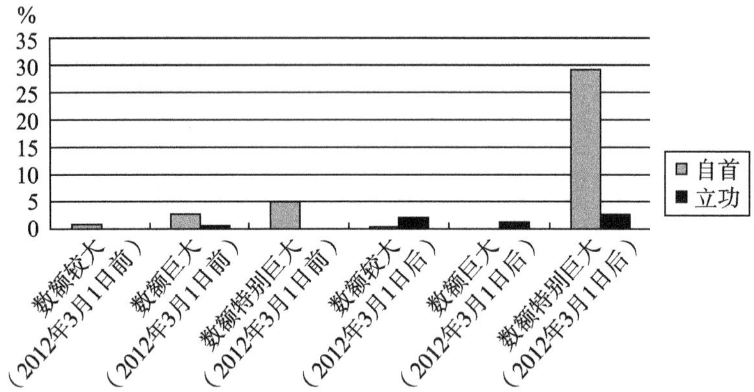

图5-1　自首与立功对量刑的影响力比较

定则是“一般立功的，可以减少基准刑的20%以下”。也就是说，自首的从轻幅度比一般立功大20%，还是很明显的。

第三节　累犯和前科对量刑的影响

一、累犯对量刑的影响

（一）累犯概况

本书研究的所有样本中的累犯共计321名，占全样本的11.7%，而且其中绝大多数累犯的前罪都是盗窃罪。这从一个侧面反映了盗窃行为的惯性。[①] 累犯作为一个非常重要的法定量刑情节，无论是对犯罪嫌疑人采取强制措施还是判处监禁刑，都有明显的影响力。新修订的《刑事诉讼法》在刑事和解一章中也明确规定，累犯不适用刑事和解。笔者的办案经验也

① 这个统计数据是准确的，因为司法机关对累犯情节的认定还是相当认真的。而且，累犯是以客观证据为基础，不存在模糊地带。

表明，法院在量刑时，累犯比其他罪犯的宣告刑要高出很多，在共同犯罪中这一点表现地更加明显。

（二）累犯对量刑的影响

我国刑法规定对累犯应当从重处罚。司法解释也将累犯作为“其他严重情节”，提高一个量刑幅度。①《人民法院量刑指导意见（试行）》规定“对于累犯，应当综合考虑前后罪的性质、刑罚执行完毕或赦免以后至再犯罪时间的长短以及前后罪罪行轻重等情况，可以增加基准刑的10% ~40%”。

那么，司法实践中，累犯对盗窃罪的量刑到底有多大影响力呢，我们通过数据来分析一下。（见表5 -4）

表5 -4　累犯在各数额区间的单一影响率

单位：%

数额区间		对主刑种类的影响占比	对主刑轻重的影响占比	对罚金刑轻重的影响占比
2012年3月1日前	数额较大	2.1	27.1	7.7
	数额巨大	—	12.8	9.6
	数额特别巨大	—	2.4	6.6
2012年3月1日后	数额较大	3.0	4.4	1.8
	数额巨大	—	0.6	2.0
	数额特别巨大	—	3.0	0

在盗窃数额较大的区间内，累犯对主刑量刑类别的影响力是2.1%，这表示对被告人判处何种刑罚，累犯是有影响力的。累犯一般都判处监禁

---

① 1997年11月4日最高人民法院《关于审理盗窃案件具体应用法律若干问题的解释》第6条第3款规定：“盗窃数额达到‘数额较大’或者‘数额巨大’的起点，并具有下列情节之一的，可以分别认定为‘其他严重情节’或者‘其他特别严重情节’：……4. 累犯……”

刑，而且不适用缓刑。这就决定了在适用免予刑事处罚、单处罚金刑或管制刑的案例中没有累犯。累犯对盗窃数额较大的主刑量刑幅度的影响力是27.1%，对罚金刑幅度的影响力是7.7%。累犯的影响力还是很明显的，在所有影响量刑的因素中，仅次于未成年人，排在第2位。

在盗窃数额巨大的区间内，只有有期徒刑没有其他刑罚形式，因此，累犯对主刑量刑类别就没有影响力了。累犯对主刑量刑幅度的影响力是12.8%，和盗窃数额较大的区间比起来降了14.3%。而在盗窃数额特别巨大的区间里，累犯的影响力降至2.4%。

为什么盗窃数额越大，累犯的影响力越小？这涉及一个基本的问题：累犯的从重程度是否应随着盗窃数额和基准刑的变化而相应变化。这就使我们必须探究一下为什么对累犯从重处罚。对累犯实行从重处罚或加重处罚是各国共同的立法选择。累犯从重处罚主要是基于累犯具有更深的主观恶性和更大的人身危险性。因为累犯与初犯相比，其在客观上造成的危害并无不同，从社会危害性上没有说明累犯从重处罚的根据。受过刑事处罚后五年内再犯较严重犯罪的事实，表明累犯的再犯可能性大于初犯，对其的改造教育较初犯更难，对累犯从严处罚，同时也是立足于未然之罪，以实现预防犯罪的需要。从重处罚是基于累犯的人身危险性，而不是前罪或后罪的社会危害性，对累犯从重处罚的幅度却是根据后罪的量刑来决定的，后罪越重，从重幅度就越大。举例说明：如果都按照30%的比例从重处罚，对于一个主刑是1年有期徒刑的累犯，其要多服3.6个月的刑期，但对于一个主刑是10年有期徒刑的累犯，就要多服36个月的刑期。同样是累犯，多服的刑期却相差很大。当然，因为再犯更严重的罪比再犯轻罪从严程度大一些，也无可厚非，但如果完全依据后罪并按照相同比例从重处罚，对于犯重罪的被告人来讲，略有不公。累犯比初犯究竟应多大程度上从严处罚才能既体现公平又能兼顾打击目的呢？应当综合考虑前后罪的性质、刑罚执行完毕或赦免以后至再次犯罪时间的长短以及前后罪罪行轻重等情况具体确定比例。一般而言，前后罪行性质越近，与前罪间隔时间越短，前后罪罪行越重，就表明其人身危险性越大，越难以改造，需要从重的幅度就越大，反之就越小。[①] 司法实践中，法官对累犯的量刑确实随着基准刑变化而有变化，但不会一定随着基准刑的增加而完全相对应的增加。

（三）累犯的加重处罚问题

《刑法》第62条规定："犯罪分子具有本法规定的从重处罚、从轻处罚情节的，应当在法定刑的限度以内判处刑罚。"累犯属于刑法规定的从重情节，然而，1997年11月4日最高人民法院《关于审理盗窃案件具体应用法律若干问题的解释》第6条第3款规定："盗窃数额达到'数额较大'或者'数额巨大'的起点，并具有下列情形之一的，可以分别认定为'其他严重情节'或者'其他特别严重情节'：……4. 累犯……"按照这个规定，凡是累犯再犯盗窃罪，可以提高一个法定刑幅度量刑。这就是加重量刑，而不是从重量刑了，与《刑法》规定的累犯处罚原则不符。实践中，司法机关也援引该规定对被告人定罪量刑。如被告人邱某系盗窃累犯，后又盗窃4起，数额共计12,416元。法院在判决书中认定邱某系累犯，应从重处罚，但又援引该司法解释，对其判处10年有期徒刑。同样该院判处另外一个盗窃案，被告人非累犯，盗窃数额为12,034元，法院判处其3年有期徒刑，缓刑3年。在盗窃数额相近的情况下，累犯与非累犯的差别竟如此之大！再如被告人宋某系盗窃累犯，盗窃一起，数额为2400元，法院同样援引该司法解释，判处其有期徒刑3年。可见，该司法解释对累犯的量刑影响力是很大的。但是，这个司法解释的规定与《刑法》规定有悖，大幅度加重了对累犯的处罚，笔者认为这样的司法解释是违法

---

① 参见熊选国主编：《〈人民法院量刑指导意见〉与"两高三部"〈关于规范量刑程序若干问题的意见〉理解与适用》，法律出版社2010年版，第168页。

的，应予取消或修改。

二、前科对量刑的影响

（一）前科概况及含义

对所有样本进行统计，2753名被告人中有前科的共计443名，占全样本的16.1%，比例不是很高。由于笔者已经将累犯作为专门的研究变量之一，所以笔者在本书中研究的前科指的是除累犯外的刑事处罚、劳动教养和治安处罚记录。关于前科的含义，理解并不一致。“前科”一词未在法律文件中使用过，对这一问题的探讨仅限于理论层面上，也就导致了对前科的不同理解，归纳起来主要有4种观点：（1）认为前科是历史上因违法而受过各种处分的事实，即历史污点说；（2）认为前科是因犯罪而受到刑罚处罚并足以构成累犯的事实，即累犯事实说；（3）认为前科是曾因犯罪被判处有期徒刑以上的刑罚且已执行完毕的事实，即有期徒刑执行完毕说（该说与现代汉语词典和法学词源的解释吻合）；（4）将前科界定为曾因违法犯罪而受劳动教养或刑罚处罚的事实，即劳动教养或刑罚合并说。①

上述4种提法，笔者认为都有偏颇之处，第1种说法过于宽泛，各种处分包括学校或单位的处分，显然不是刑事处罚中研究的前科。第2种说法等同于累犯，没有将前科和累犯区别开。第3种说法更加含混，包括累犯在内的受过刑事处罚的行为。第4种说法包括刑事处罚和劳动教养，没有包括公安机关的治安处罚，范围过窄。司法实践中，前科是个综合性提法，司法机关办案过程中掌握的前科包括以下几类：不是累犯的刑事处罚、治安处罚和劳动教养。治安处罚特指公安机关行使行政处罚权，依照《治安管理处罚法》对不构成犯罪的违法行为进行处罚的行为，包括对人

---

① 参见党日红：《前科制度研究》，载《河北法学》2006年第3期。

身权和财产权的处罚，性质上与犯罪相似。如盗窃不满 1000 元的行为不构成犯罪，不能进行刑事处罚，但可以对其进行治安处罚。劳动教养是我国特有的一种法律制度，劳动教养显然不是刑事处罚，是国家为了衔接刑事制裁和行政处罚，矫治违法行为而采取的一种限制公民人身自由的活动。劳动教养处罚的多是轻微犯罪或不构成犯罪的违法行为。由于治安处罚和劳动教养针对的都是与犯罪类似的违法行为或轻微犯罪行为，因此从考察被告人人身危险性的角度来说，将治安处罚和劳动教养都应该作为前科。

本书研究的前科中的刑事处罚不区分故意犯罪和过失犯罪，而是将所有不构成累犯的刑事处罚都包含在内。另外，在做样本分析时，笔者只区分了有无前科，没有更进一步划分前科的次数和严重程度。也就是说，有一次前科和有多次前科是一样的，有期徒刑的刑事处罚和十多天拘留的行政处罚是同等对待的。这种概括的区分法不能体现被告人详细的前科信息，也无法更精确地表明其人身危险性，但笔者之所以这样设置，一是因为把前科和累犯作为相似变量来对待，是以有或无作为分析的；二是在司法实践中，前科只是酌定量刑情节，有的法官在量刑时不会考虑这一因素，有的法官会考虑，但也只是略微提高一点刑期。

（二）前科对量刑的影响

有前科的人再故意犯罪，说明其人身危险性更大，比较难以改造，只有对其科以较重的刑罚才有利于特殊预防刑罚目的的实现。虽然刑法总则没有明确规定对有前科劣迹的人从重处罚，但刑法规定的特殊累犯和毒品再犯已经体现了对有犯罪前科的人应当从重处罚的精神。盗窃罪、诈骗罪等许多司法解释也都体现了对有前科劣迹的人可以从重处罚的精神。[①] 与

---

① 根据 1996 年最高人民法院《关于审理诈骗案件具体应用法律的若干问题的解释》的规定，"曾因诈骗受过刑事处罚的"与诈骗数额特别巨大等其他情形被并列为情节特别严重的诈骗行为。

累犯一样，有前科劣迹的人再犯罪，是比照没有前科劣迹的人从重处罚的。即有前科劣迹的人从重处罚的基准是，排除累犯、前科劣迹等量刑情节后，仅依犯罪行为本身应当判处的刑罚。《人民法院量刑指导意见（试行)》规定，“对于有前科劣迹的，综合考虑前科劣迹的性质、时间间隔长短、次数、处罚轻重等情况，可以增加基准刑的10%以下”。此意见规定前科劣迹的从重幅度是增加基准刑的10%以下，主要是考虑前科劣迹的从重幅度应当小于累犯的从重幅度，并且要与累犯的从重幅度相衔接。鉴于累犯从重的最低幅度是10%，故规定前科劣迹从重的最高幅度也为10%。

那么，司法实践中到底前科对量刑有多大影响呢？和累犯一样，笔者也是将2012年3月1日前的案例按照盗窃数额较大、巨大和特别巨大的标准分为3个区间，在每一个区间内前科对量刑的影响力如表5-5所示：

表5-5　前科在各数额区间的单一影响率

单位:%

数额区间		主刑量刑类别	主刑量刑幅度	罚金刑量刑幅度
2012年3月1日前	数额较大	1.9	7.1	1.4
	数额巨大	—	1.7	1.1
	数额特别巨大	—	0.1	0.5
2012年3月1日后	数额较大	2.5	1.6	0.8
	数额巨大	—	1.3	0
	数额特别巨大	—	7.6	12.9

在数额较大的区间内，前科对主刑类别的影响力是1.9%，对主刑量刑幅度的影响力是7.1%，对罚金刑量刑幅度的影响力是1.4%。这个影响力程度和累犯比起来，明显弱了很多。在数额巨大的区间内，前科对主刑量刑幅度和罚金刑量刑幅度的影响力更弱，分别是1.7%和1.1%。在数额特别巨大的区间内，前科对二者的影响力进一步减弱，均不到1%。这个统计结果是符合司法实践的实际情况的，一般法官很少在量刑时考虑前

科，除非是特别重要的前科，如量刑较重，前罪和后罪相距比较近或前后罪是同种类罪。但在 2012 年 3 月 1 日后的数额特别巨大区间内，前科的影响率突然增强，对主刑量刑幅度和罚金刑量刑幅度的影响力达到 7.6% 和 12.9%，和前面几个数额区间比起来，高的有些不同寻常，这主要是因为这个区间内案件数特别少，如果哪个变量出现且影响了量刑，其比率就显得偏高。

三、累犯和前科对量刑影响力的比较

图 5－2 是累犯与前科在 6 个数额区间的影响率对比图。在前 4 个区间内，累犯的影响率远远超过了前科。而在后 2 个数额区间内，前科却超过了累犯。从表面上看，似乎前科对量刑的影响率在一定程度上还是很高，但是我们仔细分析就会发现：前 4 个数额区间是案例数量比较多的区间，各个变量的影响率是平均出来的，比较接近真实。而后 2 个数额区间案例数量非常少，影响率反映的是某个或某几个案例的情况，由于没有大量案例的积累，因此不具有代表性。所以，关于累犯和前科的影响力对比情况，还是前 4 个区间的结果比较准确。

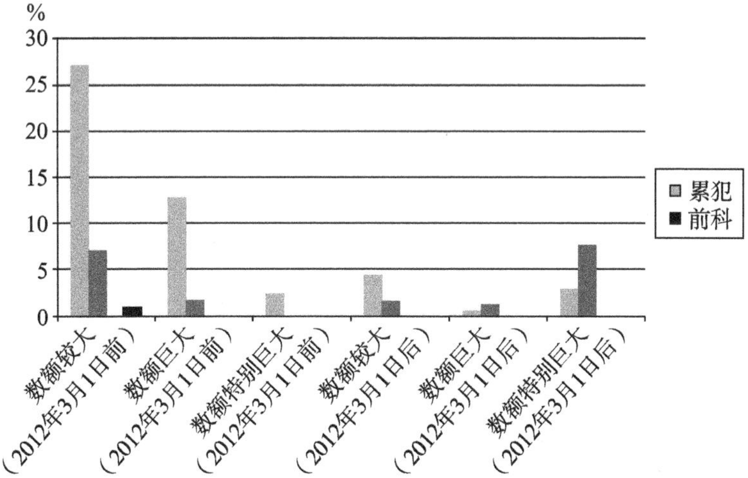

图 5－2　累犯与前科对量刑的影响力比较

第四节　主从犯对量刑的影响

一、主从犯区分的实际情况

如表5－6所示，所有被告人中判决书认定的主犯只有100名，占所有被告人的3.6%，认定的从犯只有45名，占1.6%。而在笔者选择的2000件盗窃案中，共有480件是共同犯罪，但是被认定的主犯只有100名，也就是只有20.8%的案件认定了主犯，从犯有45名，占共同犯罪案件数的9%。之所以认定的主犯和从犯人数不对等，是因为有些案件中只认定了主犯，而没有认定从犯，这类案件主要涉及团伙盗窃，法院将组织、指挥盗窃团伙的1名或多名被告人认定为主犯，而对团伙其他成员则没有认定从犯。从主从犯认定的比例来看，司法实践中大多数共同盗窃的案件是不区分主从犯的。

表5－6　四区认定的主从犯人数

单位：名

类别	地区				合计
	西城区	海淀区	大兴区	平谷区	
主犯	37	16	38	9	100
从犯	17	5	16	7	45
未区分主从犯	588	684	642	694	2608
合计	642	705	696	710	2753

二、主从犯区分在各城区的分布

再来看一看主从犯认定情况在各个基层法院的分布情况，笔者选择的

2000个案件分布在西城区、海淀区、大兴区和平谷区，每个区各500个案件。西城区的被告人数最少，只有642名，被告人数与案件数之比为1.28，也就是说一个案件平均有1.28名罪犯。海淀区的被告人数与案件数之比为1.41，大兴区为1.39，平谷区为1.42。这个比率反映的是各个区县盗窃罪共同犯罪的多少，西城区比例最小，说明西城区共同犯罪少，单人盗窃情况多。而平谷区比例最高则表明该区盗窃的共同犯罪多。

如表5-6所示，法院只有少部分判决认定了主从犯。笔者以法院在共同犯罪中区分主从犯的被告人数与所有被告人数进行对比，大致看出各个法院区分主从犯的情况，笔者将被认定主从犯的被告人数和所有被告人数之比称为区分率，以此来了解各个区的主从犯区分情况。

所有样本中西城区的被告人数是642人，大兴区是696人，属于人数偏少的，两个区认定的主从犯却是最多的。西城区的区分率达到8.4%，是四个区中最高的，其次是大兴区，区分率为7.7%，这两个区可以认为属于同一类。海淀区和平谷区的区分率只有2.9%和2.2%。海淀区和平谷区的区分率明显低于西城区和大兴区。笔者前已述及，海淀区和平谷区是共同犯罪比较多的两个区，结伙盗窃比较常见，区分共同犯罪中的主从犯却比较少。

表5-7　四区认定主从犯的差异卡方检验

项目	值	df	渐进 Sig.（双侧）
Pearson 卡方	47.039[a]	6	0.000
似然比	51.644	6	0.000
线性和线性组合	13.692	1	0.000
有效案例中的 N	2753	—	—

a. 0单元格（.0%）的期望计数少于5。最小期望计数为10.49。

说明：卡方检验的结果表明，地区与是否认定主从犯之间具有显著相关性（$\chi^2 = 47.039$，$df = 6$，$p < 0.001$），即不同地区在选择是否认定主从犯的问题上有显著不同。

三、认定主犯的主要情形

笔者对法院判决认定的主从犯情形进行了全面了解、归纳，法院认定主犯主要有以下几种情形：

第一，提议盗窃并亲自实施盗窃的行为人。如被告人黄某、余某盗窃案中，黄某看见被害人马某停放在路边没有拔钥匙的黑色普通桑塔纳轿车，遂向余某提议盗窃该车，后二被告人将该车盗走。法院判决被告人黄某在共同犯罪中起主要作用，系主犯，余某在共同犯罪中起次要作用，系从犯。该案中，黄某和余某均实施了盗窃汽车的实行行为，但由于黄某提议，余某附议，因此将二人区别为主从犯。

第二，团伙盗窃的组织、指挥者。在共同犯罪中起组织、策划作用，指挥和安排其他被告人进行盗窃。如被告人巴某和塔某等9人盗窃案中，巴某和塔某经预谋，从新疆组织一些人（包括青少年）到北京，分散到各个闹市区进行盗窃，巴某和塔某为这些人提供食宿，盗窃得来的财物也要交给他俩，由他俩统一分配。这起案件就是典型的组织型，法院认定巴某和塔某为主犯，但其他被告人没有认定为从犯，而是按照各自涉及的盗窃金额量刑。再如被告人刘某等人盗窃案中，刘某组织、强迫多名聋哑人学习盗窃方法，指使、强迫被告人李某、汤某、陈某、丁某等人多次窃取他人随身携带的现金、手机、数码相机等财物，被告人朱某在被告人刘某的指使下，设置专门房间，通过自制道具、现场模拟等方式教授被告人李某等人盗窃技巧及对抗公安机关侦查的方法。法院认定被告人刘某、朱某、李某在共同犯罪中起主要作用，系主犯；被告人汤某、陈某在共同犯罪中起次要作用，系从犯。这两个案件有明显的相似之处，都是嫌疑人组织犯罪团伙专门从事盗窃，对团伙中的人员进行管理，对盗窃财物进行统一分配，这种组织、策划、指挥和管理行为当然是主犯的明显特征，认定主犯没有疑义。

但有时，法院的判决含糊其辞，似乎认为可以区分主从犯，但又不明确说明。如被告人苏某等人盗窃一案，法院判决认定苏某是这个盗窃团伙的头目，以提供毒品、体罚等方式对团伙成员加以控制并指使其实施盗窃行为，且盗窃所得交由苏某管理，因此，在案各被告人均系在被告人苏某的指挥下实施犯罪，被告人苏某应对各被告人的盗窃行为承担责任。判决的内容已经很明确认定了苏某的主犯地位，但就是没有明确宣告其主犯身份。

第三，盗窃实行行为的主要实施者认定为主犯，其他起辅助作用的实施者为从犯。如被告人张某某等四人盗车案中，张某某将一辆面包车车锁撬开，但不会开车，易某某在赖某劝说下，将车开离犯罪现场，邓某某负责销售赃车。由于张某某既是盗窃行为的提议者又是撬锁这一主要盗窃行为的实施者，因此法院认定张某某在共同犯罪中起主要作用，系主犯，易某某、赖某和邓某某在共同犯罪中起次要或者辅助作用，系从犯。该案中，撬锁盗车者为主犯，转移和销售赃物者为从犯，主从犯的划分依据是根据分工进行的。

第四，实施盗窃并主要获得盗窃利益者。被告人刘某某勾结刘玉某、刘某军、郑某某多次到各个苗圃、花木场盗窃树苗 3 万多棵，全部种植在刘某某的苗圃内。法院认定刘某某系主犯，其他三人在犯罪中起次要辅助作用，系从犯。该案中刘某某和其他被告人都是盗窃行为的实施者，以盗窃过程中所起的作用很难区分主从犯。但因为刘某是盗窃利益的主要获得者，为区别量刑而将其认定为主犯。这种划分主从犯的情形是很少见的。

通过对法院判决主从犯划分情况的分析，可以发现法院区分主从犯不仅有分工分类法也有作用分类法，这与我国《刑法》规定的主从犯区分原则完全吻合。我国《刑法》第 26 条第 1 款规定："组织、领导犯罪集团进行犯罪活动的或者在共同犯罪中起主要作用的，是主犯。"从该规定中可看出，主犯包括两类：一是组织、领导犯罪集团进行犯罪活动的犯罪分子；二是在犯罪集团或者一般共同犯罪中起主要作用的犯罪分子。这两类主犯在判决中都出现过。

四、从犯的认定

（一）从犯的定义

关于从犯的定义，《刑法》第27条第1款规定："在共同犯罪中起次要或者辅助作用的，是从犯。"这个规定表明从犯的认定也是依据分工分类法和作用分类法。因此，从犯包括两种情形：一种是在共同犯罪中起次要作用的犯罪分子；另一种是在共同犯罪中起辅助作用的犯罪分子。次要作用是相对于主要作用而言的，是指虽然参与实行了某一犯罪构成客观要件的行为，但在共同犯罪活动中所起的作用比主犯小，主犯与从犯在作用上存在程度的差别。所谓辅助作用指为共同犯罪人实行犯罪创造方便条件，帮助实行犯罪，而不直接参与实行犯罪构成客观要件的行为。辅助作用是从分工角度将实施非实行行为的嫌疑人确定为从犯，辅助的用语本身就体现了从犯的行为类型性一面，即辅助犯罪实现的行为类型。[①] 如果说次要作用是指次要的实行犯，那么辅助作用是指帮助犯。[②] 辅助可能表现为有形的帮助，如提供犯罪工具，排除实施犯罪的障碍以及事前答应事后窝藏赃物。也可能表现为无形的帮助，如指点实施犯罪的时机、对象，帮助拟订犯罪计划。

---

① 参见杨金彪：《分工分类与作用分类的同一——重新划分共犯类型的尝试》，载《环球法律评论》2010年第4期。

② 参见高铭暄、马克昌主编：《刑法学》（第3版），北京大学出版社、高等教育出版社2007年版。

(二) 判决书中认定从犯的情形

从笔者收集的2000份判决中只认定了45名被告人为从犯，从这45份判决中分析从犯的类型，笔者发现只有1份判决中的从犯系起次要作用的从犯，即前述提到过的被告人刘某某勾结刘玉某、刘某军、郏某某多次到各个苗圃、花木场盗窃树苗3万多棵，全部种植在刘某某的苗圃内。法院认定刘某某系主犯，其他3人在犯罪中起次要辅助作用，[①] 系从犯。除了该案，其他的从犯都是从分工的角度认定的。

笔者在2000份判决中见到的大量情形是：被告人或辩护人提出从犯的辩护意见，均不被法院采纳，理由是作用相当。这些被驳回的被告人基本上都是实行犯，也有极少数是帮助犯。所以以下笔者主要研究起辅助作用的从犯，笔者将其分为3类：一是望风行为；二是掩护行为；三是排除妨碍行为。这些行为都不直接接触被害人的财物，而是为盗窃排除障碍、创造便利条件，这些行为虽然不是盗窃的实行行为，却和盗窃行为密不可分，成为一个有机的整体。

通常认为排除实施犯罪的障碍，属于为实施犯罪创造便利条件的行为，是犯罪预备行为的一种表现形式，而非犯罪实行行为。实行行为，是指刑法分则中具体犯罪构成客观方面的行为。盗窃罪的实行行为是秘密窃取他人财物的行为，为使盗窃得逞，且不被人发现，往往还有相伴随的提供犯罪工具、望风、掩护、分散注意力、排除妨碍等行为。

1. 望风行为。望风行为通常是指行为人在同案犯实施盗窃时，为防止被人发现而观察环境，遇到情况及时通风报信以便逃跑的行为。关于望风

---

① 这份判决中四名被告人的分工是笔者根据盗窃手段判断出来的，因为要把树苗挖出并拉走，非一人所能完成，所以四人一定是共同参与了实行行为。法院在判决中对从犯的作用描述为“次要辅助”也肯定了笔者的判断。

行为的性质：(1) 共同正犯说认为，从整体上观察各行为人的行为，即使没有直接下手，但由于共谋犯罪而且分担了望风行为，可以认为是共同正犯。(2) 共谋共同正犯说认为，望风人没有实施构成要件的行为，但由于与正犯共谋，因而是共谋共同正犯。(3) 帮助犯说认为，望风行为并不符合基本构成要件，只能以帮助犯论处。(4) 实质的客观说认为，倘若望风行为对犯罪的完成起到了重要作用，就是共同正犯，如果仅起从属作用，则是望风行为所起作用如何取决于行为人对犯罪行为的意识，在共犯者内部的地位、对实行行为加功的有无、样态及程度。(5) 犯罪事实支配理论认为，应当结合犯罪计划判断望风行为是否对犯罪实施做出了重大贡献。如果得出肯定结论，则望风行为是共同正犯，否则为帮助犯。前3种学说提出了明确的区分标准和结论，但过于形式化；后2种学说注重望风行为的实质重要性，但缺乏明确的判断标准，只能根据具体案件的情形得出具体结论。张明楷教授认为，望风行为原则上是帮助犯，但当望风行为支配了犯罪的发展进程时，则宜认定为正犯。① 但笔者在认真研究了2000个判决后，没有发现张教授描述的这种能支配犯罪发展进程的望风行为。无论是在什么场所盗窃，望风的被告人并不接触被害人，有时在现场，离同案犯很近，可以用眼神、声音或动作报信；有时则远离犯罪现场，如入户盗窃，望风的嫌疑人往往在楼道里或楼门口等行人必经之地，遇有情况通过手机报信。无论是哪种望风行为，都不能对盗窃行为起任何推进作用，只是负责警惕是否被发现，保证同案犯的安全。也许张教授所指的行为包括了望风行为可能会中断盗窃行为的继续进行，但不会推动盗窃行为的顺利进行。所以说能够支配犯罪的发展进程是望风行为所不能承担的重任。

同样是望风行为，有的判决中认定为从犯，如被告人代某、郭某盗窃

① 参见张明楷：《刑法学》(第4版)，法律出版社2011年版。

案中，由郭某望风，被告人代某用随身携带的工具撬开车门，共盗窃汽车两辆，辩护人提出了郭某系从犯的意见，法院也认定被告人代某在共同犯罪中起主要作用，系主犯，被告人郭某在共同犯罪中起次要作用，系从犯。两人的量刑分别是13年和8年。而在更多的判决中，望风行为则与实行行为一视同仁，不予区分主从犯。

2. 掩护行为。是指盗窃嫌疑人为实施盗窃实行行为提供掩护从而使盗窃得逞的行为。掩护行为不同于望风行为，望风行为只是观察情况及提供警报，是一种消极行为，并不能便利盗窃行为的进行。而掩护行为则是积极行为，帮助盗窃顺利进行，掩护行为常见的形式有遮挡被害人视线、分散被害人注意力、使被害人放松警惕或遮掩同案犯的盗窃行为等。常见的掩护行为见于公交车上发生的盗窃，几个嫌疑人分工合作，用身体或随身携带物品，遮挡被害人的视线，使同案犯能顺利实施盗窃。如被告人周某、马某、王某3人经预谋，趁被害人购物不备之机，由被告人马某、王某掩护，被告人周某窃取被害人挂在货架上的背包1个，法院没有区分主从犯。除此之外，也有一些不常见的掩护行为，如被告人刘某等人盗窃案中，刘某以抱住被害人的腿装病的方式分散被害人注意力，其同伙用剪刀剪断被害人佩戴的金项链，法院也没有认定刘某系从犯。凡是掩护行为，笔者发现法院均不认定为从犯。再如被告人李某、赛某经预谋，二人搭乘出租汽车，以一人分散司机注意力、另一人伺机行窃的方式多次盗窃司机财物。法院也未区分主从犯，二人均被判处10个月有期徒刑。

3. 排除妨碍行为。是指嫌疑人排除不利于盗窃的因素，使盗窃顺利进行的行为。排除妨碍是积极的行为，它使被害人的财物处于更加危险的境地，更利于盗窃的得逞，不同于消极的望风行为。排除妨碍也不同于掩护行为，掩护行为虽也是积极的行为，但仅能使盗窃行为不容易被发现，或使被害人分散注意力放松警惕。而排除妨碍行为则是使财物脱离被害人的有效控制，为盗窃顺利得逞提供保障，其作用远大于望风行为和掩护行为。如唐某等4人（均为聋哑人）盗窃案，4人分工合作，在红绿灯路口专找独自驾车者伺机下手。由一人望风，两人拍打车门，指着车轮不停比划，车主以为车轮有故障，开门下车查看，另一人马上将副驾驶座的挎包偷走，得手后四人迅速离开现场。笔者认为，拍打车门吸引车主下车是这种盗窃行为得逞的关键环节，因为如果车主不被迷惑下车，被告人就打不开车门，车主也不会放松对身边财物的警惕，那么盗窃就无法得逞。但这个案子中法院没有区分主从犯。

除了使财物脱离被害人控制的排除妨碍行为，还有一些排除妨碍行为是清除物理上的障碍，使嫌疑人顺利接近财物，如胡某等4人盗窃案中，胡某剪断某建筑工地围挡的钢丝，高某和刘某由缺口进入工地搬运，刘加某和刘敬某在工地外装车，共盗窃螺纹钢183根。在该案中，如果严格按照分工的划分，破坏围挡制造缺口是排除妨碍的犯罪预备行为，是盗窃罪的实行行为，但如果没有这个预备行为，其他嫌疑人就不可能进入工地实施盗窃，这样的辅助行为是盗窃能够既遂的必不可少的条件，其作用并不小于实施秘密窃取行为的同案犯，如果以从犯从轻或减轻处罚，确实不符合罪责刑相适应原则。事实上，法院对这几名被告人也没有区分主从犯，而是给予相同的量刑。

以上笔者分析了盗窃罪常见的辅助行为：望风行为、掩护行为和排除妨碍行为。三者都不是盗窃的实行行为，对盗窃既遂所起的作用也不一样。从法院的判决来看，有对望风行为区分主从犯的案例，但对掩护行为和排除妨碍行为都不区分主从犯，表明法院也是以共同犯罪中各嫌疑人所起的作用来区分主从犯，分工并不能直接决定主从犯的区分，但在因分工不同而使各嫌疑人作用不同的情况下则可以区分主从犯。

通过以上对盗窃罪主从犯划分的实际情况的研究，我们可以得出以下结论：司法实践中，法院对盗窃罪轻易不划分主从犯。一些案件中认定了主犯但不认定从犯。认定从犯的情形基本都是辅助行为而非实行行为，在辅助行为中基本上都是望风行为，对掩护行为和排除妨碍行为的行为人不认定为从犯。

五、控辩审三方对认定主从犯的立场与做法

司法实践中，由于从犯是法定的从轻情节，辩护人在为被告人辩护时，凡是从事望风行为的被告人，或者起诉书中名字被排在后面的被告人，辩护人一定会提出从犯的辩护意见，这已经成了一个固定的辩护思路，而公诉人在法庭上则会针锋相对的答辩，以被告人作用相当为由不能区分主从犯。法官也很少采纳从犯这种辩护意见，除非在行为人实施了非常明显的辅助行为，且发挥作用确实很小，以至于可以将几名被告人的作用轻而易举区分开，且不区分对有些被告人量刑显失公平的情况下，法官才会区分主从犯。

虽然不区分主从犯，但在共同犯罪中，各个被告人的作用不可能完全一致，司法人员在办案时对这一点看得是很清楚的，侦查机关在查清事实、侦查终结后撰写的移送起诉意见书，列明的被告人基本情况表明了各被告人的作用大小，列在前面的被告人作用最大，排序越靠后，表明作用越小。公诉机关移送法院的起诉书以及法院的判决书如果对被告人的作用没有不同的认识，也会沿用这个排列次序。法官在判决时对不同作用的被告人量刑是有差别的。如陈某、梁某盗窃案中，梁某在外望风，陈某入室盗窃 1 万多元的财物，梁某的辩护人提出梁某系从犯的辩护意见，法院没有采纳，但在 2 人均无其他影响量刑情节的情况下，判处陈某 6 年有期徒刑，判处梁某 4 年有期徒刑。再如被告人邢某、乔某共同盗窃一案中，乔某的辩护人提出了乔某系从犯，应依法从轻处罚的辩护意见，但法院认为理由及依据不足，不予采纳，但并未阐明具体理由，然而在量刑时，法院判处邢某有期徒刑 3 年 6 个月，判处乔某有期徒刑 3 年，缓刑 4 年，这一相差甚巨的量刑，法院也未阐明具体的判决理由，但足以让我们相信邢某

和乔某在盗窃罪中所起作用一定有较大的差别，而且法院也认识到了这一点。

2009年《人民法院量刑指导意见（试行）》曾规定："……（2）未区分主从犯，但对于作用相对较小的被告人，可以减少基准刑的10%～30%；（3）对于共同犯罪中作用相对较小的主犯，可以减少基准刑的10%～20%。"2010年《人民法院量刑指导意见（试行）》删除了这一规定，并不是因为这一规定不合理，而是因为这一适用幅度仍需要实践总结，且删除后给各地高级人民法院制定细则提供了空间。所以在不宜区分主从犯的案件中一样可以根据作用不同将量刑拉开差距。

在嫌疑人不能同时到案的情况下，能否区分认定主从犯。共同犯罪涉及嫌疑人多，经常会出现嫌疑人不能同时到案的情况，由于办案期限和羁押期限的限制，司法机关不可能等所有嫌疑人都到案再一并起诉判决，往往是到一个判一个，以至于有时会出现同案被告人有的刚被抓获，而其他的已经服完刑的情况。在全部嫌疑人都在案的情况下，根据各个嫌疑人的分工和作用，当然比较好区分主从犯，在所有同案犯不能同时到案时，能否区分主从犯呢？笔者认为完全可以。同案犯不在案有两种情况：一是已经被判决；二是还尚未被抓获。区分主从犯依靠的是事实和证据，在第一种情况下，同案犯已经被判决，盗窃事实已经清楚，证据也充分，各被告人在盗窃中所起的作用也比较清晰，所以这种情况下，即便同案犯不一并受审，也能够划分主从犯。另一种情况就是同案犯尚未被抓获，这种情形就比较复杂。部分嫌疑人在逃，有可能导致在案的嫌疑人不认罪或推卸责任，事实很难查清，此种境况下当然无法区分主从犯。但是，如果在部分嫌疑人不在案的情况下也能查明事实且证据充分，当然也可以划分主从犯，因为无论在逃的嫌疑人何时到案，其供述都无法改变客观的证据，主从犯划分是没有错的。

六、从犯情节对量刑的影响

《刑法》规定从犯从宽处罚（广义上的从宽处罚包括免除处罚），但主犯不从重处罚，因为主犯是从犯从宽处罚的基点，所以主犯严格来说不是一个一般意义上的量刑情节，而从犯则是法定的从轻、减轻和免除处罚的情节。《人民法院量刑指导意见（试行）》在常见量刑情节的适用中规定："对于从犯，应当综合考虑其在共同犯罪中的地位、作用，以及是否实施犯罪实行行为等情况，予以从宽处罚，可以减少基准刑的20%～50%；犯罪较轻的，可以减少基准刑的50%以上或者依法免除处罚。"但主犯和从犯是两个相对的概念，彼此依存，没有主犯就没有从犯，没有从犯也就无所谓主犯。

表5－8是关于从犯单一影响率在各个数额区间的分布。排除2012年3月1日后的数值比较特殊外，该表的数值也呈无规律存在，最高的有7.8%，最低的只有0.2%。但总体来看，主从犯对量刑的影响力还是明显的。

表5－8　从犯在各数额区间内对量刑的单一影响率

单位：%

数额区间		对主刑种类的影响力占比	对主刑轻重的影响力占比	对罚金刑轻重的影响力占比
2012年3月1日前	数额较大	0.3	1.1	0.2
	数额巨大	—	2.2	1.7
	数额特别巨大	—	7.0	0.4
2012年3月1日后	数额较大	0.8	3.3	3.6
	数额巨大	—	7.8	0.9
	数额特别巨大	—	34.5	49.5

前面笔者已经谈到，法官一般不区分主从犯，也会根据各个被告人作

用大小，区别量刑。法官如果区分主从犯的话，则主犯和从犯的量刑一定拉开明显的差距。从犯的处罚原则，从犯有的从轻处罚，有的则是减轻处罚，这都是根据从犯所起的作用决定的。如谢某等 4 人盗窃案中，胡某负责驾车载几名被告人寻找建设银行取款厅并在外等候，杨某在取款厅外望风，钟某在取款厅内掩护防止其他人靠近。谢某负责用扔钱吸引被害人注意的方式盗窃其银行卡，4 人用这种方式多次盗窃，涉案金额 15 万多元。法院判决认定谢某在共同犯罪中起主要作用，是主犯，被告人杨某、钟某在共同犯罪中起次要作用，是从犯，依法从轻处罚，胡某协助谢某等人实施盗窃，起次要作用，是从犯，依法减轻处罚。从该案体现的处罚原则可看出，杨某和钟某在犯罪现场望风和掩护，便利了盗窃的实施，比驾车的胡某作用要大，虽然同是从犯，但杨某和钟某从轻处罚，胡某则是减轻处罚。①

但在有些情况下，当从犯和其他从重或加重情节并存时，从犯的从轻或减轻幅度就不明显了。也就是说，从犯和其他量刑情节比起来，其重要性要弱很多。如李某和夏某盗窃案中，在拥挤的公交车上，李某负责遮挡视线，夏某盗窃被害人手机 1 部，判决没有区分主从犯。在量刑时，由于李某系累犯，判处李某有期徒刑 4 年，判处实施盗窃行为的夏某有期徒刑 1 年，这样悬殊的量刑只凸显了累犯的重要性，而夏某在盗窃中的辅助作用根本没有体现出来。

---

① 同样是为盗窃犯罪提供交通工具的行为，法院的态度却不一样，在被告人王某和罗某盗窃案中，由罗某驾驶三轮摩托车，将王某送至犯罪现场，王某用随身携带的钢筋棍撬开门锁，多次实施入室盗窃，盗得财物后由罗某送至王某的租住处。罗某的辩护人提出罗某系从犯的辩护意见，但法院认为罗某在明知王某是去盗窃的情况下，仍为王某提供交通工具，其行为系盗窃共犯，应依法按盗窃罪予以惩处，对 2 人均处以 2 年 6 个月的有期徒刑。可见对从犯的认定各法院在认识上还是存在很大差异。

第五节　未遂对量刑的影响

一、既未遂认定的概况

本书所有研究样本中有50名被告人系未遂，占1.8%的比例，本书关于未遂的统计，是根据判决书认定的未遂统计的。33名被告人系部分既遂，占1.2%的比例。

二、未遂情节对量刑的影响

对于未遂犯的处理，《刑法》规定“可以比照既遂犯从轻或减轻处罚”。表5-9是统计出的未遂的单一影响率。

表5-9　未遂在各数额区间内对量刑的单一影响率

单位:%

数额区间		对主刑种类的影响力占比	对主刑轻重的影响力占比	对罚金刑轻重的影响力占比
2012年3月1日前	数据较大	0	0	0
	数额巨大	—	1.7	1.1
	数额特别巨大	—	1.1	0
2012年3月1日后	数额较大	1.3	0.1	0
	数额巨大	—	—	—
	数额特别巨大	—	16.1	15.1

表5-9可以看出，未遂犯在两个时间段内3个盗窃数额区间内，无论是对主刑量刑类别、主刑量刑幅度还是对罚金刑量刑幅度的影响力都非常微弱。当然，这种影响力微弱和未遂犯总体数量少，在统计结果中体现不

出来有关系。但是，排除统计的因素，还应当肯定未遂对量刑的影响力确实很弱。只有在2012年3月1日后的盗窃数额特别巨大的区间内，对主刑量刑幅度和罚金刑量刑幅度呈现了16.1%和15.1%的比例，超乎寻常的高，这主要是因为在这个区间内数据比较少，所以某些变量的影响力就表现出来了。但这不是普遍的情况。总体的情况是未遂犯对量刑的影响力非常微弱，但未遂又是法定的从轻和减轻情节，为什么对量刑的影响力如此微弱呢?

关于这个问题，笔者和一些法官交流了解，法官们的说法不太一致，但大致有以下几个原因：第一，盗窃罪未遂意味着嫌疑人未能实施盗窃成功，被害人的损失没有实际造成。立法对未遂犯从轻处罚也是出于这种考虑，但是盗窃罪被告人很多在诉讼过程中都对被害人进行了退赔，被害人的损失都得到了挽回。所以法官并不认为未遂是一个很有意义的量刑情节，在量刑时从轻幅度不会很大。第二，盗窃罪一般只处罚既遂犯，未遂犯都以不构成犯罪或情节轻微而做了其他处理，受到刑事处罚的一般都是惯犯或累犯，即使未遂也要处理。所以在量刑结果上看不到明显地从轻。上述两点代表了一部分法官的想法，虽然都不是很充分，但似乎又都有一些道理，带有很明显的感情色彩，让笔者意识到法官是有血有肉有感情的人，而不是机械执法、精确量刑的机器，所以量刑一定是一个情理法交织作用的结果。

笔者在研读判决书时发现几个问题，值得研究。一是将未遂认定为既遂的问题；二是监视下盗窃是否认定未遂的问题；三是法院对未遂案件定罪量刑的问题。

三、既未遂区分的问题

先看一个案例：被告人苏某在本市937路公共汽车丰台站，趁上车人多之机，盗窃李某浪潮牌手机1部，价值人民币1650元，被当场抓获。再如被告人黄某在1路公交车上盗窃被害人马某人民币1200元，被当场抓获，被盗现金已发还被害人。被告人被当场抓获，被盗物品也被发还，感觉这样的案件应该是未遂案件，法院对这些案件都以既遂论处，类似这两个案例的情况还有很多。这些行为究竟是既遂还是未遂呢？

盗窃未遂是犯罪未遂的一种。《刑法》第23条第1款对犯罪未遂的定义是："已经着手实行犯罪，由于犯罪分子意志以外的原因未得逞的，是犯罪未遂。"这是对犯罪未遂从主客观两个方面总的原则性界定。这一原则性界定也同样适用于盗窃未遂，即盗窃者实施盗窃时在客观上"已经着手"，但又"未得逞"，是盗窃未遂。但由于盗窃罪既未遂的复杂形态，围绕盗窃未遂的界定这一问题，理论界存在争议，但比较权威的观点有以下3种：

一是"控制说"，认为只要盗窃者已实际控制所窃财物即为盗窃既遂，反之构成未遂；

二是"失控说"，认为只要物主已失去对其财物的实际控制即为盗窃既遂，反之为未遂；

三是"失控+控制说"，认为构成犯罪既遂，不仅物主已失去对其财物的实际控制，而且财物必须在盗窃者的控制之下，否则为盗窃未遂。司法实践中多以该说作为把握盗窃既遂的标准。①

"失控说"、"控制说"以及"失控+控制说"三种观点是从不同的角度来说明盗窃未遂的标志，从理论上讲并无本质区别。但从理论与实践结合的角度出发，"失控说"与"失控+控制说"在分析具体盗窃实例时，更能准确判断盗窃既未遂的客观实际情况。这是因为，盗窃行为人能否控制被害人的财物并不以其主观意志为转移，只有被害人在主客观上均失去了对其财物的制约，才能认定盗窃行为人控制了财物；因而，不能简单地

① 参见吴访非、赵双娟：《盗窃罪既遂与未遂界限研究》，载《社会科学辑刊》2006年第4期。

认为，只要盗窃行为人单方面“控制”了财物，被害人就必定失去对其财物的控制。

实践中，被害人对其财物的控制能力与时间、地点、盗窃手段、防范措施以及财物的性质、体积、形状有密切关系，应具体情况具体分析。但常见的情况有以下几种：

其一，被害人放在具有明显管辖范围内的物品。这种情况下，被害人对财物的控制与其管辖范围一般是一致的。如解某盗窃一案中，解某伙同他人到某茶叶店内，撬锁入室，盗窃笔记本电脑1台，解某欲逃离时被店主抓获。该案是典型的盗窃未遂案件，但是法院没有认定解某的未遂情节。

其二，被害人将物品放在公共场所，依据生活常识由所有者占有，常见的如将自行车、汽车放在路边等。这种情况下，以嫌疑人将物品盗离公共场所并实际控制为既遂。如黄某盗窃案，黄某窜至大兴区某小区楼下，携带千斤顶、扳手等作案工具，伙同另外两男子盗窃汽车轮胎时被被害人当场抓获。轮胎尚未离开车身即被抓获，这应当是未遂，但法院并没有认定未遂。

其三，被害人在公共场所内贴身携带的体积较小的物品，如钱包、手机。因公共场所情况复杂，被害人对钱物的控制能力很大程度上依赖衣袋和包，如果财物还未离开被害人的衣袋和包，或者刚刚被盗出衣袋和包还未被盗窃行为人放进隐藏地方即被发现并及时抓获，应认为是未遂。如果财物已经离开被害人并被放进盗窃犯的隐藏地点，如放进自己衣袋或藏进随身携带的其他物品内或转给同犯等就已经盗窃既遂。如被告人朴某在超市盗窃一案，朴某趁被害人购物不备，将其放在购物筐内的挎包盗走，内有摩托罗拉手机1部及现金人民币1300元，在被告人逃离途中被被害人当场抓获。该案法院是按既遂判的，笔者也认为应认定为既遂，因为案发地点在超市这样人多嘈杂的公共场所，被害人对自己物品的保管和占有只能局限于自己身旁可触的范围内，而不能及于整个超市，当朴某带被害人物品逃离时虽然没有离开超市，但已经离开了被害人能保护的范围，所以其盗窃行为已既遂。但换一个角度说，如果朴某盗窃超市财物，只要没有离开超市的防盗检测门就算未遂，因为超市对其商品的保护是以超市的防盗检测门为界限的。

回过头来我们再看看上述笔者谈到的未被认定为未遂的 2 个案件，2 个案件都是在公交车上盗窃，盗窃犯都被当场抓获，抓获到底是在哪个节点却不明确，被告人是否将财物盗离被害人的保护范围直接影响既遂和未遂的认定，使我们不能清晰地判断既遂和未遂。但根据经验和情理推断，在公交车上盗窃被当场抓获，一般是盗窃犯尚未掩藏好赃物，否则被害人或其他人很难发现并抓获。

除了上述两个在公交车的案例，还有很多案例，判决书都描述被告人是被当场抓获，而且有一些通过判决书就能判断出是未遂，但都被法院认定为既遂定罪处罚，这使笔者百思不得其解，不知道是有意为之还是无意的忽略，但总之现在造成的结果就是盗窃罪的定罪量刑没有严格区分既未遂。

四、在打扒人员监视下完成的盗窃如何认定既未遂

在笔者研读判决书的过程中，也发现有一些案件是在打扒人员监视下完成的。特别是西城等中心城区，这类案件比较多。北京市有专门的打扒民警，每日在商场、地铁、公交车和繁华的街道便衣巡逻。多年的经验使他们练就了一双犀利的眼神，能准确地判断出群众和盗贼。当他们发现目标后，就悄悄尾随，即便看到盗贼下手也不做声，直至盗贼把财物盗窃得手后才实施抓捕。之所以在盗贼得手后再实施抓捕主要是两个原因：一是如果下手太早，盗贼不认罪，没有盗窃的证据无法定罪量刑；二是在盗贼得手前抓捕只能算未遂，盗窃数额达不到巨大就无法定罪量刑。所以有经

验的打扒人员都在盗贼得手后的瞬间实施抓捕。事实上，这类案件也都被法院认定为既遂。表面上看起来盗窃已经得手，但从客观实质来讲，由于打扒人员的监控，盗窃不可能得手，被害人也不会有财产损失。盗窃罪是结果犯，而非行为犯，其既遂以实际侵害了公私财产权为标准。鉴于监视下盗窃不可能侵害到被害人的财产，所以笔者的意见是宜认定为盗窃未遂。

五、未遂案件入罪的问题

犯罪未遂是犯罪形态之一，按刑法规定本应比照既遂从轻或减轻处罚，不存在无罪的可能。但由于盗窃罪是比较常见的侵犯财产型犯罪，由于其犯罪本身不侵害人身安全，故社会危害性相对较低。犯罪未遂是犯罪的未完成状态，相对于犯罪既遂本身的危害更低。所以，1998 年 3 月 17 日最高人民法院《关于审理盗窃案件具体应用法律若干问题的解释》第 1 条第 2 项规定："盗窃未遂，情节严重，如以数额巨大的财物或者国家珍贵文物等为盗窃目标的，应当定罪处罚。"也就是说，只有情节严重的盗窃未遂行为才会被定罪处罚，数额巨大是情节严重的表现之一。所以对于盗窃罪的犯罪未遂案件，只有在特殊情况才给予刑事处罚，即以数额巨大的财物或者国家珍贵文物等为目标，其他情况是不予刑事处罚的。

除了数额巨大这一认定标准外，其他的情节严重的认定，可以参照该司法解释第 6 条第 3 项的规定，主要情节有（1）犯罪集团的首要分子或者共同犯罪中情节严重的主犯；（2）盗窃金融机构的；（3）流窜作案危害严重的；（4）累犯；（5）导致被害人死亡、精神失常或者其他严重后果的；（6）盗窃救灾、抢险、防汛、优抚、扶贫、移民、救济、医疗款物，造成严重后果的；（7）盗窃生产资料，严重影响生产的；（8）造成其他重大损失的。也就是说，盗窃未遂的案件只有具备这些情形，或类似于这种严重程度的情形才能定罪处罚，否则应以情节显著轻微不构成犯罪处理。

但是笔者在判决书中看到这样一些案例，如被告人师某盗割通信电缆线共计78.3米，价值人民币1487.7元，后被当场抓获。法院判决认定被告人师某盗窃系未遂，到案后如实供述所犯事实，依法从轻处罚，判处师某有期徒刑8个月。再如被告人王某翻墙入院，盗窃电动机及电暖气等，共价值人民币1440元，被值班员发现将其抓获。法院判决认为被告人的犯罪行为因意志以外的因素未能得逞，系犯罪未遂。判处有期徒刑6个月。又如被告人赵某在北京大学某学院办公室内，盗窃被害人放在办公桌上的挎包1个，内有现金及手机等物，共价值人民币2480.3元，其在离开现场时，被发现并扭送至派出所。法院也认定其未遂但判处拘役4个月。按照司法解释的规定，这些案件不应作为犯罪处理，但上述3个案件都被法院认定为未遂，同时又定罪量刑。这些案件是被法院认定为未遂的还都被升格处罚，还有一些案件法院没有严格区分既未遂，都按既遂处理，无论数额是否巨大，或是否具备其他严重情形，均以盗窃罪定罪处罚。其结果是将一些本应做无罪处理的未遂案件定罪处罚，使司法解释的规定形同虚设。

第六节　入户盗窃对量刑的影响

一、入户盗窃的概况

所有样本中有451名被告人系入户盗窃，占全样本的16.4%。统计中发现，入户盗窃发生在城乡接合部和郊区县比较多，而发生在中心城区的比较少。关于入户盗窃的数据不是判决书认定的，而是笔者根据判决书叙述的事实确定的。入户盗窃不是法定的量刑情节，只是在1998年3月17日最高人民法院《关于审理盗窃案件具体应用法律若干问题的解释》第4

条规定："对于一年内入户盗窃或者在公共场所扒窃三次以上的，应当认定为'多次盗窃'，以盗窃罪定罪处罚。"将入户盗窃作为认定多次盗窃的限制性条件，其实也凸显了入户盗窃比一般盗窃行为危害性更大。入户抢劫是抢劫罪的加重情节，入户盗窃却连从重情节都不属于，这让人有些匪夷所思，其实入户盗窃的危害性不亚于入户抢劫，因为入户盗窃也危及了人身安全，极易演变为入户抢劫。因此，在1997年《刑法》颁布后就有人撰文指出应该取消入户盗窃的数额限制，因为入户盗窃的侵宅行为本身就应受刑罚处罚，但由于行为人的目的是盗窃他人财物，而盗窃的数额又未达到较大的标准，行为人竟得以免受刑罚处罚，有悖于"罪刑相适应"的刑法立法和司法原则。[①] 入户盗窃转化为抢劫在笔者收集的判决书中不乏这样的案例，如被告人刘某在大兴区某平房内，盗窃照相机1台，被返家的被害人崔某发现，遂冲至屋外并持砖头将崔某头部打伤，经鉴定为轻微伤，后被当场抓获。刘某的行为已经转化为抢劫罪。由于刘某有多起盗窃事实，所以这起抢劫事实才在判决书中看到。而事实上有很多入户盗窃转化为抢劫的案例，由于笔者只搜集盗窃罪判决书的原因而没有收集到。

所以，立法者在《刑法修正案（八）》中取消"入户盗窃"的次数和时间限制，本质上是由于"入户盗窃"侵犯的法益不仅仅是公民的财产权，还包括公民的居住安宁权。而且行为人在入户盗窃过程中因抗拒被害人抓捕或者产生其他犯意造成犯罪性质恶化的情形时常发生，"入户盗窃"行为有必要给予更加严厉的打击。因此，将"入户盗窃""着手"的时间点设定在实施入户行为（撬锁、爬窗、溜门等）之时，而非一般盗窃罪的实施盗窃行为之时，符合此次盗窃罪立法修正的本意，这是《刑法修正案（八）》的一大突破。如被告人付某钻窗进入被害人秦某家，欲实施盗窃时被秦某及其父亲发现，被抓获归案。

---

① 参见张飙：《对入户盗窃应取消数额限制》，载《人民检察》1998年第1期。

二、入户盗窃对量刑的影响

司法实践中，入户盗窃对量刑有影响吗？如果有，影响力有多大呢？具体情况见表5－10。

表5－10 入户盗窃在各数额区间内对量刑的单一影响率

单位：%

数额区间		对主刑种类的影响力占比	对主刑轻重的影响力占比	对罚金刑轻重的影响力占比
2012年3月1日前	数额较大	0	1.1	0.4
	数额巨大	—	3.6	4.2
	数额特别巨大	—	0.3	0
2012年3月1日后	数额较大	0.5	0.2	0.5
	数额巨大	—	0.5	0.5
	数额特别巨大	—	—	—

入户盗窃对主刑量刑类别几乎没有影响力。对主刑量刑幅度和罚金刑量刑幅度也不明显。只有在2012年3月1日前，在数额巨大区间内对主刑量刑幅度有3.6%的影响力，对罚金刑量刑幅度有4.2%的影响力。除此之外，在其他数额区间的影响力最高的也只有1.1%。入户盗窃的低影响力源于它既不是法定的量刑情节，也不是酌定的量刑情节。但是，入户盗窃经常会使被害人的家一片狼藉，破坏门窗，翻箱倒柜，再加上对被害人人身潜在的威胁，法官在量刑时通常会酌情从重一点，但不会很明显。

虽然入户盗窃对量刑影响不明显，但是司法实践中，对于盗窃数额达不到较大标准的案件，法官会熟练地运用入户盗窃对其定罪量刑。在《刑法修正案（八）》实施后，有9个未达到数额较大标准的案件是以入户盗窃定罪量刑的，这个数字大于携带凶器盗窃或多次盗窃定罪量刑的情形。如被告人罗某使用木棍撬开窗户护栏钻窗进入到被害人房间，盗窃佛像一尊，新加坡纪念币3本，人民币30元和红酒2瓶。由于这些财物价值达不到数额较大的标准，法院以入户盗窃对其定罪量刑。但是，也有一些明显应该以入户盗窃论处的案件，判决却写明是以数额较大定罪，如被告人李某在大兴区某村庄，翻墙进入王某家中，窃取人民币400元，后被现场群众抓获。盗窃金额只有400元，判决却认定盗窃数额较大构成盗窃罪，对其判处刑罚。如果这个判决不是笔误造成，笔者实在想不出别的原因来解释。

第七节　携带凶器盗窃和破坏性盗窃对量刑的影响

一、携带凶器盗窃对量刑的影响

（一）实践中携带凶器盗窃的概况

全样本中有732名被告人系携带凶器盗窃，占全样本的26.6%。之所以对携带凶器盗窃进行研究，是因为携带凶器盗窃在《刑法修正案（八）》之后不看数额，可直接入罪，表明携带凶器盗窃是一种社会危害性比较大的盗窃行为。

刑法规定的盗窃犯罪本来是一种使用平和手段的侵财犯罪，一般情况下其社会危害程度要远小于抢劫、抢夺等伴随有暴力手段的侵财犯罪，因此在量刑上也就轻于上述犯罪。但司法实践中盗窃罪近年来出现一些新特点，是《刑法》制定和修订过程中未考虑到的：越来越多的盗窃犯在实施犯罪行为前即准备好了凶器，既可以当犯罪工具用，如撬门剪锁、划衣服割包，又可以防身，如果在盗窃中遇到反抗和抓捕，即以暴力相威胁。行为人的主观故意具有双重性，客观行为具有可变性，极易由盗窃转化为抢劫。行为人实施犯罪中以盗窃为主，并充分预测到可能会遇到反抗、抓捕，做好遇到反抗或抓捕即当场使用暴力的准备，主观恶性大于一般盗窃；客观上携带凶器，紧急情况就会使用凶器，盗窃就会转化为抢劫，潜在的社会危害性大于一般性盗窃。司法实践中，这类犯罪的数量在不断增多，其转化为抢劫罪的比例也在不断加大，携带凶器盗窃的社会危害性越来越大。

因此，《刑法修正案（八）》将携带凶器盗窃与数额较大的盗窃行为并列规定为基本盗窃罪，且无数额要求。笔者理解立法的原意应该是盗窃数额较大的行为作为基本盗窃罪，已经不能更好地保护法益，因而将携带凶器盗窃入罪。另外，携带凶器盗窃，不需数额便构成犯罪，表明对人身侵害的危险是立法的规范目的，对人身权利做出了提前保护。

（二）携带凶器盗窃的认定

《刑法修正案（八）》出台后，虽有了携带凶器盗窃直接入罪的规定，却没有相应的司法解释对携带凶器盗窃进行清晰的界定，司法实务中一般参照2000年11月最高人民法院《关于审理抢劫案件具体应用法律若干问题的解释》中对“携带凶器抢夺”的规定来认定携带凶器盗窃。该司法解释对“凶器”的解释为：是指行为人随身携带的枪支、爆炸物、管制刀具等国家禁止个人携带的器械或者为了实施犯罪而携带的其他器械。2005年6月，最高人民法院在《关于审理抢劫、抢夺刑事案件适用法律若干问题的意见》中重申了上述内容，并规定了行为人随身携带国家禁止个人携带的器械以外的其他器械抢夺，但有证据证明该器械确实不是为了实施犯罪准备的，不以抢劫罪定罪；行为人将随身携带凶器有意加以显示、能为被害人察觉到的，直接适用抢劫罪的规定定罪处罚。直到2013年4月4日，最高人民法院和最高人民检察院出台《关于办理盗窃刑事案件适用法律若干问题的解释》，明确了携带凶器盗窃的含义为“携带枪支、爆炸物、管制刀具等国家禁止个人携带的器械盗窃，或者为了实施违法犯罪携带其他足以危害他人人身安全的器械盗窃的”行为。由此可以看出，携带凶器抢夺和携带凶器盗窃有异曲同工之妙。

结合上述三个司法解释，笔者认为携带凶器盗窃的“携带”，应当是行为人为随时方便使用而将凶器随身携带，可以是放在身上，也可以是放在随身携带的包里，总之，要处于一个随时能拿出来使用的范围内。如果行为人开车去盗窃，将凶器放在车上，而自己下车去盗窃，并无随身携带，则不能认为是携带凶器盗窃。在共同犯罪中，如果为所有人都可以共同使用的凶器，由部分行为人携带，没有携带的人也应认定为携带凶器盗窃。反之，共同盗窃中的部分行为人在共犯不知情时为自己使用方便而携带凶器的话，则未携带凶器的共犯只能认定为普通盗窃。

行为人必须是为了犯罪使用而携带凶器，这是携带凶器在主观上的要求。一般来讲，行为人携带凶器的目的主要是用于犯罪工具、暴力威胁、抗拒抓捕等。如行为人为盗窃自行车、电动车而携带压力钳、老虎剪等工具，为入户盗窃而携带撬棍撬防盗门。但是，如果客观上可以证明，行为人盗窃时携带凶器不是为了犯罪，而是为了其他目的，则不能认定为携带凶器盗窃。例如，某人去超市买了一把菜刀，离开超市时发现专心挑选商品的被害人忽略了放在购物车里的背包，于是上前将背包偷走。行为人临时起意，盗窃时并未意识到菜刀的存在，也就不可能想到将菜刀用于盗窃行为，此种情形就不能认定为携带凶器盗窃。另外，行为人携带凶器的目的并不局限于实施盗窃、暴力威胁、抗拒抓捕，不是为了实施盗窃、抗拒抓捕而携带器械，仍然可以构成携带凶器盗窃。行为人意图将所携带的凶器作为毁坏物品使用，临时起意实施盗窃，仍然可以认定为携带凶器盗窃。例如，行为人为了破坏一幅名画，携带了一把匕首，突发另意实施盗窃，结果是一幅假画，达不到盗窃罪的犯罪数额标准，可以认定为携带凶器盗窃，这并不违反我国刑法主客观相统一的归罪原则，因为客观上此时的凶器已经演变为实施盗窃的倚仗器械。

关于携带是否要求必须使用的问题，笔者认为立法原意是不要求的，否则法条应该规定“使用凶器盗窃”，而不是“携带凶器盗窃”。因此，要求行为人携带凶器是为了犯罪使用，但在盗窃现场是否实际使用并不影响认定携带凶器盗窃。除了用做犯罪工具的场合，行为人携带凶器只是预备使用，实际可能使用也可能不使用。无论是否实际使用，只要是为了犯罪而携带，就应认定为携带凶器盗窃。

关于凶器的范围，我们结合司法解释从一般常识上来理解凶器的定义，对国家管制类器械，如枪支、爆炸物、管制刀具等之外的凶器，主要看其是否对人身具有潜在的威胁性，还要结合行为人的主观目的和动机，同时考察所携带器械与盗窃行为的关联性，来界定其是否属于凶器。如果行为人携带器械的目的不是实施盗窃，或盗窃行为与所携带的器械无关，则不应认定为携带凶器盗窃。如种地的农民携带铁铲回家，途中临时起意盗窃了他人的兔子，则不能认定为携带凶器盗窃。无论凶器大小，是否对人身具有潜在的威胁性是入罪的关键，也即所带的物品是否对人身具有杀伤力。在笔者采集的样本中，盗窃犯常带的工具有夹剪、压力钳、镊子、刀片和匕首等，不常带的凶器有斧头、撬棍和消防锤等。镊子和刀片虽然体积小，但由于其锋利或尖利，对人身也有杀伤力，如行为人在使用刀片划包时将被害人划伤的事也时常发生。也有一些行为人盗窃被发现后持镊子挥舞威胁被害人。但是有些犯罪工具由于过于小巧对人身没有杀伤力就不应认定为凶器，如有些入户盗窃案中，行为人携带的万能钥匙、细铁丝或卡片。

（三）携带凶器盗窃在实践中的常见情形

笔者对所有样本中的盗窃行为进行统计，持械大致有这样几种情况：

1. 作为犯罪工具使用。由于盗窃行为手段和盗窃目标物的不同，有些盗窃行为需要使用特定的工具。这些工具一般对盗窃的目标物都有破坏作用。在笔者统计的样本中，犯罪工具主要有以下几类：（1）盗窃被害人随身财物的镊子、刀片等。（2）为入户盗窃，撬门锁、撬窗、撬防护网等使用的撬棍、螺丝刀、匕首、铁锤等。（3）为盗窃自行车或电动车，撬锁而使用的夹剪、压力钳、斧头、扳手等。（4）为盗窃汽车内财物，砸破车窗而使用的消防锤、石头、铁棍等。（5）为盗窃电线、电缆而使用的剪刀、钳子等。以上是比较常见的盗窃犯罪工具，还有一些不常见的为使盗窃行为顺利实施而使用的工具，如被告人为盗窃铁板而雇佣的吊车和货车等，为盗窃砂石而使用的翻斗车等。

笔者在统计过程中，将凡是具有杀伤力，能够危及人身安全的犯罪工具列为持械盗窃，如镊子、压力钳、斧头、扳手或剪刀。这些犯罪工具既是被告人盗窃必不可少的犯罪工具，也是被告人盗窃过程中抵抗抓捕的凶器，事实上，在笔者统计的案例中，就有被告人为抵抗抓捕而使用犯罪工具伤人的案例。所以，上述五种常见情形的犯罪工具都在笔者的统计之列，主要是考虑其对人身的危险性。

但是也有一些犯罪工具由于体积小，对人身危害小，笔者没有将其作为持械盗窃情形进行统计。如入户盗窃时开门用的卡片、万能钥匙或其他小型开锁工具。还有盗窃汽车财物时内使用的遥控设备等，这些犯罪工具只能用于盗窃，不能危及人身安全，对被害人及其他人不会造成威胁，所以笔者在统计时没有将其列为持械盗窃。

2. 盗窃犯持械用以应对突发情况。有些盗窃犯作案时携带凶器并不是用于犯罪工具，而是以备保身，如果遇到被害人反抗或被追捕，可使用随身凶器对其进行威胁或伤害，以达到逃跑或保护赃物的目的。这类凶器常见的有匕首、折叠刀、水果刀等简便易带又具有杀伤力的刀具。盗窃犯携带这些物品通常的心态是能起作用就用，不能起作用也无碍，有备无患。实践中，很多情况下群众发现盗窃行为不敢反抗或抓捕，除了怕有犯罪同伙之外，就是怕盗窃行为人会亮出凶器。盗窃多是贴近人身实施的，具有很大的人身威胁性、侵犯性，盗窃行为人通常身怀利器给群众带来极大的恐惧，社会影响极坏，也不利于打击和预防盗窃犯罪。

必须要说明的是，笔者对持械盗窃的统计并不是准确的，是否持械笔者是从判决书显示的信息来判断，大多数情况下，判决书描述被告人盗窃过程和盗窃手段时会提到犯罪工具，笔者据此来确定该案是否携带凶器盗窃。但是还有两种携带凶器盗窃的情况，笔者不能统计出来。一种是判决书叙述事实过于简单，只关注了被告人和盗窃数额等要素，忽略了对犯罪手段的描写，也就未能使犯罪工具这些附带要素体现出来，如许多判决书中叙述盗窃事实是翻墙入院，盗窃被害人家里的财物，那么被告人是如何进入房门，使用什么工具等，判决书都没有显示，使笔者无从判断。另一种是被告人携带凶器盗窃是为了有备无患，并不当做犯罪工具使用，这些凶器在被告人被抓获后因与案件无关一般也不随案移送，法官在审理案件时也不会注意到凶器的存在，判决书中也就不可能提及携带的凶器。因此，由于这两种情况的存在，导致笔者统计的携带凶器盗窃情况并不完整和准确，这个数字应该小于实际的情况。

（四）携带凶器盗窃对量刑的影响

携带凶器行为对盗窃罪的量刑有多大影响力呢，我们通过携带凶器行为的单一影响率来看一看。（见表5－11）

表5－11　携带凶器在各数额区间对量刑的单一影响率

单位：%

数额区间		对主刑种类的影响力占比	对主刑轻重的影响力占比	对罚金刑轻重的影响力占比
2012年3月1日前	数额较大	0	0.3	0
	数额巨大	—	4.2	1.8
	数额特别巨大	—	1.7	0

续表

数额区间		对主刑种类的影响力占比	对主刑轻重的影响力占比	对罚金刑轻重的影响力占比
2012年3月1日后	数额较大	0	1.5	0.4
	数额巨大	—	0.3	1.9
	数额特别巨大	—	2.9	8.2

从统计结果来看，携带凶器盗窃对量刑还是有影响的，但是影响很小。关于持械盗窃在《刑法修正案（八）》出台以前是否属于从重或加重情节，笔者就此问题向几位法官了解，他们普遍对这个问题感到意外，因为他们从来没觉得携带凶器和盗窃罪量刑有关系。在他们的办案经验里，盗窃犯携带凶器是很普遍的现象，多数是作为犯罪工具使用，是否对盗窃犯从重量刑，并不取决于盗窃犯是否使用工具盗窃还是徒手盗窃，再者如果盗窃犯只是携带而没有使用，这样的持械行为就更不在法官的考量范围内。只有一种情况他们会关注到持械的危害性并可能从重处罚，那就是持械进行破坏性盗窃，比如，砸车窗盗窃车内财物，破坏配电室盗窃电线或者破坏保险柜盗窃财物，只有盗窃犯使用工具破坏了价值较大的财物时，法官才会关注犯罪工具并有可能根据具体情况从重量刑。

（五）携带凶器盗窃认定中存在的问题

在《刑法修正案（八）》出台之后，笔者梳理了一下，1000元以下的盗窃案有6件是携带凶器的，只有1件可以算作是以携带凶器入罪的。该案中被告人张某通过破门、破窗方式多次进入大兴区被害人纪某经营的报亭内，窃得火腿肠、方便面、饮料、书、卡片等物。法院以多次盗窃、携带凶器盗窃他人财物构成盗窃罪对其定罪量刑。这个案件中，张某有两个入罪情节，一个是多次盗窃，另一个是携带凶器盗窃。也就是说，还不完全是以携带凶器盗窃入罪的。在《刑法修正案（八）》出台后，在盗窃数额达不到较大的情况下，多次盗窃、入户盗窃或扒窃的案件量比较大，法官对这些情节适用的比较熟练，特别是扒窃在《刑法修正案（八）》出台后，案件量呈井喷状态，对携带凶器盗窃定罪的却很少。为此，笔者向侦查机关了解了一下，得到的答案很多样，有的说行为人没带凶器，有的说带个小刀能算吗，有的说带个东西就不看数额直接定罪了？有的说带上凶器不用也能定呀？通过这些回答，笔者强烈意识到，携带凶器盗窃行为的危害性还未被实务部门的同志充分认识到，携带凶器盗窃入罪的规定也未深入人心。许多可以定罪处罚的盗窃行为根本就没有立案就被做无罪处理了，所以在判决中看不到这类案件。

这个现象也暴露一个问题，公诉机关和审判机关一般比较注重法律和司法解释的学习，许多新出台的规定都能在第一时间掌握。但侦查机关的学习培训明显滞后或者缺乏，许多办案的必要知识都是经过公诉部门或法院的反馈才了解，而不是自己主动、及时的掌握。但是，侦查机关又是办案的第一道关口，如果不掌握法律规定，要么该办的案件不办，要么不该办的却办了，严重影响刑事诉讼的合法正常进行。

二、使用破坏性手段对量刑的影响

（一）使用破坏性手段盗窃的概况

所有被告人中有453人采用了破坏性手段，占全样本的16.5%，这个比例低于携带凶器盗窃的比例，因为破坏性手段只有携带凶器才能造成，但携带凶器不一定会使用破坏性手段。何为破坏性手段，没有司法解释对其含义作过详细的阐释。但一般来讲，是指作案时使用的作案手段、方法使财物的性能、形态等发生改变而使价值贬损。如盗割电缆并截成一节一节的准备销赃。

使用破坏性手段盗窃并不是法定的量刑情节。但是，1998年3月17日最高人民法院《关于审理盗窃案件具体应用法律若干问题的解释》第6条第1项规定“盗窃公私财物接近‘数额较大’的起点，具有下列情形之一的，可以追究刑事责任：1. 以破坏性手段盗窃造成公私财产损失的……”该规定使盗窃数额达不到较大标准的盗窃行为有了定罪的依据，破坏性手段成为定罪的重要情节。应该说这个司法解释给了破坏性手段很高的地位，与“造成严重后果或者具有其他恶劣情节”相提并论，也凸显了破坏性手段严重的社会危害性。

虽然破坏性手段危害性很大，但只有极个别判决书提到了破坏性手段，很多判决书在认定事实部分都可以判断出来是破坏性手段，但在判决量刑时都没有提到。所以笔者对破坏性手段的统计不是根据判决书是否认定破坏性手段，而是根据判决书对盗窃事实的描述。因为，如果根据判决书的认定来统计的话，这个数字将会少得多，而且也不符合实际情况。但是，笔者统计破坏性手段时，也是以非常保守的态度来认定的。笔者把握两个标准：一是盗窃过程中确实对财物有破坏，如砸车窗盗窃车内财物的行为；二是破坏性手段必须对财物的价值造成了贬损，也就是说破坏性手段造成财物形态、性能发生变化不能使用或者需要代价高昂的修复才能使用。例如，用撬棍撬门和窗就是破坏性手段，用万能钥匙、卡片或其他小型物品撬门就不是，因为前者不易修复，需要重换，后者稍加修复就能使用。还有盗窃自行车和电动车的必须要用压力钳或夹剪剪段车锁，考虑到对车本身没有破坏，而车锁价值不高，这类行为笔者也没有计入破坏性手段。按照这两个标准笔者进行统计，将许多不太明显的破坏性手段都排除出去，最后确定了有453名被告人使用破坏性手段。

（二）使用破坏性手段对量刑的影响

从表 5－12 统计结果来看，破坏性手段对量刑明显有一定影响，其影响程度超过了携带凶器盗窃对量刑的影响。而且，破坏性手段对主刑量刑类别也有一定影响。影响的程度在各个数额区间内不同，但各个数值还是比较大的。如此看来，在司法实践中，破坏性手段确实是一个被法官重视的量刑情节。

表 5－12　破坏性手段在各数额区间对量刑单一影响率

单位：%

数额区间		对主刑种类的影响力占比	对主刑轻重的影响力占比	对罚金刑轻重的影响力占比
2012 年 3 月 1 日前	数额较大	0.4	0.3	0
	数额巨大	—	5.1	2.6
	数额特别巨大	—	1.2	0.4
2012 年 3 月 1 日后	数额较大	2.2	3.9	1.8
	数额巨大	—	1.0	2.5
	数额特别巨大	—	7.1	8.0

（三）使用破坏性手段造成的损失如何计算

司法实践中，还有一个问题值得研究。盗窃犯意欲非法占有某财物，所以其破坏性手段一般都不是针对盗窃目的物本身，而是针对保存目的物的物品或处所。如被告人陈某将停放在路边处的轿车车窗玻璃砸碎，盗窃车内黑色双肩背包 1 个和平板电脑 1 台。对于破坏性手段造成的财产损失，应该如何计算呢？笔者在判决书中发现两种做法：一种是将破坏的财物的价值算作盗窃数额；另一种是对破坏的价值不予考虑。前一种做法在判决中比较少见，笔者只见过某区法院把砸车窗玻璃盗窃的每块车窗玻璃钱都算入盗窃数额，后一种做法比较普遍。

关于这个问题，笔者请教过一些法官，大多数人认为，破坏性手段是盗窃手段行为，其造成的损失是盗窃的附属品，不能把这种价值和盗窃目标物的价值合起来计算，否则这就会和故意毁坏公私财物罪相混淆。但如果破坏性手段盗窃没有既遂，但造成的损失比较大，可以按故意毁坏公私财物罪定罪量刑。而且，司法解释也规定把破坏性手段盗窃造成财产损失的结果作为量刑情节来看待，而不是将财产损失部分算入盗窃数额，其用意还是明显的，就是不认为损失是盗窃数额的一部分。但也有法官认为，破坏性手段造成的损失有时是很大的，如果不计入盗窃数额，量刑就不能体现盗窃行为的社会危害性。例如，被告人破门盗窃，盗窃数额只有几百元，而那扇被破坏的门却价值近万元。再如，有的被告人用刀片划破衣服盗窃一部手机，手机价值刚过千元，衣服却是价值上万元的皮衣，且很难修复。对于这些盗窃行为，如果仅依据盗窃财物的数额量刑，无法准确对其社会危害性准确评判，其他的财产损失也是盗窃行为造成的，而且司法解释也应该将破坏性手段造成的财产损失作为量刑情节，就是肯定了对这部分损失应作为量刑的一部分，所以应当将其计入盗窃数额。这两种观点都有一定道理，但问题在于司法实务工作者习惯了依据明确的司法解释规定办案，从不相信自己解读出的内容，所以鲜有将破坏性手段造成的损失计入盗窃数额的。实践中，人们也习惯了只看盗窃犯偷了什么而不看他们破坏了什么。

关于这个问题，笔者是同意第二种意见的：既然大家都认为破坏性手段造成的财产损失要在盗窃罪的量刑中体现出来，只有将其计入盗窃数额才能准确衡量其社会危害性。如果只含糊地将其作为量刑情节，不利于实践中操作，也不利于大家掌握统一的标准，更可能的结果是被裁判者忽略，根本没有体现。所以，笔者建议将破坏性手段造成的损失一并计入盗窃数额。

第八节　犯罪次数和犯罪动机对量刑的影响

一、犯罪次数对量刑的影响

（一）盗窃次数的分布情况（见表5－13）

表5－13　盗窃次数的分布情况

盗窃次数	频数	比例/%
1	1571	57.1
2	348	12.6
3	227	8.2
4	238	8.6
5	71	2.6
6	67	2.4
7	30	1.1
8	39	1.4
9	27	1.0
10	20	0.7
11	20	0.7
12	19	0.7
13	8	0.3
14	10	0.4
15	10	0.4
16	7	0.3
17	4	0.1

续表

盗窃次数	频数	比例/%
18	6	0.2
19	1	0
20	1	0
21	5	0.2
22	4	0.1
23	2	0.1
24	5	0.2
26	2	0.1
28	1	0
29	2	0.1
30	2	0.1
31	1	0
32	2	0.1
34	1	0
35	1	0
42	1	0
合计	2753	100.0

表5-13是所有被告人的盗窃次数的分布情况。笔者对2000个案件的盗窃次数做了详尽的统计，最少的1次，最多的达到42次。笔者对盗窃次数的统计是依照判决书认定的次数统计的。对于被告人于同一时间在同一地连续盗窃不同被害人的情形，笔者是按照被害人的个数统计次数的。如被告人同一天在一个村子里连续盗窃多户人家，笔者是按多次计算的。

盗窃1次的占最高比例，为57.1%，排在第二的是盗窃2次，占12.6%的比例。排在第三的是盗窃4次，占8.6%的比例，排在第四的是盗窃3次，占8.2%的比例。盗窃次数越多，出现频率越低，所占比例越小，盗窃9次的只占到1%的比例，9次以上的盗窃次数都占不到1%的比例。

在《刑法修正案（八）》出台之前，只有盗窃数额较大和多次盗窃的行为以盗窃罪论处。因此当盗窃数额达不到较大的标准时，司法人员就会考虑盗窃次数。在所有样本中44个千元以下案件中，有16个案件是以多次盗窃定罪量刑的。

（二）盗窃次数的认定

关于盗窃次数的认定问题，盗窃罪的相关司法解释中没有规定过。但是，对抢劫次数如何认定有相关的司法解释，2005年6月8日最高人民法院颁布的《关于审理抢劫、抢夺刑事案件适用若干法律问题的意见》中规定，多次抢劫要求应以行为人实施的每一次抢劫行为均已构成犯罪为前提，综合考虑犯罪故意的产生、犯罪行为实施的时间、地点等因素，客观分析、认定。对于行为人基于一个犯意实施犯罪的，如在同一地点同时对在场的多人实施抢劫的；或基于同一犯意在同一地点实施连续抢劫犯罪的，如在同一地点连续地对途经此地的多人进行抢劫的；或在一次犯罪中对一栋居民楼中的几户居民连续实施入户抢劫的，一般应认定为一次犯罪。该司法解释对多次抢劫采取了严格的规定，同时同地涉及不同被害人的只能算作一次抢劫，笔者理解之所以对多次抢劫作如此严苛的规定，是因为多次抢劫是加重情节之一，量刑在10年有期徒刑以上，所以司法解释严格限制对多次抢劫的认定，不轻易加重刑罚。而且这么做并不会放纵犯罪，因为抢劫多名被害人就算不能认定为多次，如果抢劫数额巨大也是加重情节，也可以在10年有期徒刑以上量刑。

多次盗窃不同于多次抢劫。首先，多次盗窃是构罪标准，刚刚达到盗窃罪的入罪起点，最高量刑是3年有期徒刑，不会对被告人造成重刑的结果。其次，多次盗窃表明被告人主观恶性大，社会危害性也大。实施连续盗窃行为的一般是惯犯，如在一辆公共汽车上连续盗窃多名被害人的，或在一栋楼房内连续盗窃多户的，如果因盗窃数额达不到较大标准而不予惩处将会严重影响社会治安。最后，立法将“多次盗窃”和“数额较大的盗窃”并列规定，就是为了填补司法解释未对盗窃次数作出规定的空白。因此，笔者认为不应以认定多次抢劫的标准来认定多次盗窃。而是应该以实际发生的每一次盗窃行为分别计算，所以同一时间在同一地点对不同被害人盗窃的，或者不同时间对同一被害人盗窃的都算作多次。

（三）盗窃次数对量刑的影响

盗窃次数是盗窃罪一个重要的变量，是表征被告人人身危险性及其行为社会危害性的重要指标。表5－14是盗窃次数在各数额区间的单一影响率。

表5－14　盗窃次数在各数额区间的单一影响率

单位:%

数额区间		对主刑种类的影响力占比	对主刑轻重的影响力占比	对罚金刑轻重的影响力占比
2012年3月1日前	数额较大	1.0	7.9	2.7
	数额巨大	—	4.4	2.9
	数额特别巨大	—	39.3	31.5
2012年3月1日后	数额较大	2.4	17.6	20.3
	数额巨大	—	0.8	0.3
	数额特别巨大	—	39.3	31.5

表5－14可以看出，犯罪次数对量刑的单一影响率还是很明显的。经统计，犯罪次数在影响量刑前6名的变量中出现的频率比较高。犯罪次数对量刑的影响力大，笔者认为有这样两个原因：

1. 刑罚目的对法官的影响。实践中，法官量刑受到报应主义刑罚目的论和功利主义刑罚目的论的双重影响。法官量刑首先要考虑犯罪的社会危害性大小，对社会造成的危害性越大，量刑也会越重。其次，法官还要考虑被告人的再犯可能性。对于一个真诚悔罪且再犯可能性不大的盗窃偶犯、初犯，法官在量刑时自然会轻。相反，犯罪次数多，表明被告人人身危险性及改造难度大，量刑自然会重。也就是说，法官量刑不仅以犯罪的社会危害性作为量刑依据，还要通过对犯罪人适用州罚来实现防止犯罪发生的社会功利效果，通过刑罚蕴含的剥夺功能所造成的痛苦，使之成为犯罪的阻力，才能实现遏制犯罪发生的效果。换句话说，刑罚的分量取决于预防犯罪的实际需要。①

2. 另外一个重要原因源于盗窃次数和盗窃数额的紧密关系。盗窃次数越多，盗窃数额也就越大。在某种程度上，盗窃次数可以和盗窃数额画等号，其实盗窃次数对量刑的影响力表现的是盗窃数额对量刑的影响力。盗窃次数多的一般情况下盗窃数额就高，量刑就重，所以盗窃次数对量刑的影响力就表现出来了。这是通常的情况，当然在少数特殊情况下，盗窃次数多的案件盗窃数额并不大。

二、犯罪动机对量刑的影响

（一）犯罪动机的含义

犯罪动机，是指刺激、促使犯罪人实施犯罪行为的内心起因或思想活动，它回答犯罪人基于何种心理原因实施犯罪行为，故动机的作用是发动犯罪行为；说明实施犯罪行为对行为人的心理愿望具有什么意义。盗窃罪当然也有各种各样的动机，有的人盗窃是因为没钱吃饭，有的人盗窃是为了享受奢侈生活。同样是盗窃行为，动机不同显示出犯罪人主观恶性程度

① 参见臧冬斌：《量刑的合理性与量刑方法的科学性》，中国人民公安大学出版社 2008 年版，第 61 页。

的不同，能否得到被害人或社会的原谅也不同。出于不同犯罪动机的盗窃犯，其改造自新的可能性也不同。

虽然犯罪动机不是量刑的法定情节，但司法实践中，办案人员在处理案件过程中都不可避免地带有感情色彩，对有些嫌疑人施以同情，而对有些嫌疑人报以愤恨，这种感情因素会自然而然地影响司法人员对案件的处理，对于法官而言，这种感情就会体现在量刑里。所以笔者在本书中将犯罪动机也作为一个变量来进行研究。

（二）犯罪动机的分类与认定

考虑到盗窃罪犯罪动机的特殊性，笔者将犯罪动机分为4种，分别是生活所迫、非生活所迫、以盗窃为生和其他。生活所迫指的是嫌疑人因衣食无着而不得已去盗窃，这种情况通常发生在那些到北京打工的非本市户籍人员找不到工作又花光了路费时。非生活所迫则是指衣食无忧的人因贪财而盗窃财物，很多人有稳定工作，甚至收入很高，却也会见财起意，走上犯罪道路。如某大学毕业在中学任教的女被告人，多次到商场盗窃衣服、化妆品等，她不是买不起就是想占便宜。还有一个女被告人，其家庭经济条件优越，一次偶然看见小区里一辆车的车窗忘关，车后座有一个女包，她见财起意，将那个包偷走。这样的案例不胜枚举，动机都是利欲熏心，不值得人同情。还有一种犯罪动机是以盗窃为生，指的是嫌疑人不务正业，以盗窃所得维持生活，这种嫌疑人也不在少数。

但是笔者在录入数据库时，发现原先的设想很难实现。虽然现实中有因为生活所迫而盗窃的案件，但这些要素在判决书中体现不出来，判决书只记载对定罪量刑有意义的因素，如时间、地点、嫌疑人和盗窃数额或者其他法定的量刑情节。对于嫌疑人盗窃的动机，判决书基本上不体现。所以笔者在统计时区分不出盗窃是否出自生活所迫或非生活所迫，再加上考虑到这个要素对量刑产生的影响不大，后来就放弃了这两个选项。

对于是否以盗窃为生的犯罪动机，笔者对每份判决书进行了认真的甄别。判断被告人是否以盗窃为生，主要考虑以下几个因素：被告人是否有工作，有稳定的合法收入，是否在一段时间内连续实施盗窃并以盗窃所得维持生活。如果被告人无业，盗窃次数比较多，有盗窃前科，且盗窃行为呈现出规律性，笔者就判定其为以盗窃为生。在北京，以盗窃为生的是一个很大的群体。这些人要么因缺乏劳动技能找不到工作，要么好吃懒做，总之最后都以盗窃所得作为生活来源。而且嫌疑人确定某种盗窃方式后会固定下来，连使用的盗窃工具都不改变，甚至连作案的区域都不轻易改变。如有的嫌疑人习惯于在公交车上盗窃，有的嫌疑人习惯于在商场盗窃，有的嫌疑人习惯于入户盗窃，还有的嫌疑人习惯于在医院或写字楼内盗窃。有的嫌疑人喜欢结伙盗窃，而有的嫌疑人喜欢单独作案。嫌疑人一旦习惯某种盗窃模式和作案环境，盗窃行为就变得轻车熟路，所以他们轻易不会改变。

盗窃犯中，除了那些偶然见财起意的，其他基本都是以盗窃为生的。有的被告人经常因为盗窃而在监狱出出进进。但是笔者从判决书出统计出来的以盗窃为生的只有500人，占到所有被告人的18.2%。这个比例和实际情况比还是很小的。这主要是和判决书信息太少有关，笔者只能把明显地以盗窃为生的那部分统计出来，还有一些虽属于这个群体，但因为只盗窃一起或前科情况不详细，笔者只能将其作为其他类别看待。

（三）犯罪动机对量刑的影响

法官对职业盗窃犯的量刑一般都偏重一些，但是偏重多少呢？表5－15是犯罪动机在各数额区间对量刑的影响情况。

表5－15　犯罪动机在各数额区间的单一影响率

单位：%

数额区间		对主刑种类的影响力占比	对主刑轻重的影响力占比	对罚金刑轻重的影响力占比
2012年3月1日前	数额较大	1.5	17.5	3.9
	数额巨大	—	14.0	11.3
	数额特别巨大	—	5.2	0
2012年3月1日后	数额较大	2.2	16.7	15.1
	数额巨大	—	16.1	12.3
	数额特别巨大	—	40.8	47.1

表5－15的数据给了我们一个令人惊讶的答案。犯罪动机的影响率高出很多法定量刑情节，有些甚至高出了未成年人这样的特殊主体。对于这一点笔者一开始也是很困惑，但很快就明白了原因所在。因为判定以犯罪为生的犯罪动机时，犯罪次数是一个非常重要的指标，多次盗窃的，甚至盗窃几十次的一般其动机都是以犯罪为生，至少也会有两次。如此一来，凡是以盗窃为生的被告人，必然都带有盗窃次数多、盗窃数额大等特点，所以在统计犯罪动机时，把这一类案件全都筛选出来了。在计算犯罪动机的影响率时，以是否以盗窃为生把案件分为两类，以盗窃为生的这类案件本身就盗窃次数多，数额相应也大，再加上这类案件都是惯犯，社会危害性大，法官量刑时确实不手软，所以最后统计出的数据就是犯罪动机的影响力非常大。

犯罪动机不同，所以量刑不同，笔者认为这是非常符合刑法谦抑性原则的一个结果。犯罪动机体现的是犯罪人的主观恶性，而主观恶性大的人必然会实施社会危害性大的行为，所以对主观恶性大的人特别是那些不劳而获，以盗窃为生的惯犯严厉打击，而对偶犯、初犯，改造可能性大的人从轻量刑，也符合宽严相济的刑事政策。

第九节 追缴退赔对量刑的影响

一、追缴退赔的认定

《刑法》第64条规定："犯罪分子违法所得的一切财物，应当予以追缴或者责令退赔；对被害人的合法财产，应当及时返还……"刑事追缴是指国家司法机关在刑事诉讼中对违法犯罪行为人通过非法手段所获取的现金、物资及其他财产和经济利益依法予以追回，并返还受害人或者予以没收的司法行为。[①] 而退赔则是指犯罪分子将非法占有的财物挥霍后原价予以赔偿被害人的行为。盗窃罪是侵财犯罪，案发后被害人的财产能否追缴或退赔，直接影响了盗窃罪的社会危害性大小。如果被害人的损失能及时挽回，则盗窃罪的社会危害性就小，反之则社会危害性大。而且，追缴或退赔情况也是影响盗窃罪被告人量刑的一个因素。

在本书中，笔者对追缴和退赔的统计标准比较广泛。追缴主要包括犯罪现场对被盗财物的追缴以及在被告人处或销赃处对赃物、赃款的追缴。对于盗窃未遂或现场抓获的被告人通常都是现场追缴回来，而被被告人藏匿或销赃的财物则可能在其他处追缴回来。但无论在什么地方追缴回来都能够弥补被害人的损失，都在笔者的统计范围之内。退赔则包括被告人自己及其亲属或其他人的退赔。案发后，如果被告人将赃款、赃物挥霍，则需要对被害人的损失进行赔偿以弥补其损失，如果被告人有能力则自己退赔，但多数情况下，被告人没有退赔能力，以至于国家无法追回犯罪分子的全部违法所得，被害人无法得到应有的补偿，有悔罪意愿的犯罪分子也

① 参见杜芳：《论刑事追缴程序》，载《求索》2009年第1期。

无法在全部退赔赃款赃物这一环节上减轻自己的罪责。于是出于帮助犯罪分子减轻罪责、减少被害人损失的善良动机，某些犯罪分子的亲属便用自己的个人财产或家庭其他成员的共同财产帮助犯罪人退赔违法所得。[①] 无论是被告人自己退赔的还是亲属代其退赔的，法院均可视为被告人退赃较好，可以酌情从宽处罚。[②] 所以这些都在笔者的统计范围内。

追缴是司法机关主动行使职权，退赔是犯罪分子主动赔偿损失，体现了嫌疑人不同的认罪悔罪态度。但是，二者都是为了弥补被害人财产损失，过程不同但结果一样。所以，在司法实践中，司法机关对二者并不做区分，只以结果论，看被害人损失弥补的程度决定对被告人的量刑。因此，本书也将追缴和退赔作为相同的量刑因素一并研究。

二、追缴、退赔的实际情况

表5－16清晰地呈现了所有被告人的退赔情况。全部追缴或退赔的有1677名被告人，占所有被告人的60.9%，这个比例并不是很高，也就是说，还有40%左右的被害人的损失无法得到全部弥补。能够追缴或退赔过半的有142名，占5.2%，追缴或退赔未过半的有277名，占10.1%。而完全没有退赔的则有657名，占23.9%。盗窃罪追缴或退赔率不高恰好说明盗窃犯通常是缺乏经济能力的人。在笔者研读所有判决的过程中，也发现追缴财物通常是在被告人被现场抓获的情形下，否则财物很难追缴。而赃物、赃款的退赔则多数是由家属承担。对于盗窃犯而言，盗窃所得通常很快被挥霍掉。如谢某等人的盗窃团伙连续作案30多起，涉案金额40余万元，但当这个团伙被抓获时，每个人身上只有几千元。所以，盗窃犯自

---

① 参见唐青利：《亲属在刑法上帮助退赔财产的法律制度研究》，载《四川师范大学学报》（社会科学版）2009年第36卷第1期。

② 参见1987年8月26日最高人民法院《关于被告人亲属主动为被告人退缴赃款应如何处理的批复》。

己退赔被害人的情形很少。

表 5－16　追缴、退赔的分布

类别	频数	比例/%
全部退	1677	60.9
过半退	142	5.2
未过半	277	10.1
没有退	657	23.9
合计	2753	100.0

三、追缴退赔对量刑的影响

司法解释不止一次规定退赔的被告人可以从轻量刑，而不退赔的被告人则从重量刑。[①] 而 1998 年 3 月 17 日最高人民法院《关于审理盗窃案件具体应用法律若干问题的解释》[②] 则将退赔的地位进一步提高。该解释第 6 条第 2 项规定："盗窃公私财物虽已达到'数额较大'的起点，但情节轻微，并具有下列情形之一的，可不作为犯罪处理：……2. 全部退赃、退赔的……"该规定将全部退赔作为不以犯罪处理的情形之一，可见对退赔的从轻力度还是相当明显的。《人民法院量刑指导意见（试行）》也规定："对于退赃、退赔的，综合考虑犯罪性质，退赃、退赔行为对损害结果所

① 2000 年 12 月 19 日最高人民法院《关于刑事附带民事诉讼范围问题的规定》第 5 条第 1 款规定："犯罪分子非法占有、处置被害人财产而使其遭受物质损失的，人民法院应当依法予以追缴或者责令退赔。被追缴、退赔的情况，人民法院可以作为量刑情节予以考虑。"

1997 年 10 月 27 日最高人民法院印发的《全国法院维护农村稳定刑事审判工作座谈会纪要》明确规定："对因犯罪分子非法占有、处置被害人财产而使其遭受的物质损失，应当根据刑法第六十四条的规定处理，即应通过追缴赃款赃物、责令退赔的途径解决。如赃款赃物尚在的，应一律追缴；已被用掉、毁坏或挥霍的，应责令退赔。无法退赃的，在决定刑罚时，应作为酌定从重处罚的情节予以考虑。"

② 该法已被最高人民法院、最高人民检察院《关于办理盗窃刑事案件适用法律若干问题的解释》废止，已于 2013 年 4 月 4 日失效。

能弥补的程度，退赃、退赔的数额及主动程度等情况，可以减少基准刑的30%以下。”那么司法实践中退赔到底对量刑有多大影响力呢？具体情况见表5－17。

表5－17　退赔在各个数额区间内的单一影响率

单位：%

数额区间		对主刑种类的影响力占比	对主刑轻重的影响力占比	对罚金刑轻重的影响力占比
2012年3月1日前	数额较大	2.4	8.2	2.3
	数额巨大	—	10.6	7.8
	数额特别巨大	—	13.2	1.5
2012年3月1日后	数额较大	1.4	9.1	3.0
	数额巨大	—	0.2	1.1
	数额特别巨大	—	—	—

统计结果和预想中的一样，追缴退赔对量刑的影响力确实很明显。除了2012年3月1日后的数额特别巨大区间没有数值外，其他区间内的数值还是很高的。事实上也的确如此，在司法实践中，只要被告人退赔，首先能取得被害人的谅解，甚至有些被害人还替被告人求情使其从轻或免予处罚。只要不是惯犯或累犯，全额退赔的被告人也能取得法官的谅解，对其网开一面。

第十节　特殊被害人对量刑的影响

一、特殊被害人的认定

盗窃行为的被害人也是影响量刑的情节之一。笔者根据司法解释的规定和办案的经验，按被害人特征把其分为五种：残疾人、孤寡老人、病人及其亲友、未成年人、丧失劳动能力人。1998 年 3 月 17 日最高人民法院《关于审理盗窃案件具体应用法律若干问题的解释》第 6 条第 1 项规定："盗窃公私财物接近'数额较大'的起点，具有下列情形之一的，可以追究刑事责任：……2. 盗窃残疾人、孤寡老人或者丧失劳动能力人的财物的……"该司法解释扩大了盗窃罪的范围，因为在 1997 年《刑法》中只有数额较大的盗窃行为和多次盗窃行为构成盗窃罪，而该司法解释规定盗窃特殊被害人的达不到数额较大标准的盗窃行为也入罪，增加了盗窃罪的新构成标准，同时也凸显了对这些特殊被害人的保护力度。之所以对这些被害人增强保护，是因为这些被害人是社会的弱势群体，没有劳动能力及经济收入，本应受到社会的帮扶和照顾。盗窃这些特殊群体财物的行为不仅使被害人陷入更加困顿的处境，而且违背了社会基本的伦理，伤害了人们帮贫扶弱的朴素感情，所以要对这些行为从重甚至加重惩罚。该司法解释中没有将病人及其亲友列入，但实践中人们对盗窃病人及其亲友看病钱的行为也深恶痛绝，量刑时一般会从重。所以，2013 年最高人民法院、最高人民检察院《关于办理盗窃刑事案件适用法律若干问题的解释》将病人及其亲友也作为特殊被害人加以保护。①

2000 件盗窃案中，考虑到多次盗窃的情况，被害人的人数一定超过 2000 名，但统计的结果是被害人中只有病人及其亲友 17 人，相对于 2000 多名的被害人来说，这个比例实在太小了。被害人为病人及其亲友比较好统计，因为判决书在犯罪事实描述中必然要提到犯罪地点和盗窃手段，笔者根据这些信息，排除掉被害人是医护人员后，基本就可以判断被害人是

① 最高人民法院、最高人民检察院《关于办理盗窃刑事案件适用法律若干问题的解释》第 2 条第 5、6 项规定："盗窃公私财物，具有下列情形之一的，'数额较大'的标准可以按照前条规定标准的百分之五十确定：……（五）盗窃残疾人、孤寡老人、丧失劳动能力人的财物的；（六）在医院盗窃病人或者其亲友财物的。"

否是病人及其亲友。对于残疾人、孤寡老人、未成年人、丧失劳动能力人四种身份的人，并不是盗窃案件中没有，而是判决书没有描述，所以笔者无法判断采集。但是笔者相信在2000个案例中，一定有这些被害人。对于普通被害人，判决书当然不用描述，但是对于法律着重保护的特殊被害人，法院判决却未提及，这实在让人感到匪夷所思。

二、特殊被害人对量刑的影响

在被害人为病人及其亲友的案例中，盗窃数额都达到了较大或巨大的量刑标准，没有案件是依据司法解释的规定对盗窃数额达不到较大标准的盗窃特殊被害人的行为定罪量刑的。这样一来，也就使司法解释的有关规定形同虚设了。那么，对于盗窃病人及其亲友财物的行为，司法实践中对盗窃罪量刑到底有多大影响力呢？具体情况见表5－18。

表5－18　特殊被害人在各数额区间对量刑的单一影响率

单位：%

数额区间		对主刑种类的影响力占比	对主刑轻重的影响力占比	对罚金刑轻重的影响力占比
2012年3月1日前	数额较大	0.2	0.2	0
	数额巨大	—	1.5	6.9
	数额特别巨大	—	—	—
2012年3月1日后	数额较大	—	—	—
	数额巨大	—	—	—
	数额特别巨大	—	—	—

在2012年3月1日后的数额区间内，被害人对量刑的影响率全部为零，说明在这些区间内没有出现我们设定的被害人类型。在2012年3月1日前的数额区间内，只有数额较大和数额巨大区间内有影响率的显示。在数额较大的区间内，被害人对主刑量刑类别和主刑量刑幅度的影响率均为

0.2%，非常微弱，但至少证明了被害人这一变量对主刑量刑类别和主刑量刑幅度是有影响的。在数额巨大的区间内，被害人对主刑类别和主刑量刑幅度的影响率分别达到了1.5%和6.9%，影响还是相当大的。证明这个区间内出现了符合要求的被害人，且被害人对量刑呈现较大的影响力。

在2013年盗窃罪的新解释出台前，并没有司法解释规定对被害人为病人及其亲友而从重量刑的，实践中该变量却表现出了对量刑的影响力。但是，这个统计结果并不让人感到意外。关于这一点，结合笔者自己的办案经验以及和法官的交流，对于在医院盗窃病人及其亲友财物的，法官的确会从重量刑，当然不会超过法定的幅度。实践中，有一些盗窃犯专门在北京各个医院盗窃，因为医院看病的人多携带大额现金，且人多拥挤，只顾忙着看病，有时忽略了财物的保管，盗窃容易得手。在医院盗窃病人及亲友的救命钱，一般都会引起办案人员的愤恨，毕竟司法人员也是有感情的人，在量刑时无疑会从重处罚。笔者还办过比较极端的盗窃案，父亲重病住在重症监护室，姐姐带着多方凑齐的10,000元现金到医院不小心被盗，而弟弟怀疑姐姐根本就没有带钱，二人发生争吵，父亲情绪过于激动而身亡。后两名盗窃犯被抓获，承认了盗窃事实，姐弟二人才和好。

第六章　上诉和抗诉视角下的量刑研究

第一节　研 究 导 论

前面我们用大数据的方法从均衡的角度观察了2000多个案例，得出了盗窃罪以数额为依据，量刑基本均衡的结论，也逐项细致地剖析了每个量刑因素的影响力。量刑是否公正，当事人感知最直接，也最强烈。如果被告人对判决结果不服就会采取上诉手段维护自身权益。因此，在对盗窃罪量刑做了全面详细剖析后，再从上诉和抗诉的角度对盗窃罪量刑展开研究。

一、刑事上诉和抗诉的概念和意义

（一）刑事上诉和抗诉的概念

刑事上诉审制度，是指上级法院根据当事人的上诉或检察机关的抗诉，对下级法院未发生法律效力的判决、裁定进行重新审判的制度。刑事上诉制度是一项重要的诉讼制度，具有权利救济与审判监督的双重职能。上诉行为表明了被告人的态度和立场，是他们对判决不满意或不公正的权利救济途径。对于上诉案件上一级法院都会全案审查，作出终审判决。如果一审判决量刑失衡，上级法院会直接改判或发回重审。在现代法治社会的刑事司法体制中，上诉制度除了传统的纠错功能之外，还具备许多以往所不具有的其他功能。例如，保障法律的统一实施、司法监督、创制法律解释甚至司法审查。①

刑事抗诉制度是人民检察院认为人民法院的刑事判决或裁定确有错误时，依照法定诉讼程序，要求人民法院重新审理并改判的一种法律监督制度。刑事抗诉包括二审程序的刑事抗诉和审判监督程序的刑事抗诉两种。刑事抗诉制度对于纠正法院错误裁判、维护当事人合法权益、保障国家刑事法律统一正确实施具有重要意义。②

（二）刑事上诉和抗诉的区别

我国的刑事审判制度实行二审终审制。上诉和抗诉都可以启动二审程序，上级法院必须对一审判决进行全面审理。但是，上诉和抗诉还是有很多不同。

首先，主体不同。上诉主体是被告人，被告人对法院判决不服，可以不构成犯罪、证据不足或量刑重等各种理由提起上诉。抗诉主体是检察院，一审法院对应的检察院对法院判决审查后，认为判决存在实体或影响判决结果的程序问题，都可以提起抗诉，但抗诉要经过上一级检察院的支持，否则不能提起抗诉。

其次，程序不同。对于抗诉案件，法院必须开庭审理，检察院出庭支持抗诉。上诉案件则不一定开庭，法院会视情况决定开庭还是不开庭审理。另外，抗诉案件检察院一定要到庭发表抗诉意见，阐明理由。上诉案件则不一定有检察院的参与，法院可以在听取被告人上诉理由和辩护人辩

---

① 参见郑曦：《香港和内地刑事上诉制度比较研究》，载《湖南公安高等专科学校学报》2010 年第 22 卷第 6 期。

② 参见贺恒扬：《刑事抗诉制度的立法完善》，载《西南政法大学学报》2007 年第 9 卷第 1 期。

护意见后进行判决，也可以听取检察院的意见后再判决。

最后，提起二审的理由和结果。被告人可以以各种理由提起上诉，没有对上诉理由认真分析和论证义务，只要想提起上诉就可以。因为我国实行“上诉不加刑”制度，所以很多被告人即使没有充分的上诉理由，也会抱着试试看的心理提起上诉。而检察院提起抗诉则是必须经过严格的论证和研讨，还要上下两级院意见一致，必须是切实发现了法院判决中存在的实质问题，如事实认定错误或证据采信错误。对于量刑，如果只是偏轻或偏重一般都不会提起抗诉，只有畸轻畸重才会提起。这样导致的结果就是被告人上诉改判的比例很低，而检察院提请抗诉得到改判的概率则较高。

二、研究内容和研究对象

（一）研究内容

围绕盗窃罪的量刑，从上诉、抗诉理由分布情况、二审审理情况及改判情况等几个方面展开研究。通过这些研究，解决以下几个问题：

首先，了解量刑过重在上诉、抗诉理由中所占的比重，以及量刑过重的理由。上诉、抗诉的理由应该有很多，如无罪或证据不足，这其中量刑过重究竟占多大比例，量刑过重的上抗诉理由又是基于哪些根据，被告人是有依据的上诉还是碰运气，都是本次研究要探究的重要内容。

其次，研究法院二审的情况、审判程序及审判重点等。二审都是全面审查，除了针对上诉和抗诉理由外，法院还要对全案其他方面也进行审理。如何进行审理，书面审还是开庭审；法官的安排是否有特殊性，是随机分配案件还是指定某些法官专门负责二审案件；二审法院主要关注哪些判决内容，审理的依据又是什么。

最后，研究审判结果。二审维持、改判或发回重审各自所占的比例及理由，通过上诉、抗诉的审判结果，从另外一个角度对盗窃罪量刑的均衡进行审视。改判意味着对一审量刑结果的否定，支持了被告人或检察院的诉求。改判的比例有多高，能说明哪些问题；改判的理由有哪些；一审判决中存在的问题有哪些；诸如此类问题都能在二审判决中找到答案。

（二）研究对象

1. 研究对象的确定原则。本部分研究仍然采用实证研究的方法，所以研究对象选择盗窃罪上诉及抗诉案件判决书。上诉案件判决书完整反映了原审情况、上诉理由、二审审理情况及判决结果等重要信息，是研究盗窃罪上诉审理中量刑是否均衡的完整素材。但是在研究对象选择上，笔者并没有选择2000个判决的抗诉或上诉情况进行研究，而是重新选择了研究对象。这里主要有这样两个原因：首先，研究对象收集难度所限。由于是上诉、抗诉案件，所以笔者只能选择中级人民法院的终审判决。北京市的3个中级法院按区域划分，分别负责5~6个区县案件的上诉和抗诉审判。笔者之前选择的几个区县院分别隶属于3个中级法院，再加上笔者也是从每个院每年随机选取50个案例，并没有规律。如果逐个统计这2000个案件中有哪些上诉和抗诉案件，判决分散，调取难度大。而且统计这2000个案件的上诉和抗诉情况，数据并不太多，也不能有效地反映上诉和抗诉程序中盗窃罪量刑的有关问题。其次，研究对象的随机性能够保证研究结果的客观性。本书所研究的2000个判决系随机选择，研究结果表明具有普遍性和代表性。因此二审研究对象的选择也秉持这个原则，随机选择对象，更能全面、客观反映二审的真实情况。所以，笔者对该部分研究对象的选择，没有拘泥于之前的范围，而是根据上诉和抗诉案件的特点重新确定研究对象。

北京市16个区县的上诉和抗诉案件分别由第一、第二和第三中级人民法院负责，其中第一中级人民法院和第三中级人民法院分别负责西片和东片几个区县，多是城乡接合部和远郊区县。为了使实证研究更有代表性，笔者选择了北京市第二中级人民法院关于盗窃罪上诉和抗诉审的判决书。第二中级人民法院负责东城区、西城区、丰台区、大兴区和房山区的一审案件的上诉审。东城区和西城区是首都核心区，地域面积小，集中了中央国家机关、金融街和王府井、西单等商业中心，是首都政治核心和经济核心。丰台区和大兴区则是城乡接合部，近些年发展比较快，城市化进程加速，兼具城市、农村的双重特色。房山区是典型的北京郊区。由此可见，第二中级人民法院的司法辖区涵盖了北京市城市核心区、城乡接合部和郊区的所有特色，最具代表性。

2. 研究对象的时间范围。关于判决的年度，笔者选择了2010～2014年的判决书。此期间和之前的研究年度没有保持一致，主要是出于以下考虑：判决的选择既要和之前的研究有延续，又要立足当下，不能太早或太晚。笔者的博士论文从2013年开始研究，往前推10年，选择判决就是2003～2012年。而论文中的上诉和抗诉部分研究则是始自2018年，为了和此前的量刑研究有延续，笔者就选择了2010～2014年的判决，其中2010～2012年的研究是和之前的研究时间重合的，而2013～2014年的研究则是新的时间段，刚好可以审视量刑上诉审近来的发展，既是对之前研究的延续，又适当地进行了扩展。另外，为什么没有像之前的研究选择10年，是因为在之前研究中，发现时间导致的量刑差异并不明显，所以为了避免无用的重复劳动，笔者这次仅选择5年的判决进行研究。

3. 研究对象的基本情况。笔者选择2010～2014年盗窃罪的上诉、抗诉审判决，共736份判决。年份分布基本均衡。2010年110份，2011年158份，2012年165份，2013年126份，2014年177份。（见图6－1）从时间上来看，上诉案件数量总体上呈现出逐渐增加的趋势，但在2013年有所下降，没有形成稳定的规律。

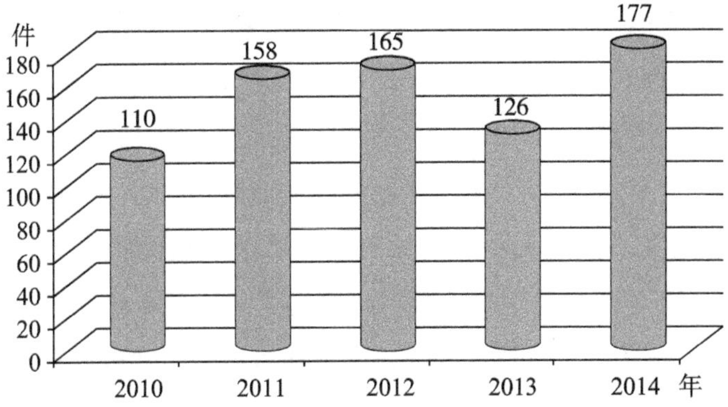

图 6－1　2010～2014 年上诉案件

在 736 份判决中，有 370 份因上诉人撤回上诉而维持原判，真正完整进行了二审程序的案件仅有 366 件，勉强占到 50%，这其中有 7 份抗诉审判决，分别是 2011 年 1 件，2012 年 2 件，2013 年 2 件，2014 年 2 件。（见图 6－2、图 6－3）

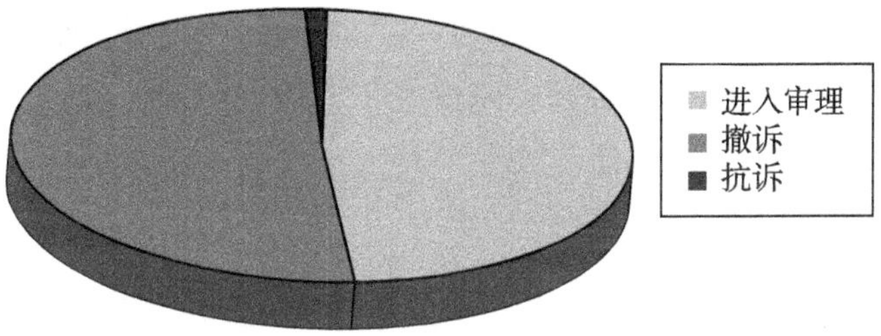

图 6－2　各类案件分布比例

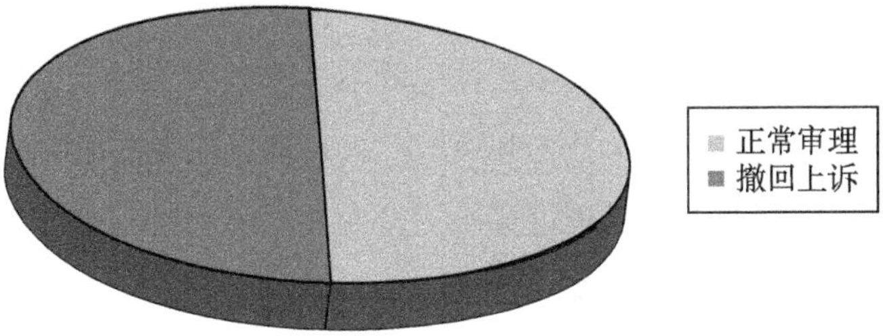

图 6－3　撤回上诉案件比例

在梳理370份撤诉判决书时，笔者发现，裁定书主要包括以下几部分：被告人基本情况、一审判决内容、被告人上诉及撤诉，之后是二审判决内容。基本上都用程式化的语言宣告“被告人某某不服，提出上诉。在本院审理过程中，上诉人某某表示服从原判，申请撤回上诉。本院认为，上诉人（原审被告人）某某表示服从原判，申请撤回上诉的要求符合法律规定，应予准许”。这些裁定书通常不超过两页纸，没有叙述被告人的犯罪事实和证据，没有表明上诉人的上诉理由和撤诉理由，也没有叙述二审法院的审查内容，而直接得出了审查结论。

根据最高人民法院《关于适用〈中华人民共和国刑事诉讼法〉的解释》第305条的规定，“上诉人在上诉期满后要求撤回上诉的，第二审人民法院应当审查。经审查，认为原判认定事实和适用法律正确，量刑适当的，应当裁定准许撤回上诉；认为原判事实不清、证据不足或者将无罪判为有罪、轻罪重判等的，应当不予准许，继续按照上诉案件审理”。从这个规定可以看出，虽然上诉人撤回上诉，但二审法院都对这些案件进行了全面的实体审理，既保障了上诉人的程序权利，也保障了实体权利。在审查一审判决合法适当后，依法裁定准予撤诉，而致原判决生效。

经笔者向法院审判人员了解，被告人上诉又撤诉的原因主要有以下几个：首先，被告人被判处较短的刑期，如几个月或一年多。法院判决时，经过折抵被告人剩余刑期已经不多。如果判决生效，交付执行，被告人就要被送到监狱服刑，但监狱生活条件一般不如看守所。所以被告人为了不被转送到监狱，就选择上诉拖延判决的生效日期，以便在看守所服完剩余刑期。其次，二审法院在审理过程中，被告人了解到改判可能性不大，于是选择撤诉。法院审理二审案件，依法都要提讯被告人，在提讯时被告人会向法官了解自己案件的情况及改判的可能性。如果根据已有事实和证据，被告人被告知不会改判，上诉无意义时，被告人基本上都会心灰意冷，干脆撤回上诉。这也是一部分被告人在上诉程序启动后撤回上诉的原因。

由于上诉人撤诉，表明了对一审判决的认可，因此二审法院裁定书的内容相对简单，没有结合案件事实和证据围绕上诉理由进行分析和论证，无论基于何种理由提起上诉，最终因上诉人自已服判而撤诉，二审法院也都裁定准许撤诉，我们可以认为二审程序已经发挥了纠错或监督的作用。但由于裁定书内容过于简单，连被告人的盗窃手段、盗窃数额、盗窃次数以及有哪些证据等最基本的信息都没有呈现，上诉理由和撤诉理由也未表明，导致笔者无从评判一审判决的是与非，更无从分析二审裁定的对与错。所以笔者认为这部分案件没有研究价值，不纳入下一阶段的详细研究。① 以下笔者仅对二审法院进行实体审理的366份上诉、抗诉判决进行研究。笔者将这366份判决称为有效研究判决。

第二节 抗诉审案件量刑研究

一、抗诉案件审理的基本情况

在366件进入实体审理的上诉、抗诉盗窃案中，抗诉案件只有7件，占比为1.9%，与上诉案件数量悬殊较大。具体情形见表6-1：

① 经笔者与二审法官沟通，这些上诉又撤诉的上诉人，多是服判的。有相当一部分被告人是为了通过上诉拖延判决的生效日期，达到在看守所服刑完毕而不必转移到监狱服刑的目的，因为看守所的住宿、饮食和医疗条件相对比监狱要好。另外，还有一部分被告人是在“上诉不加刑”的前提下，抱着侥幸心理试图通过上诉减刑，但后来发现并无可能便以撤诉了之。

表6－1　抗诉案件一览表

序号	一审判决内容	抗诉理由	二审判决内容
1	免予刑事处罚	数额特别巨大，依法应判处10年以上有期徒刑并判处罚金，原判量刑畸轻	驳回抗诉，维持原判
2	判处有期徒刑2年，并处罚金人民币7000元	盗窃罪既遂，一审法院认定王某系盗窃罪未遂并减轻处罚，定性不准，适用法律错误，量刑不当	一审判决认定王某实施的犯罪系未遂不当，应予改判。抗诉意见予以采纳。撤销原判决。判处王某有期徒刑3年
3	盗窃证据不足，指控罪名不能成立，判决被告人刘某某无罪	刘某某实施了从寻找犯罪对象、制造犯罪条件、着手实施犯罪、被害人发觉后离开、由同伙实施盗窃行为并得手的全部行为	证据不足，指控罪名不能成立，刘某某无罪的判决应予维持。驳回抗诉，维持原判
4	潘某犯盗窃罪，判处有期徒刑8个月，罚金人民币1000元。被告人齐某军犯盗窃罪，判处有期徒刑1年，罚金人民币1000元	潘某、齐某军在共同犯罪中起主要作用，均系主犯应对2被告人量刑相当，但原审判决量刑显然失衡	驳回抗诉，维持原判
5	判处朱某等9人有期徒刑7年到1年6个月的刑罚	第2起犯罪事实证据采信错误，导致认定事实错误，量刑畸轻	维持原判
6	张某犯盗窃罪，判处有期徒刑6个月	张某实施3起盗窃，盗窃数额较大，其中两起盗窃属入户盗窃，又系累犯，原审判决适用刑罚明显不当	犯盗窃罪，判处有期徒刑1年
7	王某伙同张某多次盗窃公民财物，判决：一、王某犯盗窃罪，判处有期徒刑1年1个月，并处罚金人民币2000元。二、被告人张某犯盗窃罪，判处有期徒刑10个月，并处罚金人民币1000元	一审判决认定盗窃国家机关证件罪定性不准，适用法律错误，该起事实应定性为盗窃罪	一审判决认定张某盗窃机动车车牌的行为构成盗窃国家机关证件罪的定罪正确，抗诉意见不予采纳

从上述7件抗诉案件来看，其中5件的抗诉理由为量刑明显不当，占全部抗诉案件的71.4%，居于绝对优势地位，另外2件分别为定性错误和认定事实错误。在5件因量刑不当提起的抗诉案件中，只有2件获得上级法院改判，其余3件均对抗诉意见不予采纳，维持原判，抗诉案件改判率为40%。

二、刑事抗诉的法律、政策

如何把握量刑不当的抗诉，最高人民检察院《关于加强和改进刑事抗诉工作的意见》有比较详细的规定，"人民法院刑事判决、裁定在适用法律方面确有下列错误的，人民检察院应当提出抗诉和支持抗诉……（2）量刑错误，即适用刑罚与犯罪的事实、性质、情节和社会危害程度不相适应，重罪轻判或者轻罪重判，导致量刑明显不当。主要包括：不具有法定量刑情节而超出法定刑幅度量刑；认定或者适用法定量刑情节错误，导致未在法定刑幅度内量刑或者量刑明显不当；共同犯罪案件中各被告人量刑与其在共同犯罪中的地位、作用明显不相适应或者不均衡；适用主刑刑种错误；适用附加刑错误；适用免予刑事处罚、缓刑错误；适用刑事禁止令、限制减刑错误的"。《关于加强和改进刑事抗诉工作的意见》中一直强调，量刑"明显不当"而非"不当"是提起抗诉的前提，换言之，只有量刑畸轻或畸重才能提起抗诉，而偏轻或偏重则不能提起。这一点在最高人民检察院《关于加强和改进刑事抗诉工作的意见》和《关于在检察工作中贯彻宽严相济刑事司法政策的若干意见》中都有明确规定。实践中，检察院的抗诉工作也都严格遵循了这两个规定的精神。

根据笔者在检察机关工作多年的经验，检察院很少对法院判决提起抗诉，这一点从抗诉率就可以明显看出：检察机关其他的业务数据都是用百分比来计算，而抗诉率则是用千分率来计算，足见其占全部案件比例之小。从全国来看，抗诉率在5‰左右浮动，也即1000个案件中只有5个案件提起抗诉。与极低抗诉率相对应的是检察机关提起抗诉的严格审查。抗诉是检察机关一项非常严肃的诉讼行为，没有充分的理由和十足的把握，不会轻易提起。这和被告人不需要任何理由就能上诉形成鲜明对比。通常由提起公诉的检察机关对判决进行审查，如果判决与提起公诉的事实和量刑建议差别较大，则会对差异的原因进行分析和审查，也会和法院进行充分沟通。如果检法对判决理由和结果确实无法达成一致意见，则检察机关会提出抗诉的初步意见，并报上一级检察机关审查。上一级检察机关会对全案进行全面细致的审查，并对抗诉的结果进行预判。通常检察机关对法院事实认定、证据采信及定性等“质”的原因，或者量刑明显畸轻等提起抗诉，仅是因为量刑有微差异或者较明显的差异，但在法院量刑自由裁量权之内的，检察院不会提起抗诉。

三、抗诉的程序

在程序上，首先由办理案件的检察官提出抗诉建议，有些检察院要求由检察长决定是否抗诉，有些检察院要求提交检委会讨论决定。办案的检察院形成抗诉的意见后，还要向上一级检察院汇报。上级检察院经审查，同意下级检察院抗诉意见的，就向同级法院表示支持抗诉，不同意的，则撤回抗诉。也就是上下两级检察院均认为应该抗诉后，才能正式提起抗诉。所以无论是实体上还是程序上，检察院对提起抗诉都非常严谨、审慎，甚至是苛刻。决定抗诉后，上下两级检察院会紧密合作，认真准备抗诉材料和庭审。根据《关于加强和改进刑事抗诉工作的意见》的规定，“承办刑事抗诉案件的检察人员，应当认真履行出席二审或者再审法庭的职责。出席刑事抗诉案件法庭，承办案件的检察人员应当制作出庭预案，做好庭审前各项准备。庭审中举证、质证、辩论，应当围绕抗诉重点进行，针对原审法院判决、裁定中的错误进行重点阐述和论证”。抗诉案件不同于一审案件就在于，检察院对法院的判决提出异议，并有相对充分的理由和依据，这是两个司法机关之间激烈的交锋和对抗。二审法院作为终审判决的作出者，既是监督一审法院的监督者和纠错者，又是被检察院监督的被监督者，[①] 其既要维护一审判决的权威，不能随便改判，又要对确有明显错误的判决进行纠正。如何把握和拿捏这个分寸，做出具有示范作用和标杆意义的判决，很考验二审法官的法律智慧。

四、抗诉案件的量刑研究

正是由于检察院对抗诉案件在实体和程序两方面都相当严谨和审慎，由此决定了全国抗诉的改判率通常保持在40%～60%。本书采集到的5件盗窃罪量刑的抗诉案例中，有2件改判，恰好改判率为40%。因此，笔者认为有必要对这几件案例进行详细的研究，以探讨抗诉案件中，检法两个司法机关对量刑是否妥当的认识标准及差异。

案例1：一审判决认定：被告人郑某趁被害人张某熟睡之际，将其放在床头柜内的人民币7万元盗走。后因张某索要，郑某通过银行汇款返还人民币36,000元。郑某被抓获时起获赃款人民币27,400元返还被害人张某，剩余赃款人民币6600元已由郑某退缴。判处被告人郑某犯盗窃罪，免予刑事处罚。检察院的抗诉理由是：被告人郑某盗窃数额达7万元人民币，数额特别巨大，依法应判处10年以上有期徒刑并判处罚金，其无法定从轻、减轻情节，原判适用法律不当，量刑畸轻。二审法院审判认为，郑某案发前后退缴了全部赃款，犯罪情节轻微，到案后能如实供述主要犯罪事实，取得了被害人的谅解，综合本案具体情节，对其可免予刑事处罚。因此裁定驳回抗诉，维持原判。

评析：首先，该案发生于2009年，盗窃数额7万元，且既遂，量刑在10年以上。全额退赔、坦白、取得被害人谅解等，都是酌定从轻的量刑情

---

① 如果检察院对二审判决仍不服，可以提起审判监督程序。

节，无法定从轻、减轻理由。2013年“两高”《关于办理盗窃刑事案件适用法律若干问题的解释》第7条规定：“盗窃公私财物数额较大，行为人认罪、悔罪、退赃、退赔，且具有下列情形之一，情节轻微的，可以不起诉或者免予刑事处罚；必要时，由有关部门予以行政处罚：(一) 具有法定从宽处罚情节的；(二) 没有参与分赃或者获赃较少且不是主犯的；(三) 被害人谅解的；(四) 其他情节轻微，危害不大的。”首先是从司法解释规定可见，不起诉或免予刑事处罚的首要前提是盗窃数额较大；其次是行为人认罪悔罪，退赃退赔；最后是具有规定的四种情形之一。而郑某盗窃案中，首先不符合数额较大的基本前提条件，也就无从再探讨其他的必要条件了。也就是说，本案作出减轻判决的理由都不存在，又怎能作出免予刑事处罚的判决呢？法院的判决远远超出了自由裁量权的范围，因此，这个判决的作出确实令人匪夷所思，二审维持原判更是说理论证不充分。按照法院这个审判逻辑，无论盗窃行为人盗窃数额多大，只要事后全额退赔给被害人，并取得被害人谅解，都可以免予刑事处罚，这显然是不可能的。因此，笔者认为两级法院的判决均存在严重问题，检察院的抗诉有理有据，不应当驳回。

同时笔者随机找到一个类似的上诉案件：被告人王某某于2010年某日，在孙某某卧室内，趁孙某某不在之机，从其放在屋内的裤子上取下钥匙，将室内大衣柜靠北侧中间的抽屉打开，从中盗走人民币55,500元。后被告人王某某向公安机关投案，赃物已起获并发还。一审法院判处王某某犯盗窃罪，判处有期徒刑3年，罚金人民币3000元。王某某认为量刑过重上诉，二审法院仍维持原判。这两个案件相似处在于：被告人和被害人都系熟人，案发地均为被害人住所，被告人都全额弥补了被害人的损失。不同处在于，郑某的犯罪数额大于王某某，而王某某有自首的法定情节，郑某是被抓获。结果却是郑某被免予刑事处罚，而王某某却判处了三年有期徒刑，且在上诉后仍维持原判。也即犯罪数额小且有自首情节的予以重判，而犯罪数额大且无减轻情节的却免予刑事处罚。对比之下，同一法院作出这样两个判决实在没有令人信服的判决理由。

案例2：一审法院判决认定：被告人王某伙同亓某某（另案处理）在本市某电线杆上，盗窃银福牌S9－M－315/10型电力变压器一台，后因其雇佣的司机拒绝运输变压器并报警而被抓获，经鉴定银福牌S9－M－315/10型电力变压器价值人民币50,120元。被告人王某构成盗窃罪，系未遂，且能够如实供述犯罪事实，认罪态度较好，对其予以减轻处罚，判处有期徒刑2年，并处罚金人民币7000元。检察机关的抗诉意见为：王某已支配货车司机将被盗变压器从卢沟桥新桥附近运至丰台路口附近，被盗变压器已经脱离了被害人控制，由王某实际支配，其行为已经构成盗窃罪既遂，一审法院认定未遂并减轻处罚，定性不准，适用法律错误，量刑不当。二审法院认为：王某构成盗窃罪，数额巨大，判决认定王某实施的犯罪系未遂不当，应予改判。判处王某有期徒刑3年，罚金人民币7000元。

评析：一审法院由于对既未遂认定错误，导致量刑畸轻。检察院提出抗诉，并详细论证了既未遂的问题。本案事实清楚，变压器已通过运输离开原地，处于被告人的实际控制之下，应当属于既遂。二审法院支持检察机关的抗诉理由，认定本案为既遂，依法改判，增加被害人一年有期徒刑。检察院抗诉成功。

案例3：一审法院判决认定：被告人潘某、齐某经预谋，由被告人潘某将被害人约出，齐某到被害人住处，窃取笔记本电脑6台及相机1部，经鉴定价值为16,830元。被告人潘某后被抓获，被告人齐某自动投案。在法院审理中，被告人潘某家属代为退赔人民币16,830元至法院。判决被告人潘某有期徒刑8个月，被告人齐某有期徒刑1年。检察院提出抗诉意见为：潘某、齐某在共同犯罪中起主要作用，均系主犯。潘某策划盗窃，将被害人住处钥匙给齐某，并将被害人骗出以便齐某盗窃，事后负责销赃并得较多赃款。齐某有自首的法定量刑情节，潘某系被抓获到案，仅如实供述。虽潘某亲属退赔，但退赔情节系酌定量刑情节。应对二被告人量刑相当，一审判决量刑显然失衡。二审法院认为根据最高人民法院相关的司法解释，被告人已经赔偿被害人物质损失的可以作为量刑情节予以考虑，所以对潘某从宽处罚，有利于化解社会矛盾，故对抗诉意见不予采纳。

评析：检察院以量刑不均衡提起抗诉，其抗诉理由也比较充分。首先，两人均系主犯，作用相当，量刑上不应有较大差别；其次，潘某退赔系酌定量刑情节，齐某自首系法定量刑情节，就影响量刑的情节而言，齐某应当比潘某量刑更轻。一审法院却判处齐某较重的刑罚。二审法院不采信抗诉意见，主要理由是退赔可以作为量刑情节考虑，却没有和自首等法定情节做比较，显然说服力不够。但是，这个判决的量刑虽略显不够均衡，但还没有达到畸轻畸重的程度，仍在法院的自由裁量权范围内。因此，法院不采纳抗诉意见也还妥当。

案例4：一审法院认定：被告人张某多次入户盗窃他人财物，数额较大，且系累犯，判处有期徒刑六个月，并处罚金人民币5000元。检察院的抗诉意见为：原审法院对张某所犯盗窃罪判决刑罚明显不当，其实施3起盗窃，盗窃数额较大，其中两起盗窃属入户盗窃，又系累犯，仅判处有期徒刑6个月，适用刑罚明显不当。二审法院认为，张某系累犯，对其所犯盗窃罪量刑畸轻，撤销原判决，判处有期徒刑1年，并处罚金人民币1000元。

评析：张某系盗窃惯犯，累犯。此次判决中，共认定了三起入户盗窃的事实，均既遂；另一起入户盗窃因暴力抗拒抓捕而转化为抢劫。可见张某的人身危险性确实很大，再犯可能性也很大。三起盗窃事实，虽然数额没有达到巨大，但入户盗窃严重降低了当地群众的安全感，社会危害性巨大，仅处以6个月有期徒刑显属畸轻。检察院的抗诉意见正确，二审法院径行改判。这是比较少见因量刑畸轻而改判的二审判决，对上级法院这种勇于自我纠错的勇气应充分肯定。

案例5：一审法院判决认定：被告人朱某伙同他人，3次到通州区运河湾小区某库房内，盗窃电缆线、电焊机等物品。判处被告人朱某等人有期徒刑7年至1年6个月不等的刑罚。检察院的抗诉意见为：原判认定的第二起犯罪事实证据采信错误，导致认定事实错误，量刑畸轻。二审法院认为：原审判决书认定被盗电缆的长度、重量、价值等数据认定有误，予以更正，检察院的抗诉意见予以采纳。但各原审被告人的盗窃数额均相应在一审法院认定的数额巨大或数额较大的幅度内，原判量刑并无不当，故维持原判。

评析：检察院基于盗窃数额计算的错误认为量刑畸轻。二审法院审查后认为一审判决认定的盗窃数额的确有误，采纳了检察院的意见。但是，经更正过的盗窃数额仍然在一审法院认定的数额幅度内，原判量刑还是适当的，因此没有驳回抗诉，维持原判。这个判决再次体现了法院自由裁量权不受检察院监督的终局性。

以上5件抗诉案检察院的抗诉意见均为量刑不当，但法院仅改判2件。1件是纠正了一审法院认定的未遂错误，1件是对多次入户盗窃的惯犯加重了量刑。另外3件则都维持原判，其中1件二审法院承认了盗窃数额计算错误，但仍然维持原判。显然，法院坚定地维护了自己的自由裁量权。从一个不掺杂立场和感情，纯客观的视角来看，维持原判的3件案件中，虽然法院都行使了自由裁量权，但笔者认为其中2件属法官的自由裁量权，并无明显失当的情形。但在郑某盗窃案中，本应在有期徒刑10年以上量刑，在无任何法定减轻量刑情节的情况下，判决免予刑事处罚，系滥用裁判权。

通过对5件以量刑为理由的抗诉案件的逐案分析，笔者可以得出这样几个结论：

首先，检察院抗诉意见都有充分的理由和论证。检察院提起抗诉案件数量并不多，只有对法院的一审判决确实有非常大的分歧，且有合理的改判预期才会提起。凡抗诉案件都经过法律及事实的严谨论证和充分预判，所以检察院的抗诉书总是洋洋洒洒好几篇，将抗诉理由和意见充分、详尽地展开论述。较之内容简单、更注重形式意义的起诉书或公诉意见，抗诉书说理更为全面、透彻，更像一篇理论文章。这也使抗诉书与被告人的上诉书产生明显的区别，被告人提起的上诉案件，有些没有上诉理由，有些也只是表明量刑过重等简单理由。

其次，二审法院对抗诉案件的审理非常认真、慎重。从程序上看，抗诉案件必须开庭，检察院派员出庭阐述抗诉意见，并可以与辩护律师展开辩论。法院也会对检察院的抗诉意见认真分析，全面论证。这个通过法院的判决书即可看出，二审法院对案件事实再次进行全面审理，并针对抗诉意见进行分析，无论采纳与否，都在判决书中予以详细阐明。

最后，抗诉案件改判率明显高于上诉案件。正是基于检察院抗诉理由的充分和二审法院的详尽审理，抗诉案件的改判率明显高于上诉案件。多年来，抗诉案件改判率稳定在40%～60%。而上诉案件的改判率则极低，本文统计的上诉改判率为3.9%。

第三节　上诉审案件量刑研究

一、上诉审案件基本情况

除了撤诉和抗诉的判决，本书所研究的有效的上诉审判决为359件。从程序上看，其中有7件案件开庭审理，占到1.9%。有4件未说明是否开庭，其他的案件均不开庭，书面审理。从实体上看，共有14件上诉案件依法改判，改判率为3.9%。另外有2件案件分别因为事实不清和程序违法被发回重审。

按照被告人上诉理由是否涉及量刑，笔者将其分为两大类：一类是和量刑有关；另一类和量刑无关。经逐案统计，有77件案件的上诉理由不涉及量刑，分别是不构成犯罪、事实不清、证据不足、审判程序不正确、精神病不应承担刑事责任等，其中尤以事实不清、证据不足不构成犯罪占比最大。共有282件案件的上诉理由和量刑有关，占到上诉案件的78.5%。由此可见，被告人想要获得较轻刑罚是上诉案件中居于绝对优势地位的理由。这部分判决将是本文研究的重点。

以量刑过重作为上诉理由的判决共有282份，以对量刑过重是否有理由支持为标准再做进一步细分，其中被告人直接以量刑过重提起上诉，而不附带任何理由的有104份判决，占到有效研究判决的36.8%，其他有理由支持的量刑过重上诉案件占到63.2%。

是不是有具体理由支持的量刑过重的上诉请求更有说服力且更容易得到法院重视，从而更大概率获得改判呢？基于这个假设，本书把上诉请求涉及量刑的案件分为两类：一类是无具体理由支持的量刑过重上诉案件；另一类是有具体理由支持的量刑过重上诉案件，通过分别研究，探讨上诉请求对二审判决的影响力。

二、上诉审程序简析

（一）上诉案件的开庭审理程序

首先来研究一下上诉审的程序，因为实体正义离不开程序正义，程序的设置很大程度上影响了实体结果的公正。开庭审理公开透明，双方可质证、抗辩，显然比书面审理更具有公信力。在359份上诉案件中有7件开庭审理，占到1.9%。有4件未说明是否开庭，其他的案件均不开庭，书面审理。由此可见，上诉案件开庭率极低。二审法院如何把握上诉案件开庭的标准，不开庭审理能否保障被告人的合法权益，开庭审理案件是否比不开庭案件的改判率更高，针对这些问题，本书将对上诉案件的开庭进行深入的研究。

《中华人民共和国刑事诉讼法》（以下简称《刑事诉讼法》）第234条第1款规定了四种情形，二审法院应当组成合议庭开庭审理，这四种情形分别是：被告人、自诉人及其法定代理人对第一审认定的事实、证据提出异议，可能影响定罪量刑的上诉案件；被告人被判处死刑的上诉案件；人民检察院抗诉的案件；其他应当开庭审理的案件。第二种和第三种情形，即抗诉和判处死刑案件，法院必须开庭。第一种和第四种情形则是由法院审查并决定是否开庭。第一种情形开庭的条件包括两方面：一方面是当事人对事实、证据提出异议；另一方面是法院认为可能影响定罪量刑，最终是否开庭审理，还是取决于法院的审查结果。

（二）检察院参加上诉案件的审理程序

《刑事诉讼法》第224条规定："人民检察院提出抗诉的案件或者第二审人民法院开庭审理的公诉案件，同级人民检察院都应当派员出席法庭。第二审人民法院应当在决定开庭审理后及时通知人民检察院查阅案卷……"《人民检察院刑事诉讼规则》第473条规定："检察人员出席第二审法庭的任务是：（一）支持抗诉或者听取上诉意见，对原审人民法院作出的错误判决或者裁定提出纠正意见；（二）维护原审人民法院正确的判决或者裁定，建议法庭维持原判；（三）维护诉讼参与人的合法权利；（四）对法庭审理案件有无违反法律规定的诉讼程序的情况制作笔录；（五）依法从事其他诉讼活动。"实践中，法院审理上诉案件的程序和法律规定略有不同。法律规定法院决定开庭审理后，通知检察院查阅案卷。人民检察院接到第二审人民法院决定开庭、审阅案卷通知后，可以查阅或者调阅案卷材料，并应当在一个月内完成，无法完成的，可以商请人民法院延期审理。实践中通常的做法是：法院在审理上诉案件时，如果遇到被告人、辩护人要求检察院参与、被告人不认罪、有可能改判等情形时，法院将案卷移交检察院审查，检察院审查后出具书面意见，并和法院商量是否开庭审理。如果双方都认为有必要开庭审理，则检察院会派员出庭，并发表意见。开庭程序类似于一审，但又不完全相同。检察官在法庭上的身份不是公诉人，而是以检察员的身份参加庭审。在法庭审理中，检察人员应当针对原审判决或者裁定认定事实或适用法律、量刑等方面的问题，围绕上诉理由及辩护人的辩护意见，讯问被告人，询问被害人、证人、鉴定人，出示和宣读证据，并提出意见和进行辩论。在证据方面，凡是一审已经质证的不再重复，只对被告人或辩护人新提交的证据进行质证。检察员可以同意被告人的上诉请求，支持改判，也可以提出维持原判的意见。从实践来看，检察院发表的意见还是以维持原判的居多，二审结果也如此。

对开庭审理的7件案件的上诉理由进行梳理，只有3件涉及量刑问题，占到开庭案件的42.8%，其他4件案件的上诉理由均与量刑无关，多是事实不清，证据不足，不构成犯罪。因量刑问题上诉的案件开庭比例明显偏低，从一个侧面也说明了二审法院对量刑的上诉案件不够重视，笔者揣测其原因在于量刑属于法官的自由裁量权，而不涉及是非对错的问题。

3件开庭审理的量刑过重上诉案件中1件维持原判，2件改判，改判率还是比较高的，印证了上述关于上诉案件开庭审理的研究结论。以下笔者对3件案件逐一展开研究，探讨审理程序对对上诉案件结果的影响力。（见表6-2）

表6-2　开庭审理的上诉案件列表

序号	一审判决结果	上诉理由	是否有辩护人	检察院意见	二审判决结果
1	被告人吕某犯盗窃罪，判处有期徒刑10个月，罚金人民币1000元	其家属已经赔偿损失，一审判决量刑过重	有	上诉理由成立，建议二审依法改判	判处有期徒刑6个月，并处罚金人民币1000元

续表

序号	一审判决结果	上诉理由	是否有辩护人	检察院意见	二审判决结果
2	被告人李某某犯盗窃罪，判处有期徒刑13年，并处罚金人民币13,000元	量刑过重	有	李某某部分盗窃事实不清，证据不足，建议二审法院依法改判	判处李某某有期徒刑12年6个月，并处罚金人民币13,000元
3	被告人文某犯盗窃罪，判处有期徒刑12年6个月，剥夺政治权利2年，罚金人民币13,000元；被告人尚某某犯盗窃罪，判处有期徒刑12年，剥夺政治权利2年，罚金人民币12,000元；被告人向某某犯盗窃罪，判处有期徒刑11年6个月，剥夺政治权利2年，罚金人民币12,000元	量刑过重	有	原判量刑适当，建议维持原判	驳回上诉，维持原判

表6－2可以看出：首先，凡是开庭的上诉案件，均是法院认为一审判决有问题，有改判的较大可能性；其次，这3件开庭审理案件中都有辩护人，可以合理地推断：有辩护人帮助辩护，无论从事实上还是法律上，都能更准确地把握从轻处罚的依据和理由，并充分有效地说服法官。3件案件中，检察院的意见被全部采纳，2件改判的案件分别减轻了4个月和6个月的有期徒刑。

三、无理由量刑过重上诉案件分析

笔者对104份无具体理由支撑的量刑过重上诉案件进行了梳理，共有

5 件改判，改判率为 4.8%。其中只有 1 件开庭审理，其他均为不开庭审理。判决书主要有这样几部分：上诉人基本情况，二审诉讼程序、一审判决认定事实、证据及裁判结果，然后是上诉人上诉理由和二审法院的裁判理由及结果。二审以不开庭为主，基本的审理程序是阅卷、讯问上诉人。

上诉人上诉理由只提量刑过重，说明对一审判决认定的事实和证据没有异议，仅仅是对量刑不服。未详细说明为什么量刑重，也许是没有理由，也许是有理由没表达清楚。虽然二审多是不开庭审理，但法院也会讯问被告人，被告人有理由仍可以向法官进行陈述，辩护人也可以向法院提交书面辩护意见。所以，即使法院不开庭审理，也仍然有可能改判。下面对 5 件改判的案件进行简要分析（见表 6－3）：

表 6－3 改判案件列表

序号	一审判决	上诉理由	有无辩护人	改判结果	改判理由
1	被告人宋某某犯盗窃罪，判处有期徒刑 10 年，剥夺政治权利 2 年，并处罚金人民币 10,000 元	量刑过重	无	免予刑事处罚	上诉人宋某某与被害人存在密切的特殊关系，被害人不要求追究宋某某的刑事责任，且宋某某已退还全部赃款
2	被告人杜某某犯盗窃罪，判处有期徒刑 3 年，罚金人民币 3000 元	量刑过重	有	免予刑事处罚	杜某某家属已代为退赔，杜某某具有认罪、悔罪表现，并已得到被害人的谅解
3	被告人景某某犯盗窃罪，判处有期徒刑 10 个月，罚金人民币 1000 元	量刑过重	无	判处有期徒刑 10 个月，缓刑 1 年，并处罚金人民币 1000 元	在审理期间确有认罪、悔罪表现，其亲属亦主动缴纳罚金
4	被告人邹某犯盗窃罪，判处有期徒刑 9 个月，并处罚金人民币 2000 元	量刑过重	有	判处有期徒刑 7 个月，并处罚金人民币 2000 元	邹某系聋哑人，认罪悔罪，其亲属在二审期间又退赔了被害人全部损失并缴纳了罚金

续表

序号	一审判决	上诉理由	有无辩护人	改判结果	改判理由
5	罗某某犯盗窃罪，判处有期徒刑6个月，并处罚金人民币1000元	量刑过重	有	判处拘役3个月，并处罚金人民币1000元	如实供述犯罪事实，其家属代为缴纳了罚金，有一定的悔罪表现，且被害人亦表示谅解

上面5件上诉案件中，3件有辩护人，2件没有，上诉人聘请律师辩护的比率还是较高的。5件案件分别得到了2个月到10年的减轻处罚。这5件案件中，共同的特点是上诉人都认罪悔罪，退还全部赃款，得到被害人的谅解，有的上诉人还主动缴纳了罚金，从而得到法院的减轻处罚。特别是在宋某某和杜某某盗窃案中，一审判决分别是10年和3年，二审均改为免予刑事处罚，改判力度还是相当大的。宋某某盗窃数额为6.9万元，属于特别巨大，量刑应当在10年以上。二审改判的理由是被告人与被害人有特殊的密切关系，且被害人不要求追究刑事责任。无独有偶，杜某某的3年有期徒刑也被改判为免予刑事处罚，同样是因为与被害人系同居关系，并得到被害人谅解。最高人民法院、最高人民检察院《关于办理盗窃刑事案件适用法律若干问题的解释》第8条规定："偷拿家庭成员或者近亲属的财物，获得谅解的，一般可以不认为是犯罪；追究刑事责任的，应当酌情从宽。"按照《刑事诉讼法》的规定，近亲属包括配偶、子女、祖父母、外祖父母、兄弟姐妹等，显然宋某某案和杜某某案中，被告人与被害人的关系不符合该司法解释的规定。二审法院参照该司法解释的精神对发生在熟人之间的盗窃案进行处理，也有一定的合理性，但也只能酌情从宽。但在宋某某案中，宋某某本应在10年有期徒刑以上量刑，却在没有法定减轻情节的情况下，改判为免予刑事处罚，明显没有法律依据。

对于绝大多数维持原判的判决，法官也会在裁判理由部分结合案件事实对一审的判决理由进行说理，进而评判一审判决结果是否合法合理。通常法院认定被告人犯盗窃罪的事实清楚，证据确实、充分，根据其犯罪的事实、犯罪的性质、情节及对于社会的危害程度所作的判决，定罪及适用法律正确，量刑适当，审判程序合法，应予维持。对于被告人的上诉理由，法官也会进行论证和裁决，如被告人陈某的判决书中，法官认为“关于陈某所提原判对其量刑过重的上诉理由，经查，陈某曾因实施违法、犯罪行为多次被行政或刑事处罚，仍不思悔改，伙同他人在公共场所扒窃他人财物，且其曾因故意犯罪被判处有期徒刑以上刑罚，在刑罚执行完毕以后五年以内，再犯应当判处有期徒刑以上刑罚之罪，系累犯，依法应当从重处罚。原审法院鉴于陈某能如实供述所犯罪行，认罪态度较好，且在家属的配合下缴纳部分罚金，已对其从轻处罚，量刑适当，本院对陈某的上诉理由不予采纳”。

四、有具体理由的量刑过重上诉案件分析

被告人认为量刑过重进行上诉，并提出了量刑过重的具体理由，如有立功、自首情节或系从犯。该类案件共有 178 件，其中改判 9 件，改判率为 5%。笔者将不同的理由进行归类，分别进行研究。（见表 6－4）

表 6－4　上诉理由情况统计

单位：件

序号	上诉理由	件数	判决结果
1	部分事实不清	54	1 件改判
2	被害人原谅	2	1 件改判
3	初犯、偶犯	2	维持原判
4	证据不足	4	维持原判
5	从犯	12	维持原判
6	与同案犯量刑不均衡	1	维持原判
7	犯罪未遂	4	维持原判

续表

序号	上诉理由	件数	判决结果
8	悔罪	1	维持原判
9	自首	8	1件改判
10	立功	8	维持原判
11	犯罪数额计算错误	5	维持原判
12	坦白	3	维持原判
13	未成年人	1	维持原判
14	应适用新的司法解释	2	1件改判
15	刑期计算错误	2	2件予以纠正（非改判）
16	一人多理由	26	2件实刑改缓刑
17	多人多理由	16	3件改判
18	赃物鉴定价格高	16	维持原判
19	罪名认定错误	8	维持原判
20	被害人有过错	1	维持原判

根据上诉人提出的不同理由，笔者一共分了20类。从表6-4中可看出，出现频率最高的理由是“部分事实不清”，其次是“赃物鉴定价格高”以及“从犯”等。还有一部分案件由于多个上诉人提出了多个理由，笔者就将其单独归为一起。以下笔者就主要的几类上诉理由的审判情况进行简要分析。

（一）以部分事实不清作为量刑过重的理由

以部分事实不清，量刑过重提起上诉的共有54件案件，其中开庭审理1件，未写明是否开庭1件，其他均为不开庭审理。除改判1件外，其他均维持原判。要说明的是开庭和改判的为同一案件。

被告人提出的上诉理由多为没有参与部分犯罪事实、某些赃物并非其所盗窃等，也有的被告人提出被害人欠工资、没有分到钱财等理由。

总之，被告人都是通过剥离部分犯罪事实、减少部分犯罪数额等方式减轻量刑。还有的被告人所提上诉理由显然是无罪理由，但又提出量刑过重。如被告人黄某提出：其与被害人原为恋爱关系，是为了挽回感情才开走涉案车辆，没有谋取私利的想法；得知车辆被扣后主动与被害人联系，原判量刑过重。再如卞某的上诉理由是：其未指使卞某等人实施盗窃，亦未参与盗窃，原判量刑过重，类似的上诉理由还有一些。这些被告人所提上诉理由其实是无罪辩护理由，但同时又以量刑过重作为诉求。这种情况通常是被告人或辩护人做两手准备：以不构成犯罪作为第一诉求，也许二审法院会采纳；如果二审法院不采纳，量刑过重则是第二诉求，作为托底。显然被告人对无罪理由是没有把握的，只是出于一种侥幸心理。

由于被告人提出了具体明确的上诉理由，二审法院对于最终的裁判都做了较详细的论证，对被告人的上诉理由，特别是事实和证据部分做了详细地分析和定性。如胡某盗窃一案，胡某的上诉理由是：案发前其和被害人周某居住在一起，周某拖欠其工资，其实施的盗窃犯罪与其他盗窃犯罪有所区别，原判认定事实不清，对其量刑过重。二审法院经审理认为：现无证据证实周某拖欠其工资，即使该事实存在，亦不能成为胡某实施盗窃犯罪的理由；盗窃熟人钱财与盗窃陌生人钱财的行为性质并无不同，即使同居一室，被害人钱财所有权的性质亦未因此改变；一审法院考虑胡某如实供述自己的犯罪事实，当庭自愿认罪，有悔罪表现，已经对其从轻处罚，量刑并无不当，故上述上诉理由均不能成立，维持原判。

（二）以犯罪数额较高作为量刑过重的理由

被告人以赃物的鉴定价格过高提起上诉的案件共有16件，均被二审法院维持原判。被告人对鉴定意见提出上诉的案件赃物主要都是价格较高的物品，犯罪对象为珠宝首饰的是5件，汽车的是3件，摩托车的是3件，手机的是2件，电脑的是2件，电缆线的是1件。赃物的鉴定价格即犯罪数额，是决定量刑的主要因素，如果能够重新鉴定并得到较低的价值当然会对被告人的量刑产生直接影响。但被告人忽略了，鉴定意见是由具备合法资质的鉴定人员依法作出，并加盖鉴定机构的印章。鉴定人一般是依据市场法，通过实物勘验得出结论；如果没有实物，则根据赃物的购买价、市场现价及折旧等因素作出，通常低于市场价和购买价。虽然司法机关需要对鉴定意见进行审查，以决定是否采信，但鉴定意见属于专门机构作出的专业意见，如果没有违法或重大瑕疵，一般法院不会推翻鉴定机构的结论。如某份判决中在最后结论部分分析："原判认定的价格是由具有鉴定资质的价格鉴定机构中取得鉴定资格的鉴定人员依照严格程序作出的意见，与被害人陈述及购货发票等证据相符，并无不当，故某某所提上诉理由不能成立，本院不予采纳。"这个判决意见很有代表性，是司法机关（包括侦查机关、公诉机关和审判机关）对鉴定意见的普遍态度。因此，被告人以赃物的鉴定价格过高作为量刑重的上诉理由，得到改判的可能性微乎其微。

（三）以立功、自首情节作为量刑过重的理由

以立功、自首情节作为量刑过重理由的案件共有16件，立功、自首各有8件，其中以自首理由上诉的1件被改判。立功、自首是法定的减轻和从轻情节，如果能被认定，量刑上一定会大幅度减轻。但本书中的16件上诉案件，只有1件被改判。该案被改判并不是因为法院认定了自首，恰恰相反，二审法院认定不构成自首，但考虑到张某认罪态度较好，如实供述犯罪事实，并通过家属全部退赔了被害人的损失，有悔罪表现，社会危害性小而予以改判。

二审法院认定其中7件不构成自首，6件不构成立功；1件构成自首和

2 件构成立功的，但一审判决的量刑已充分考虑。如刘某上诉案中，二审法院认为："刘某因盗窃犯罪被羁押，后主动交代其他盗窃事实，系主动交代同种犯罪事实，属于坦白；一审法院根据其坦白情节，在法定刑幅度内对其从轻处罚，故其上诉理由不成立，本院不予采纳。"另外如何某上诉案中，法院认定"一审法院根据何某盗窃犯罪的数额，已充分考虑其具有的自首、主动退还赃款以及取得被害人谅解等法定和酌定情节，依法对其减轻处罚，量刑适当。现缺少新的理由对何某再予以从轻处罚，故其上诉理由不能成立，本院不予采纳"。虽然以自首、立功这样的法定减轻情节提起上诉，但改判率极低，且无一改变一审法院对自首、立功的认定，笔者认为主要是基于一审刑事诉讼程序的严谨和规范。对于自首、立功这样的法定量刑情节，从侦查阶段开始，司法人员就格外注意，侦查人员会在抓获经过中特意说明；公诉人也会在审查起诉时认真核实、甄别，并在起诉书中写明，同时在公诉意见中再次强调；法院想忽略都不可能。所以，凡是能够认定为自首、立功的，一审判决都不会漏掉，没有认定的自然是有合法理由。

（四）以一审判决定性错误作为量刑重的理由

以一审判决定性错误作为量刑过重理由的案件共有 8 件，有的将盗窃罪辩护为诈骗罪，多数的被告人认为自己所犯的是职务侵占罪或侵占罪等。将重罪辩护为轻罪，或者将公诉案件辩护为自诉案件从而减轻量刑，这也是一些被告人或辩护人的策略。如被告人郭某某的上诉理由为"对一审判决所认定的事实不持异议，但认为原判定性有误，其行为应认定为职务侵占，原判量刑过重"。侵财犯罪之间确实有一些相似性，容易混淆，公诉机关和审判机关有时也会就定性发生分歧。如借打手机，趁被害人不注意迅速逃离现场的行为是构成盗窃罪还是诈骗罪，检察院和法院一直持不同意见。罪名不同，导致立案标准即起刑点不同，影响定罪；也有的法定刑不同，影响被告人的量刑。所以在事实清楚、证据充分的情况下，被告人会以定性错误作为上诉理由。

从本书涉及的8件案件来看，均被维持原判，二审法院和基层法院在犯罪性质的认识上保持了一致。如孟某某上诉的理由是：车主王某已确认车辆内无贵重物品，车交给被告人孟某某时，车及车内的物品已经处于孟某某的实际控制之下。孟某某实际控制了失主的遗忘之物，并不是趁失主不备秘密拿走，对孟某某应认定为侵占罪。但法院分析认为：被害人王某将车委托4S店进行维修并在维修期间进行保管，并非委托给该店员工孟某某个人进行保管，被告人孟某某只是负责将车辆开到车间派工进行维修，其与被害人王某之间并未形成对车内物品代为保管的关系。因此，车及车内物品也并不在孟某某的实际控制之下。被害人王某放在自己车内的物品亦并不属于遗忘之物。故孟某某的上诉理由缺乏事实根据和法律依据，不能成立，本院不予采纳。

（五）以从犯作为量刑过重的理由

以从犯作为量刑过重理由的案件共有12件，全部维持原判。刑法规定在共同犯罪中起次要或者辅助作用的是从犯。从犯应当从轻、减轻处罚或者免除处罚。在共同犯罪的案件中，法官总是根据各被告人作用大小排列的顺序，量刑时也体现出差异。从犯主要有两种情形：一种是非实行犯，即不实施犯罪构成要件的行为，只是起到辅助作用；另一种是实行犯，但所起作用较小。作为减轻和从轻处罚的法定情节，被告人也经常以此作为辩护理由，争取较轻的量刑。但是，凡是影响量刑的法定情节，往往也是公诉人和法官较为关注的内容，在一审时会充分注意到，反而不容易成为改判的理由。本书涉及的12件上诉案，二审判决均对被告人的上诉理由进行了详细的分析，阐述了不采纳的理由。如上诉人张某某的上诉理由是：其在共同犯罪中起次要作用，没有去过案发现场，只提供交通工具接送同案犯且分赃较少，原判对其量刑过重。法院判决认为：同案犯蒯某、龙某某均供述过张某某曾参与“踩点”，还曾提供过盗窃地点；张某某驾驶机动车接送同案犯，在共同犯罪过程中起到了不可或缺的作用，并非次要辅助作用；张某某按照实际盗窃到的财物多少分得赃款、赃物，并非只是收取车费，故驳回其上诉，维持原判。

（六）以被害人谅解作为量刑过重的理由

以被害人谅解作为量刑过重理由的案件共有2件，其中1件开庭审理并改判。有些盗窃案件发生后，被告人及其家属及时退赔赃款，弥补被害人损失，并取得其谅解。盗窃罪是侵财犯罪，且通常情况下不危及人身安全，有时候还发生在熟人之间。被告人全额甚至超额退赔补偿，能够达到消除社会危害的效果，通常法院会从轻处罚。因此，被告人以被害人谅解作为上诉理由，改判的可能性还是比较大的。在统计样本中，只有2件以被害人谅解作为上诉理由，其中1件被改判，改判率很高。

（七）以初犯、偶犯作为量刑过重的理由

以初犯、偶犯作为量刑过重理由的案件共有2件，均不开庭审理、维持原判。初犯、偶犯作为一种酌定量刑情节，在实际量刑中发挥作用并不大。相对于累犯、惯犯来讲，初犯、偶犯的人身危险较小，帮教挽救的可能性更大；但其造成的社会危害结果并不见得小，本书涉及的2件盗窃案犯罪数额分别是3.88万元和5.5万元，属于数额巨大。如果被告人有其他减轻或从轻情节，初犯、偶犯会成为减轻或从轻处罚的助力，如果仅仅是初犯、偶犯，通常法官并不会刻意从轻。所以，针对初犯、偶犯的从轻量刑并不普遍，本书中的2个案件，也都是维持原判的结果。

（八）以犯罪未遂作为量刑过重的理由

以犯罪未遂作为量刑过重理由的上诉案件共有4件，均不开庭审理，且全部维持原判。但4件案件的二审判决对是否构成未遂都作了详细地论述。如赵某盗窃案中，赵某上诉称其手刚碰到被害人的手机，还没有将手机拿出被害人的衣兜就被抓住，其行为属于盗窃未遂，原判认定其盗窃既遂是认定事实不清，以致量刑过重。二审法院认为，被害人的陈述及目击证人的证言相互印证，足以证实赵某是在已将被害人的手机从被害人的衣兜内偷出，且被害人发觉后才将该手机放回被害人的衣兜，在其将该手机偷出被害人衣兜时，其行为已完成了对被害人手机的控制，被害人在该特定时点亦失去了对该手机的控制，据此，对赵某的行为应当认定为盗窃既遂。

（九）以多个理由支持量刑过重

以多个理由支持量刑过重的案件共有26件，其中2件由实刑改为缓刑，虽然判决的刑期没有变化，但从实刑改为缓刑，对被告人而言免受羁押之苦，比减刑更为有利。上诉人提出多个理由支持量刑过重的上诉请求，也许的确存在这么多理由，也许是从辩论策略上提高改判率。通常来说，多一个理由就多一分改判的可能性。如被告人孙某某的上诉理由是：其具有自首情节，认罪态度较好，积极退赃，主动缴纳罚金，得到被害人的谅解，其与被害人原系男女朋友关系，其行为社会危害性小，原判量刑过重。二审法院全部采纳了孙某某的上诉理由，判处其有期徒刑3年，缓刑4年，并处罚金人民币3000元。再如被告人刘某的上诉理由是：其具有自首情节，系初犯，其与被害人系朋友，已经赔偿了被害人的损失，被害人也对其表示原谅，社会危害性小。二审法院认为刘某认罪态度较好，积极退赃，系初犯，其与被害人系朋友关系，得到被害人的谅解，社会危害性小，遂改判刘某有期徒刑3年，缓刑3年，并处罚金人民币3000元。

当然，也并不是只要提出多个上诉理由就能得到改判。该类26件案件中24件均维持原判。如吴某某提出的上诉理由是“其没有参加原判认定的第一部分盗窃；原判认定的第二部分盗窃中其只是把车锁打开，没有把车盗走，应为犯罪未遂；其在一审开庭时检举了胡某某一起抢劫犯罪；原判对其盗窃罪量刑过重”。二审法院经审查认为：对于吴某某参与该部分盗窃的事实，吴某某在侦查阶段供认不讳，且有同案郑某某的辨认笔录、证人付某的证言等证据印证，足以认定，现吴某某翻供无事实依据，不能成立，故本院对此项上诉理由不予采纳。对于吴某某所提第二部分盗窃系犯罪未遂的上诉理由，经查，吴某某等3人被抓获时，已秘密将被害人的摩托车锁打开，并将该车推至被害人不知情的另一处所，盗窃犯罪已经既遂，故本院对此项上诉理由不予采纳。对于吴某某所提其检举的上诉理由，经查该检举尚未查实，本院对此项上诉理由不予采纳。

（十）多名被告人提出多个上诉理由

共同犯罪案件中，多名被告人提出多个上诉理由。该类案件共有16件，其中3件改判，改判率还是很高的。改判的案件有2件是因为事实证据认定错误，有1件是量刑偏重。共同犯罪是比较复杂的犯罪形式，多名被告人参与形式、参与次数、所起作用、分得赃款等都不同，因此在上诉时会根据各自情况，提出最有利于自己的理由。如郭某等4人共同盗窃一案中，郭某的上诉理由是一审判决结果与事实不符，其没有参与盗窃，量刑过重。宫某某的上诉理由是：其没有盗窃，一审认定与事实不符，其行为不是盗窃。郑某某的上诉理由是：在整个案件中，其没有与其他人事先通谋，在案也没有证据能够证明互相通谋。刘某某的上诉理由是：其在盗窃犯罪中作用较小，系从犯，一审判决量刑过重。每名上诉人理由不同，但都围绕同一案件事实，所以法官审查时仍会全案审查，并针对每名上诉人的理由有针对性的裁判。

（十一）被害人有过错

上诉理由是被害人有过错、一审量刑重的有1件。被告人金某上诉提出：其是由于售货员态度不好临时起意盗窃，原判量刑过重。但二审法院审查后认为：现无证据证明售货员对其态度不好；一审法院已充分考虑金某到案后如实供述犯罪事实，酌情对其在法定刑幅度内从轻处罚，二审无再予从宽之理由。

以上笔者选择比较集中的或有代表性的一些案件，就其上诉理由和裁判情况进行分析，了解每种上诉理由对改判的影响力及法院的分析认定理由。

第四节　上诉改判案件研究

如表6-5中14个上诉改判的案件，均不同程度的减刑，最多的从有期徒刑10年减到免予刑事处罚，最少的减了2个月。有4件适用缓刑，分别是从有期徒刑4年、3年改判为缓刑。可以说改判的幅度还是很大的。从改判率来看，以涉及量刑的282件上诉案件作为基数，量刑类上诉案件的改判率为4.9%，远低于抗诉案件的改判率。

表6-5　上诉改判案件列表

序号	一审判决	上诉理由	检察院意见	二审判决	减刑幅度
1	刘某某判处有期徒刑10年，剥夺政治权利2年，罚金人民币10,000元。徐某某判处有期徒刑4年，罚金人民币4000元	刘某某上诉理由：偷电金额不符；其有检举揭发，原判量刑过重。徐某某上诉理由：不应对偷电总额承担责任，原判量刑过重	一审法院认定盗窃数额有误，建议改判	改判徐某某有期徒刑3年，缓刑3年，罚金人民币4000元	减1年，且缓刑

续表

序号	一审判决	上诉理由	检察院意见	二审判决	减刑幅度
2	吕某犯盗窃罪，判处有期徒刑10个月，罚金人民币1000元	其家属已经赔偿损失，一审判决量刑过重	上诉理由成立，建议二审依法改判	判处有期徒刑6个月，并处罚金人民币1000元	4个月
3	宋某某犯盗窃罪，判处有期徒刑10年，剥夺政治权利2年，并处罚金人民币10,000元	量刑过重	无	免予刑事处罚	10年
4	杜某某犯盗窃罪，判处有期徒刑3年，罚金人民币3000元	量刑过重	无	免予刑事处罚	3年
5	景某某犯盗窃罪，判处有期徒刑10个月，罚金人民币1000元	量刑过重	无	判处有期徒刑10个月，缓刑1年，并处罚金人民币1000元	缓刑
6	邹某犯盗窃罪，判处有期徒刑9个月，并处罚金人民币2000元	量刑过重	无	判处有期徒刑7个月，并处罚金人民币2000元	2个月
7	罗某某犯盗窃罪，判处有期徒刑6个月，并处罚金人民币1000元	量刑过重	无	判处拘役3个月，并处罚金人民币1000元	3个月
8	孙某某犯盗窃罪，判处有期徒刑2年，并处罚金人民币2000元	其没有盗窃连某某的财物，一审认定其构成盗窃罪的证据不足	无	判处有期徒刑1年，并处罚金人民币1000元	1年

续表

序号	一审判决	上诉理由	检察院意见	二审判决	减刑幅度
9	孙某某犯盗窃罪，判处有期徒刑3年，并处罚金人民币3000元	其有自首情节，系初犯，其与被害人系朋友，已经赔偿了被害人损失，被害人也表示原谅，社会危害性小	无	判处有期徒刑3年，缓刑3年，并处罚金人民币3000元	缓3年
10	刘某犯盗窃罪，判处有期徒刑3年，罚金人民币3000元	其有自首情节，系初犯，其与被害人系朋友，已经赔偿被害人的损失，被害人也表示原谅，社会危害性小	无	判处有期徒刑3年，缓刑3年，并处罚金人民币3000元	缓3年
11	李某某犯盗窃罪，判处有期徒刑14年，剥夺政治权利3年，并处罚金人民币14,000元；李某犯盗窃罪，判处有期徒刑13年，剥夺政治权利3年，并处罚金人民币13,000元	李某某提出：其没有参与盗窃车辆，扣押在案的捷达轿车并非犯罪工具。 李某提出：其没有参与盗窃车辆；一审法院对其量刑过重	原审判决认定李某某、李某犯盗窃罪的部分事实清楚，盗窃两辆北京现代途胜汽车的事实不清，证据不足，建议二审法院依法改判	李某某判处有期徒刑13年6个月，剥夺政治权利3年，并处罚金人民币14,000元。 李某判处有期徒刑12年6个月，剥夺政治权利3年，并处罚金人民币13,000元	各减6个月
12	杨某某犯盗窃罪，判处有期徒刑5年10个月，罚金人民币6000元	其没有参与盗窃魏某某的犯罪	现有证据能够证明杨某某无作案时间，与原定罪证据相冲突，不能认定实施了该起盗窃犯罪	判处有期徒刑2年6个月，罚金人民币2500元	3年4个月
13	祁某某犯盗窃罪，判处有期徒刑11年，剥夺政治权利2年，罚金人民币11,000元	根据新的司法解释，其盗窃的数额应为“数额巨大”，一审判决对其量刑过重	无	判处有期徒刑6年，罚金人民币6000元	5年

续表

序号	一审判决	上诉理由	检察院意见	二审判决	减刑幅度
14	张某犯盗窃罪，判处有期徒刑3年，罚金人民币3000元	其有自首情节，已经赔偿了被害人的损失，被害人也对其表示原谅，社会危害性小	无	判处有期徒刑3年，缓刑3年，并处罚金人民币3000元	缓3年

14件上诉案件中，有5件直接提出量刑过重的理由，有9件提出了更具体的理由，分别是部分事实不清、有自首、已退赔、被害人谅解、新司法解释改变量刑标准等。共有4件案件检察院参与审理发表意见，且都提出了建议改判的意见。

从改判理由的性质来看，有4件是因为事实的认定，即二审判决改变了一审判决认定的事实和证据。有1件是因为新的司法解释生效，影响了盗窃罪的量刑。这5件案件属于判决的基础事实存在错误，必须予以改判，不以人的意志为转移。而另外9件案件则是事实和证据都认定准确，但上诉人认为量刑过重，即使提出了具体理由，也都是酌定的量刑情节。量刑属于法官的自由裁量权，只要没有突破法定的幅度都属于合理的判决。但是从改判的9件上诉案件中，我们看到二审法官不仅改变了一审判决，而且改的幅度相当得大。如宋某某和杜某某案，分别从有期徒刑10年和3年改为免予刑事处罚，而孙某某和刘某案均从有期徒刑3年改为适用缓刑。为了解法官改判及大幅度减刑的原因，笔者选择了5件减刑幅度最大的案件进行详细分析。

笔者将减刑幅度最大的5件案件进行梳理，如表6-6所示。

表6－6　减刑幅度最显著案件列表

序号	一审判决	上诉理由	双方关系	二审判决	减刑幅度
1	宋某某犯盗窃罪，判处有期徒刑10年，剥夺政治权利2年，并处罚金人民币10,000元	量刑过重	朋友	免予刑事处罚	10年
2	杜某某犯盗窃罪，判处有期徒刑3年，罚金人民币3000元	量刑过重	同居	免予刑事处罚	3年
3	孙某某犯盗窃罪，判处有期徒刑3年，并处罚金人民币3000元	其有自首情节，系初犯，其与被害人系朋友，已经赔偿了被害人损失，被害人也表示原谅，社会危害性小	朋友	判处有期徒刑3年，缓刑3年，并处罚金人民币3000元	缓3年
4	刘某犯盗窃罪，判处有期徒刑3年，罚金人民币3000元	其有自首情节，系初犯，其与被害人系朋友，已经赔偿被害人的损失，被害人也表示原谅，社会危害性小	朋友	判处有期徒刑3年，缓刑3年，并处罚金人民币3000元	缓3年
5	张某犯盗窃罪，判处有期徒刑3年，罚金人民币3000元	其有自首情节，已经赔偿了被害人的损失，被害人也对其表示原谅，社会危害性小	朋友	判处有期徒刑3年，缓刑3年，并处罚金人民币3000元	缓3年

表6-6中的5个上诉案件是本书中减刑幅度最大的，最长的减刑10年，最短的也从3年有期徒刑改判为缓刑。每个判决中法官都阐述了改判的理由。经过仔细梳理判决书，这几个案件都有一些共性：认罪、退赔、被害人谅解，被告人与被害人系朋友或有其他密切关系。这些对被告人有利的因素中，退赔是较具有实质意义的，因为退赔弥补了被害人的损失，消除了社会危害性，如果再能够获得被害人谅解，则是修复了社会关系，犯罪行为的危害性降到了最低。因此退赔往往能够影响法官的量刑。本书关于被告人退赔对量刑的影响力的统计结论是：其单一影响率在各个盗窃区间出现频率较高，排在第4位，前3名分别是盗窃数额、犯罪动机、未成年人。虽然退赔并得到被害人谅解能够较明显地影响法官的量刑，但上述5个案件的减刑幅度还是超出了正常的水平。另外一个较能够影响法官量刑的因素就是被告人与被害人有特殊关系，要么是同居关系，要么是朋友或者熟人。最高人民法院的司法解释对近亲属间的盗窃有专门规定，但对朋友、熟人间的盗窃行为并没有减轻、从轻的规定。

是否被告人和被害人有特殊关系一定能获得明显较轻的量刑，笔者为此将本书收集的上诉案件中所有的该类案件都梳理出来，如表6-7所示。

表6-7 被告人和被害人有特殊关系案件列表

序号	一审判决	上诉理由	双方关系	减轻情节	二审判决
1	于某某犯盗窃罪，判处拘役6个月，并处罚金人民币1000元	其是自首，希望从轻处理	朋友	如实供述自己的罪行，且退赔违法所得，得到被害人的谅解	维持原判
2	何某犯盗窃罪，判处有期徒刑8个月，罚金人民币1000元	一审判决量刑过重，其系主动投案，应认定为自首	朋友	认罪态度较好，有悔罪表现，且所窃钱款均已发还被害人	维持原判

续表

序号	一审判决	上诉理由	双方关系	减轻情节	二审判决
3	王某某犯盗窃罪，判处有期徒刑3年，罚金人民币3000元	向被害人主动承认错误，并带领公安人员挖出赃款，被害人没有损失并表示谅解，原判量刑过重	同事	认罪态度好并投案自首，被害人无经济损失；王某某与被害人存在较深的感情，被害人主动要求对王某某不予处罚	维持原判
4	邹某某犯盗窃罪，判处拘役3个月，并处罚金人民币1000元	量刑过重	同事	到案后能够如实供述自己的罪行，赔偿被害人经济损失并取得谅解	维持原判
5	张某某犯盗窃罪，判处有期徒刑1年6个月，罚金人民币2000元	量刑过重	熟人	具有自首情节，所盗车辆已被追回，并获得被害人谅解	维持原判
6	张某某犯盗窃罪，判处有期徒刑3年6个月，罚金人民币4000元	量刑过重	熟人	系初犯，部分被盗物品已起获发还被害人	维持原判
7	李某犯盗窃罪，判处有期徒刑6个月，罚金人民币1000元	量刑过重	合租关系	自愿认罪、有悔罪表现及所盗窃物品已起获发还等情节	维持原判

表6-7中7个案件都发生在熟人之间，有同事、朋友、合租人等，但上诉都被驳回，维持原判。这7个案件中，一审判决最重的是有期徒刑3年6个月，最轻的是拘役3个月，从量刑上来看，都属于轻罪。这几个案件中被告人都认罪、悔罪，除1名被告人部分退赔外，其他均全部退赔并获得被害人谅解，甚至有的被害人主动要求不追究责任。但针对被告人量

刑过重的上诉请求，二审判决却都维持原判，和之前改判减刑的形成了明显的反差。

通过这两组相似案例的对比，二审判决的不同结果给了我们一个无法解释的现象。同样发生在熟人之间，同样认罪、退赔并获得被害人谅解，但部分案件大幅度减刑，可以从有期徒刑10年减到免了刑事处罚，部分案件却仍维持原判。上诉案件的审判如何掌握改判原则和标准以及幅度，显然从两组案件的对比中无法找到规律。

第五节　盗窃罪量刑上诉审的结论及思考

一、盗窃罪量刑上诉案件的基本结论

（一）上诉案件的改判率极低

以量刑过重作为上诉理由的判决共有282份，其中14件被改判，改判率为4.9%。进一步细分，104份无具体理由支撑的量刑过重上诉案件中共有5件改判，改判率为4.8%。有具体理由支撑的该类案件共有178件，其中改判9件，改判率为5%。如果把被告人上诉又撤回的370件案件也算上的话，改判率只有2%，可以说非常低了。将上诉案件的改判率和抗诉案件的改判率做一对比，显然上诉案件的改判率极低，只有抗诉案件的1/10左右。

在14件改判案件中，有5件是因为事实证据或法律适用的原因而改判，有9件是纯粹因为量刑而改判。这个数据可以证明两个问题：第一，一审法院对事实证据的认定以及法律适用，准确率相当高，因此类原因改判率只有0.6%。第二，在事实证据没有变化的情况下，二审法官直接针

对量刑进行改判，且有的判决改变幅度相当大，足以证明法官自由裁量权行使充分。

（二）释法说理较充分

裁判文书释法说理的目的是通过阐明裁判结论的形成过程和正当性理由，提高裁判的可接受性，实现法律效果和社会效果的有机统一；其主要价值体现在增强裁判行为公正度、透明度，规范审判权行使，提升司法公信力和司法权威，发挥裁判的价值引领作用。释法说理要阐明事理，说明裁判所认定的案件事实及其根据和理由，展示案件事实认定的客观性、公正性和准确性。从笔者搜集的二审判决书来看，不管有没有改判，二审判决都会围绕上诉请求，在“本院认为”部分详细分析上诉理由是否成立，一审判决是否适当，然后决定维持原判或改判。如果被告人只提量刑过重，则法官会阐述一审法官考量的主要量刑因素有哪些，并逐一进行分析，得出一审判决量刑适当或不适当的结论，再进行裁判。如果被告人有具体的上诉理由如自首或立功，法官则会结合事实和证据，详细阐述自首或立功等是否构成，据此来维持或撤销一审判决。比较来看，二审判决的释法说理比一审判决要充分、深入和全面。

释法说理是有效地定分止争的利器。通过释法说理，向社会展示法律结论形成的过程和依据，增加判决的信服力，树立其法律权威，并使民众对法治具有充分的信念。被告人之所以上诉，表明其对一审判决不服，已经对法院判决的公信力产生质疑，或者抱着侥幸心理能得到从轻处罚。因此，二审判决必须以更加翔实清晰的说理使被告人认识到一审判决的正确和严谨，从而对判决产生敬畏和服从，达到止诉息访的目的。

（三）法官的自由裁量权行使较充分

从改判的14件案件来看，基于事实和证据认定错误改判的只有5件，而对上诉人的量刑过重请求直接减轻刑罚的有9件，而这9件案件的减刑幅度也相差巨大。这表明法官不仅行使了自由裁量权，而且在某些案件中还行使得相当充分。在事实和证据不改变的前提下，法官还有一定的裁量权。只要在法定刑幅度内，且符合最高人民法院《人民法院量刑指导意见(试行)》的具体指导规则，相似案件的量刑相差几个月甚至几年也都有可能。对于纯属量刑的上诉请求，二审法官可改可不改，改或不改都是正确的。但实践中大多数都维持了原判，只有极少部分被改判。特别是对本书中减刑几个月的改判案件，更无法给出一个合理的解释。如果是量刑畸重，当然应该改判，但只有几个月的差距，很难说是畸重。虽然几个月的刑期对被告人有非同寻常的意义，但对于裁判法官而言，几个月刑期都在一个合理浮动的幅度内，属于法官的自由裁量权，二审法官并非必须改判，如果改判也是行使了二审的自由裁量权。

(四) 改判案件暴露判决不均衡的现象

本书选取的是一个法院的上诉审判决，且时间跨度不大，却出现了不均衡、不合理的改判现象。前面已针对个案的改判分析过，个别案件的改判幅度过大，却没有充分的改判基础事实和理由，和其类似的案件，甚至更应该从轻的案件却被维持原判。也就是说，上诉审中就个案来看可能没有问题，也有充分的释法说理，能够自圆其说。但将所有相似案件放在一起比较时，判决之间的不均衡问题就凸显出来。法院对哪些案件改判，哪些不改判，改判的依据是什么，不改判的理由又在哪里？对于相似案件为什么会有截然不同的处理结果，这些问题似乎从本书中都未能得到明确回答。法律的生命在于公正，公正就意味着相同的情况应当做相同的处理。那么，相似的犯罪情节造成程度相近的社会危害性，也应该承担相差无几的责任。但是法院改判的随意性导致了判决之间的不公正。

二、上诉案件改判率低的原因

（一）上诉不加刑原则导致被告人上诉随意

我国刑事诉讼的上诉不加刑原则，消除了被告人的顾虑，给被告人充分的上诉自由。上诉不加刑原则是资产阶级民主革命的产物，现已为世界大多数国家的刑事诉讼法所确认。我国《刑事诉讼法》第237条规定，第二审人民法院审理被告人或者他的法定代理人、辩护人、近亲属上诉的案件，不得加重被告人的刑罚。第二审人民法院发回原审人民法院重新审判的案件，除有新的犯罪事实，人民检察院补充起诉的以外，原审人民法院也不得加重被告人的刑罚。除了《刑事诉讼法》的规定外，最高人民法院的司法解释也对上诉不加刑原则有了更详细和全面的规定，对共同被告人、刑种、附加刑、缓刑等都做了不得加重或变相加重的限制，除了抗诉案件和自诉案件以外，被告人上诉不会有任何加刑的顾虑。有了这个“保护伞”，被告人无须承担任何败诉风险，况且通过上诉还可以延缓被送监狱接受强制劳动的日期，所以不管一审判决量刑是否适当、审判程序是否合法，很多被告人都要上诉来碰碰运气求得减刑，而上诉理由空泛、盲目，上诉请求无证据依托，无理论依据。上诉不加刑原则虽然保护了被告人的上诉权，但也放任了上诉权的滥用。导致我国目前绝大多数刑事案件都要经过二审的审判，增加了二审法院的负担，浪费了大量的人力、物力和财力。这是上诉案件整体改判率较低的原因之一。

（二）维护法院判决的权威

维护判决的权威，也是法院审判的原则之一。对于没有严重瑕疵的一审判决，无论是上诉还是抗诉，二审法院都以维持原判为主，这既是对一审法院判决秩序的维护，也是防止当事人滥诉的手段。二审终审制主要是为了纠错，如果一审判决在法官的自由裁量权范围内，则二审法官没有必要进行改判。如果改判率过高，则会导致当事人上诉热情高涨，上诉案件数量剧增，无必要的增加二审工作量，浪费司法资源。自由裁量权带有强烈的主观性和个人色彩，对于同一案件，不同法官会有不同的裁判结果，例如，遭受过盗窃的法官会比没有遭受过盗窃的法官更痛恨盗窃行为，在量刑时有意无意地都会偏重。最高人民法院的《人民法院量刑指导意见(试行)》授权法官在一定幅度内量刑，例如，自首可以减少基准刑的40%以下，犯罪较轻的，可以减少基准刑的40%以上。被授予的幅度越大，法官裁量权行使的自由度越大。只要不超过这个幅度，就不能认为判决不合理，二审也就没有改判的必要。但如果二审法官改了，也不能说改判是错误的，因为二审法官也有自由裁量权，上级法院的法官基于自由裁量权对下级法官的判决进行更改，也无可厚非。因此，笔者的观点是，二审法官可以改判，但改判应遵循一定的原则，有明确的标准，保持案件之间的公平对待，不能想改哪个就改哪个，否则就是法官滥用权力。因此，应避免二审法官用权的恣意和任性，保持上诉案件判决的均衡。

(三) 案件指导制度统一了上下级法院的审判尺度

我国上下级法院是监督指导关系，上级法院监督指导下级人民法院的审判业务工作。关于上下级法院审判指导关系的法律规定散见于宪法、人民法院组织法及三大诉讼法和最高人民法院发布的一系列规范性文件中。监督指导主要包括三种情况：一是上级法院审理对下级法院的判决、裁定不服的上诉和抗诉案件；二是下级法院认为自己受理的案件案情重大，应由上级法院审理的，可以请求将案件移送上级法院审理；三是最高人民法院对地方各级法院已经发生法律效力的判决、裁定，上级法院对下级法院已经发生法律效力的判决、裁定，发现确有错误的，有权提审或者指令下级法院再审。上述三种情况都是法定的监督指导方式，也是对一审判决的监督。另外，在实践中还有一种程序中的指导，即下级法院遇有疑难、复杂案件难以定夺时，向上级法院汇报请求指导，上级法院会给出较具体的指导意见，下级法院通常也会遵照执行。

上下级法院的监督指导关系，使个案和类案的审判标准由上而下传导，并在同级法院之间贯通。无论是宏观的规则，还是微观的处理意见；无论是抽象的审判理念，还是具体的审判结果，都在不断统一着一个地区乃至全国的审判标准和理念，使上下级法院的分歧逐渐减少，共识越来越多。

第七章　问题的梳理和思考

笔者在第二章对本书研究的所有样本的概况进行了宏观的阐述，并对地区差异和年度差异及强制措施等进行了统计和分析。在第三、第四、第五章中分别从盗窃数额、主体因素和量刑情节三个角度对盗窃罪的量刑进行了详细的研究，了解了北京市盗窃罪量刑的基本现状，得出来几个初步的结论。也发现了一些需要探讨的问题。本章将对这些总结出来的结论和问题进行梳理和思考。由于多数问题笔者在剖析时已经结合自己的思考进行了探讨，例如，关于盗窃罪既未遂认定的一些问题。所以本章讨论的主要是一些涉及面广且深层次的问题，这些问题既是观念上的，也是体制上的，而且还是多年形成的，笔者认为有专门进行探讨的必要。

第一节　实证研究的几个结论

一、包含局部差异的总体量刑均衡

通过统计，北京市各城区的盗窃罪量刑基本均衡，但差异也同时存在。主要表现在以下几个方面：

（一）各区之间的量刑差异不大

笔者选择了四个不同地域特点的区，想验证一下各区是否存在量刑差异。比对的结果是总体上均衡，无明显的差异。

1. 盗窃数额的分布规律比较一致。笔者分别统计了各区盗窃数额分布的区间，并制作了折线图以显示分布的差别。结果是四区盗窃数额的规律呈现相同的趋势，四条折线接近重合。也就是说，无论是中心城区还是远郊区，盗窃数额的大小及分布的区间没有太大差别。盗窃数额分布规律的高度相似性为我们的量刑对比打下了一个稳固的基础。

2. 四区适用主刑的差异不大。首先，在主刑种类的选择上比较接近。如免予刑事处罚、单处罚金刑和管制刑适用较少，而有期徒刑适用比例最高都是一致的特点。但在主刑种类上也有部分的差异，即在拘役刑的适用上，西城区适用比例较低，平谷区适用比例较高，二者差别较大，而海淀区和大兴区则比较接近。由于平谷区适用拘役刑较多，所以适用同为监禁刑的有期徒刑数量就少，平谷区有期徒刑所占的比例低于其他城区10%。其次，有期徒刑时长存在部分差异。对四个区有期徒刑时长的对比发现，西城和海淀两区在采用的判决时长方面没有差异，大兴和平谷两区在判决时长方面同样无差异，而西城区（或海淀区）与大兴区（或平谷区）相比，两区之间在有期徒刑的判决时长方面有差异。笔者也将四个城区有期徒刑时长的分布规律做了折线图，通过四条线的走向发现四个区县总体分布趋于一致，但也有一些差别，例如，大兴区判处半年以下有期徒刑的数量要显著高于其他三区，大兴区和平谷区判处有期徒刑1年以下的被告人数量要显著低于西城区和海淀区。

3. 大兴区的罚金刑幅度与其他三区不同，其他三区没有差异。除了免予刑事处罚的几个案例以外，其他案件都有罚金刑。在对罚金刑幅度比较后发现，只有大兴区与其他区存在差异，而其他三个区之间则不存在差异。大兴区判决的罚金刑普遍高于其他三区，例如，其他区通常处以1000元罚金的情况在大兴区会处以3000元。

（二）年度间的量刑存在差异

关于年度间量刑是否有差异，笔者比较了有期徒刑时长的平均数。平均数越大表明当年有期徒刑量刑越重，反之则越轻。从平均数演变的规律来看，2004年有期徒刑的平均时长处于最低的位置，而2009年的有期徒刑时长均值最高。其他年份也都略有变化。总体来看，2008年至2010年均值较其他年份都高，表明这3年适用有期徒刑刑期较长。无论是量刑类别，还是量刑时长，都得出2008年到2010年是盗窃罪量刑最重的时间段这个相同结果。

（三）盗窃数额决定量刑的总体趋势，量刑情节影响量刑的结果

量刑均衡的另一个表现是罪责刑相适应。盗窃数额是盗窃罪定罪和量刑的主要依据，笔者在第三章将盗窃数额划分为不同的区间，分别进行了量刑的对比分析。结论是随着盗窃数额的增大，主刑类别随之由单处罚金刑、管制等轻刑转变为拘役、有期徒刑等监禁刑，主刑量刑幅度也逐渐增加，罚金刑幅度也逐渐增加。但是，盗窃数额决定的只是一个总体趋势，由于存在一些法定或酌定的量刑情节，盗窃数额并不是决定宣告刑的唯一因素，所以也会出现盗窃数额大而量刑轻或盗窃数额而量刑重的案例。

二、相似个案的量刑差异存在

在综合考虑盗窃数额和量刑情节的情况下，有一些案件的量刑仍出现了令人无法解释的情形，也即个案间量刑存在不合理差异。主要有这样几种表现方式：

1. 重行为比轻行为适用的主刑类别更轻。这个对比是以所有判决为对

象的，不拘泥于某一区的判决。本书所谓的重行为和轻行为是一对相对的概念，二者具有两两对比的基础。例如，某盗窃行为比另一行为数额大，且二者同时具有或不具有法定量刑情节，那么前者就是重行为，后者就是轻行为，就可以进行对比。但如果前一行为比后一行为数额大，但有从轻情节，而后者没有，两行为就没有对比的基础。某一行为相对于A行为是重行为，相对于B行为就是轻行为，所以，重与轻只是相对的概念。举例说明，同是盗窃10,000元的两个行为，二者都有或都没有影响量刑的情节，就可以对比。如果其中一行为有量刑情节就无法对比，因为量刑情节对量刑结果的影响力无法准确计算。按照罪责刑相适应的原则，重行为应比轻行为适用的主刑类别更重，但笔者所收集的样本中，有一些重行为适用了如单处罚金刑或管制这样的轻刑，而轻行为却适用了如拘役或有期徒刑等重刑，从判决书的判决部分也没有说明任何理由。

2. 重行为比轻行为的量刑幅度小。上面谈到的是重行为与轻行为适用主刑类别的错位，而更常见的个案间的量刑不均衡则体现在量刑幅度上，例如，重行为判处有期徒刑6个月，轻行为却判处有期徒刑1年，甚至更高，这也是令人难以解释的现象。对不同区的判决进行对比发现这种情况，似乎能够为大家所理解，但笔者发现在同一区同一年的判决中，居然也有这种个案量刑间的不均衡存在，确实令人感到匪夷所思。这种情形笔者认为是法官的自由裁量权过大造成的。

3. 法定的量刑情节没有表现出影响力。通常来讲，司法机关对酌定的量刑情节掌握的比较随意，但对法定的量刑情节还是比较慎重的，事实上，法定的量刑情节确实体现出了比较明显的量刑影响力，特别是如累犯、自首等情节。但在少部分案件中，量刑情节却丝毫没有体现出影响力。笔者特意将同一区的案件放在一起对比，发现有从轻情节的案件和没有从轻情节的案件量刑一致，甚至有从轻情节的案件比没有从轻情节的案件量刑还要重一些。例如，笔者曾对比过同一区的3个案件，第1个被告人盗窃数额为1300元，有自首情节，法院判处缓刑1年，并处罚金人民币1000元。第2个被告人盗窃数额1100元，被抓获归案，法院也判处缓刑1年，并处罚金人民币1000元。第3个被告人盗窃数额为1980元，法院还是判处缓刑1年，只不过罚金刑为3000元。这3个案件中，只有第一个被告人有自首情节，第3个被告人不仅没有自首情节，而且盗窃数额还大于第一个被告人，但3名被告人都被判处缓刑1年。这3个案件就是一个典型的代表，自首没有体现出从轻的影响力，法定的量刑情节被法官忽视。

三、人民法院量刑指导意见对量刑的影响不明显

2010年9月13日，最高人民法院印发了《人民法院量刑指导意见（试行）》，对常见罪名的基准刑及各个量刑情节（包括法定与酌定）的影响幅度进行了数字化的具体规定，看似将量刑变成了一道数学题。该量刑意见对法官长久以来的量刑做法是一个巨大的冲击。在此之前，法官量刑都是经验量刑法，也叫“估堆法”或者“综合量刑法”，是指法官首先审理案件，掌握量刑情节，在法定刑的范围内，参照司法实践的经验，大致地估量出对犯罪人应判的刑罚，然后再考虑各种从重、从轻、减轻或者免除处罚的情节，最后综合地估量出犯罪人应当执行的刑罚加以宣告。[①] 本书的研究中，将《人民法院量刑指导意见（试行）》的出台是否对量刑有影响以及多大影响，也作为一个重要的研究内容，并从不同角度对比意见出台前后量刑的变化。

但是，在量刑的年度比较中，2011年前后北京市盗窃罪的量刑没有什么变化，这是一个令人失望的结果。笔者又采用了一个原始的办法对此统计结果进行验证，将各个年度没有任何量刑情节的盗窃数额为10,000元左右（上下不超过1000元）的案件进行对比，结果发现都在有期徒刑3年

---

① 参见陈兴良：《本体刑法学》，商务印书馆2001年版，第774页。

左右，量刑上下也不超过半年。如此看来，《人民法院量刑指导意见（试行)》对量刑的实际影响力并不大，无论是估堆量刑法还是数字计算法，得出来的结果没有明显差异。

关于《人民法院量刑指导意见（试行)》出台后，对法院量刑的影响问题，笔者向一些资深的公诉人请教，得到的答复包括两点：第一点是意见出台前后，量刑的幅度整体变化不大；第二点是法官之间的量刑差异明显缩小，量刑幅度更加接近，比如，原来相似的行为两个法官之间量刑会有三个月到半年的差距，但现在这种差距基本不存在了。

为什么最高人民法院出台的这份指导意见没有对司法实践产生大的触动，没有如笔者原来想象中那样对司法实践的量刑是一个重大的改革。笔者对此进行了深入的思考，认为造成这种结果应该有两个原因：

首先，这个现象应该和《人民法院量刑指导意见（试行)》出台的过程和基础有直接关系。最初，最高人民法院成立项目组对量刑规范化改革进行实质性的调研论证，并指定江苏、山东两省高级人民法院共同参与量刑规范化改革的研究工作。2006年，最高人民法院中国应用法学研究所借鉴国外做法，并结合我国实际，起草了量刑程序指南，后经广泛征求意见不断修改，形成了《人民法院量刑程序指导意见（试行)》。此后，又经过12个法院的初步试点阶段和120个法院的全面试点阶段，并不断的修改完善。[①] 从《人民法院量刑指导意见（试行)》出台的过程可看出，其来自司法实践，并不断被司法实践检验和修正，规定的内容如基准刑、量刑情节的调节幅度等都是提炼于司法实际，所以与司法实际没有距离，不包含设想和假定的成分。其适用结果也就没有对法院的量刑产生较大变动。在本书选择的四个区县中，只有海淀区人民法院曾经是《人民法院量刑指导

---

① 参见熊选国主编：《〈人民法院量刑指导意见〉与“两高三部”〈关于规范量刑程序若干问题的意见〉理解与适用》，法律出版社2010年版，第14～15页。

意见（试行）》的试点法院，其他三个院都不是。统计结果显示四个院的差异却不大，也证明了北京市盗窃罪量刑总体的均衡。

其次，《人民法院量刑指导意见（试行）》只能实现量刑的相对精准化而不能实现绝对精准化，法官仍有一定的自由裁量空间。《人民法院量刑指导意见（试行）》对量刑的所谓精准指导主要是指两方面：一是基准刑的确定；二是法定和酌定情节的调整幅度。但是，《人民法院量刑指导意见（试行）》并没有对基准刑和量刑情节的调整幅度作出确定的规定，而只是规定了一个幅度，法官可根据情况在这个幅度内选择。也就是说，即使按照《人民法院量刑指导意见（试行）》规定的内容操作，仍不能实现量刑的整齐划一。我们试举一例：对于某一数额较大的盗窃行为的处罚。第一步，确定基准刑，按《人民法院量刑指导意见（试行）》规定，量刑基准应该是 3 个月拘役或 6 个月有期徒刑，A 法官选择了 3 个月拘役的基准刑，而 B 法官选择了 6 个月有期徒刑；第二步，适用量刑情节，由于该被告人是累犯，《人民法院量刑指导意见（试行）》规定可以增加基准刑的 10% ~40%，A 法官选择增加 10%，调整后是 99 天拘役，B 法官选择增加 40%，调整后是 252 天。

适用《人民法院量刑指导意见（试行）》处理同一案件，但结果完全不同。可见《人民法院量刑指导意见（试行）》并不能达到量刑的绝对精准，法官之间的量刑也不会实现高度一致。在《人民法院量刑指导意见（试行）》不能绝对约束法官的情况下，只要法官以往的量刑经验在《人民法院量刑指导意见（试行）》规定的幅度内，法官还是习惯于遵循自己长久以来形成的经验。所以，这也是《人民法院量刑指导意见（试行）》实施后对量刑影响不大的原因。由此可见，估堆量刑法并非一无是处，量刑标准仍然要建立在法官的量刑经验的基础之上。正如霍姆斯所言，“法律的生命不在于逻辑，而在于经验”。其实，在国外刑事司法实践中，并非一概否认法官经验在量刑中的作用。如日本刑法中有类似“量刑相场”的概念，“法官在长期的审判实务中，适应盗窃、诈骗、杀人等各种犯罪类型，获得了应当在何种程度上评价何种情状事实的经验知识，并且，在反复处理同种事案的过程中，发现很多情状事实对量刑评价起着同样的作用，从而在自己的头脑中形成对当前的事案应大致科处的标准刑。该刑虽然不是某年某月之类不变的刑罚，而是根据情状发生变动的，但是，存在最轻也得判几年、最重也不能超过几年这种有幅度的相场乃是实情”。[①]

四、各情节的实际影响力相差很大

（一）单一影响率的排序

单一影响率虽不能准确计算各情节的调节率，但可以帮助我们了解各情节在不同区间的影响力，所以笔者在第三章将每个盗窃数额区间内单一影响率排在前6名的情节进行了统计，几乎每个情节都在前6名中出现过，但出现的频率相差很大，有的情节只出现过一次，而有的情节则几乎每次都出现。在前6名中出现频率最高的分别是：盗窃数额、犯罪动机、未成年人、退赔、累犯和犯罪次数。

在前六名中出现频率高，表明该情节不仅在各个区间内发挥作用明显，而且发挥作用的区间也多，更进一步表明该情节对量刑的影响力确实很强也很普遍，基本上我们就可以肯定该情节在司法实践中是经常影响盗窃罪量刑的主要因素。

（二）盗窃罪量刑的主要影响因素

按照上面计算出来的排名，盗窃数额是影响盗窃罪量刑的第一要素。事实上也的确如此，无论是立法规定还是司法实务，盗窃罪的量刑都是以

---

① 冯军：《量刑概说》，载《云南大学学报》（法学版）2002年第3期。

盗窃数额为基准的。不同于其他只对量刑产生影响的因素，盗窃数额对定罪和量刑都有决定性的意义，不仅对主刑量刑幅度和罚金刑幅度有影响，对主刑类别也有影响。关于盗窃数额对量刑的具体影响本书在前述内容已经展开，这里不再赘述。

在前6名中还有犯罪动机和犯罪次数，这两个因素能发挥显著作用，和盗窃数额有直接关系。这里的犯罪动机指的是以盗窃为生的动机，笔者在统计犯罪动机时将犯罪次数较多的连续作案的被告人认定为以盗窃为生，所以凡是以盗窃为生的被告人均犯罪次数多，其盗窃数额必然也大，对量刑的影响力也就因盗窃数额而表现出来了。同理，犯罪次数表现出来较强的影响力也是这个原因。从实质来看，在前6名中有3个可以认为是盗窃数额的影响力，这足以表明数额对盗窃罪量刑的决定力。

未成年人和累犯表现出对盗窃罪量刑较强的影响力是符合司法实践的情况的。未成年人和累犯都是刑法规定的量刑因素，司法解释中也有更明确的细则，实践中法官对未成年人从轻和减轻的幅度，以及对累犯从重甚至加重的幅度也确实很明显，所以在统计时二者的影响力就表现出来了。

关于退赔的影响力，笔者在制作数据库也发现，在盗窃罪的量刑中，是否退赔以及是否全额退赔是法官比较在意的影响量刑非常重要的一个因素。凡是退赔的，一般都会在量刑上体现出来。

五、上诉和抗诉对一审量刑影响力微弱

量刑过重，在被告人的上诉理由中占据绝对优势性地位，请求轻判是被告人的普遍诉求。通过对上诉和抗诉案件的分析，我们可以看到改判率极低，只有4.9%，对一审判决的格局没有明显的改变，或者说影响力微弱。二审改判率低有多方面的因素如维护一审判决的公信力，尊重法官的自由裁量权，防止滥诉。虽然改判率低，但由于上诉不加刑原则的全面贯彻，上诉案件的数量却并不少。

从程序来看，二审大多数案件采用书面审，而非开庭审理。刑事诉讼二审程序的设计和民事、行政诉讼不同，和刑事抗诉也不同。是否开庭由法官决定，不开庭虽然也能听取被告人和辩护人意见，但都过于程式化，不够深入；控辩双方也不能展开辩论，充分阐述意见。此程序设计对上诉人不利，对改判更不利。

在对抗诉和上诉案件展开研究时，笔者将改判案件作为分析重点。对改判案件的研究却让笔者发现：二审法官改判基于事实和证据原因的较少，基于量刑的属于多数，也即二审法官充分行使了自由裁量权，改变了一审法官基于自由裁量权范围的量刑问题。同时，二审法官改判的标准和原则却不明确，主要表现在以下几个方面：相似情形的一审判决，有的改，有的不改；有的改判幅度大，有的改判幅度小。虽然在个案中，二审法官都做了释法说理，但将所有二审案件放在一起横向比较，改判的理由和幅度就没有了确定的标准，不均衡性就凸显出来。是否改判完全是基于二审法官的自由裁量权，这就增加了上诉的不确定性，也有损司法的公正、公平。

第二节　法官自由裁量权

一、规范法官自由裁量权的必要性

笔者在第三章中将所有案件按照不同盗窃数额区间进行了详尽的研究。研究的结论是：随着盗窃数额的增大，主刑量刑类别、主刑量刑幅度和罚金刑量刑幅度都随之发生变化，盗窃数额对量刑的决定性作用还是毋庸置疑的。但是，当笔者将相邻的两个主刑类别对比研究时，发现较重的刑种不一定对应较重的案件，也就是说，两个相邻主刑类别下的案件发生了错位，较重的案件适用了较轻的主刑，而较轻的案件又适用了较重的主刑。而且，这种情况还不是个别存在。这种量刑轻重颠倒或明显不均衡的案件在第四章和第五章的研究中也多次出现。

如何使量刑公正是刑法理论界和司法实务界日益关注的问题，对我国量刑偏差产生的原因，学界常常归结为法官素质不高、审判体制不合理、行政干预、社会舆论等与量刑理论和方法无关的因素。①

另外，在对影响量刑的情节进行研究时，笔者发现法官对法定量刑情节的运用过于随意，一种情况是对从重的情节过于从重，对从轻的情节过于从轻，从重或从轻的幅度远远大于法律的授权，比如，对未成年人减轻两个量刑档。另一种情况是法定的从重或从轻情节没有体现出从重或从轻的幅度。比如，盗窃数额基本相同的两名被告人，有自首情节的和没有自首情节的量刑一样。还有一些案件的被告人没有法定或酌定的从轻情节，却被处以非常轻缓的刑罚。

通过量刑研究，笔者发现：从宏观上来看，北京市盗窃罪量刑基本上罪责刑相适应，总体上是均衡的。但从微观来看，个案之间的矛盾和差异还是明显存在的，而且不在少数。研究过程中，笔者一直在思考造成这种结果的原因，除了案外干扰因素、法官素质等原因外，最可能造成这种局面的就是法官的自由裁量权。因此，笔者在这里想着重探讨一下法官自由裁量权的规范行使。

笔者认为，自由裁量权是客观存在，无法回避和抹杀的。笔者尊重和承认自由裁量权的存在，首先是源于人与人思维方式带来的天然差异。美国联邦判决差异协会做过这样一个实验：让法官们对一个假设逃税案的犯罪人量刑，结果 3 名法官处罚款，23 名法官同意给其缓刑，28 名法官给其

① 参见黎其武：《量刑公正论》，法律出版社 2011 年版，第 5 页。

1～5年的有期徒刑。[①] 还有研究人员对50名司法人员做了一个实验，对分别被判处有期徒刑4年、5年、6年、7年的数罪，并罚的刑期是多少？结果2人的答案是20年，1人的答案是10年，11人的答案是15年……从上述研究来看，被调查的司法人员在做出量刑决定时，不存在任何外界干扰和压力，也不存在任何利益冲突和“潜规则”的作用，量刑偏差仍然如此之大！[②]

法官自由裁量权有其存在的合理性与必要性。无论是成文法，还是非成文法，都给法官自由裁量权的行使留下了一定的活动空间。法律是抽象的，而案件是具体的；规则是机械的，现实是多变的。没有一部法典能预设一切社会生活中的矛盾，立法的速度远比不上司法实践中具体问题对法律制定需求的速度。社会生活中随时会出现许多立法时未能预见也不可能预见的新情况、新问题。法官正确合理地行使自由裁量权可以促进法律的进一步完备，同时法官根据个案的具体情况，变通适用法律，以达到个案公正，从而又推动了一般正义和个别正义的统一、法律政策与道德情理的和谐。[③] 所以，回顾刑法发展历史，从是否应该赋予法官自由裁量权的裁量权必要性之争到如何规范法官裁量权的模式选择之辩，对法官自由裁量权的认识经历了一个否定之否定的过程。[④] 当今两大法系对法官拥有自由裁量权的正当性已经没有怀疑，存疑的只是裁量幅度的大小和以何种模式规范其行使，从而赋予量刑结果充分的合理性，体现司法权威。

---

① 参见董岩：《从法官的自由裁量权看美国的刑事判决》，载《外国法学研究》1987年第3期。

② 参见仁江海：《数罪并罚之限制加重原则的适用及立法完善》，载《湘潭大学社会科学学报》2002年5月。

③ 参见朱永红：《我国法官自由裁量制度建设的制约因素和路径选择》，载《河北青年管理干部学院学报》2008年第3期。

④ 参见姚秀权、陆文德、肖波：《法官刑罚裁量权的抑与扬》，载丁寿兴主编：《量刑探索与实践》，法律出版社2011年版。

二、如何规范自由裁量权

关于如何规范法官自由裁量权的行使，许多学者和实务部门的人都进行了大量的研究，有的学者认为必须通过诚实信用原则予以规制，这种规制主要体现在诚实信用原则对法官行使自由裁量权的内心制约、客观制约和利益权衡制约上。[①] 也有人认为应加强法官职业道德建设，提高法官职业素质，加强法律监督机关的监督作用以控制法官自由裁量权，以及引入判例，改进司法裁判文书等。这些观点仁者见仁，智者见智，对规范自由裁量权的行使都能起到一定的作用。

关于如何规范自由裁量权的行使，笔者也有自己的想法。相对于那些宏观的制度设计或道德约束，笔者认为公诉机关的量刑建议是一种非常有效的制约法官自由裁量权的机制，量刑建议虽不能完全阻绝法官自由裁量权的滥用，但能将法官自由裁量权滥用的可能性压缩到最低程度。以下详述之：

（一）量刑建议的发端和发展

量刑不公开、不透明、不规范带来的量刑失衡是检察院量刑建议制度出台的原动力。我国刑罚设置的特点是刑种多、刑度大，且法定量刑情节多，却没有建立量刑规则体系、没有完善量刑监督机制。量刑程序的封闭式运行，由法官独家掌控的量刑机制日益显出其弊端。1999 年 8 月，北京市东城区人民检察院开始试行“公诉人当庭发表量刑意见”的做法，通过在致公诉词时提出量刑建议，与辩方就量刑问题展开论辩，开启了我国近年来量刑建议实践的先河。几年来，理论界和实务界都给了量刑建议足够的

---

① 参见陈桂明、杜丹：《以诚实信用原则规制法官的自由裁量权》，载《中国人民大学学报》2009 年第 6 期。

关注和空间，各种量刑建议论证会、研讨会层出不穷，试行量刑建议制度的检察机关也遍布全国。2005年7月，最高人民检察院专门出台了《人民检察院量刑建议试点工作实施意见》，这标志着量刑建议作为刑事诉讼程序改革的一项重要内容，正式在全国各地检察院推行。目前，全国三十多个省（自治区、直辖市）的检察机关基本上都开展了量刑建议，多数地方也都制定了量刑建议的指导性意见。①

北京市人民检察院于2008年出台了《关于进一步推进量刑建议改革的意见》，量刑建议种类分为以下三种：（1）概括的量刑建议，即对刑罚适用提出概括性建议。（2）相对确定的量刑建议，即在法定刑罚幅度内选择较小幅度。（3）绝对确定的量刑建议，即对刑罚适用提出具体刑罚。对需并处或者单处附加刑的，应明确是否建议判处附加刑，并说明附加刑的种类。除适用死刑、免予刑事处罚等案件外，一般案件不宜使用绝对确定刑的建议。适用普通程序审判的案件，公诉人应当在发表公诉意见时提出量刑建议。适用简易程序审理的案件，公诉人不出庭的，可以在起诉或同意适用简易程序时附加量刑建议书，阐明应适用的量刑情节以及建议判处的刑罚。对量刑建议应当采纳而未被采纳，不采纳理由不成立的，符合抗诉条件的可以依法抗诉，不符合抗诉条件但属量刑不当的，可以依法提出检察建议。

（二）量刑建议能约束自由裁量权滥用的原因

1. 首先，量刑建议是建立在一个法院量刑的稳定性和惯性基础上的。一个法院内部共同的领导和共同的工作环境以及随时随地的工作交流决定了相似案件的判决不会出现大的差异，常年工作的惯性使法官对每个罪名

---

① 参见王军、吕卫华：《关于量刑建议的若干问题》，载《国家检察官学院学报》2009年第17卷第5期。

的量刑形成一个基本判断，对每个法定情节和酌定情节也有相对固定的幅度，一些常见罪名的量刑也就逐渐形成一些“判例”。如故意伤害罪的量刑，轻伤如何判，重伤如何判，都有约定俗成的惯例。再如盗窃罪的量刑，数额较大如何判，数额巨大如何判也都有比较稳定的量刑幅度。本书关于盗窃罪量刑的实证研究结果也能发现，北京市四个城区盗窃罪的量刑，除了少部分案件外，大部分的量刑还是比较趋于一致的，无论是逮捕措施还是量刑幅度都非常接近，这也表明了法院内部“判例”的约束力。

2. 公诉人对法院及其法官的熟悉程度，决定了公诉人提出的量刑建议将法官的自由裁量权压缩到最低程度。公诉人和法官工作上常年配合，相互了解程度较深。在每年办理大量案件的基础上，对某些罪名如何量刑，以及法定和酌定情节如何把握，大家心里都逐渐形成一个较固定的模式。所以公诉人提出的量刑建议是建立在法院自己形成的“判例”基础上的。法官对公诉人提出量刑建议也会慎重对待，没有特别理由不会跳出以往的框架，因为法官清楚地知道突破了这个框架是要给公诉人一个交代的。

为了提出更准确、更接近宣告刑的量刑建议，一些检察院开始建立自己的量刑数据库，将近几年常见多发的罪名的判决情况以及主要涉及的量刑因素录入数据库，形成一个比较完整的认识。在对案件提起公诉时，参照以前相似案件的判决提出量刑建议。检察院通过建立数据库，了解和掌握法院量刑的规律，并依据规律提出相对准确的量刑建议，如果法院没有特殊原因，一般会遵循自己的先例。事实证明，检察院的数据库在保障量刑建议的准确性方面起到了明显的作用。

3. 检察院作为法律监督机关的权威，保障了量刑建议对判决的约束力。量刑建议以不干涉法官的自由裁量权为准则，但是由于检察机关的法律监督地位和同为国家机关的事实，使法官判决时必然在很大程度上需要考虑检察机关的意见。检察院不仅是公诉机关，还是宪法规定的法律监督机关。检察院如果认为法院判决有问题，可以依法提起抗诉。如果不符合抗诉的法定情形，可以向法院发出检察建议。除了抗诉和检察建议这些常规的形式外，还可以行使其他监督权。如果公诉机关发现法官在案件审理过程中有违法事项，可以向法院发出纠正违法通知书。更为严重的，如果发现法官有渎职或收受贿赂等问题，可以向本院反贪或反渎部门移送犯罪线索，由自侦部门立案侦查。这一系列监督措施使法院和法官都会重视公诉机关的量刑建议。

（三）正确看待量刑建议的效用

笔者以上的论述，证明了量刑建议是对法院判决一个非常现实而又有效的约束机制。虽然量刑建议在实施过程中还存在一些问题，而且全国各地量刑建议的运行情况并不均衡，成效也不相同，但量刑建议总体的威力正日益凸显。

但是，在论证了量刑建议的优势之后，还必须要补充的是，不能把量刑建议看作唯一的、能解决所有量刑问题的万能工具。笔者的观点是量刑建议能最大限度地压缩法官不合理的自由裁量权，把法官的裁量权限制在一个合理的范围内，防止法官滥用裁量权作出严重背离常规的判决。但量刑建议并不能完全否定法官的自由裁量权，法官的自由裁量权永远存在，且有一个合理的空间，这是任何人，包括法官的领导都不能否认和抹杀的。而且我们应该认识到，量刑公正只是相对的公正，类似或相同案件在量刑上存在一定的差异或非均衡性，是正常的现象，量刑均衡是一个相对的追求目标。①

---

① 参见张天虹：《量刑公正论》，法律出版社2012年版，第9页。

第三节 几个必须改变的现状

一、对聋哑人应严格依法从轻、减轻量刑

聋哑人的量刑研究结果是让笔者感到意外和很难从感情上接受的一个事实。聋哑人的逮捕率、实刑率高过所有其他犯罪主体，缓刑率却低于其他犯罪主体。聋哑人的量刑不仅没有按照立法的规定从轻或减轻，反而重于其他犯罪主体。聋哑人盗窃的量刑现状形成固然有其客观原因，但无论如何不能让一个本应受到社会关怀、本应被法律宽宥的群体承受重于一般人的刑罚，于法于情这都是不公正不合理的。

（一）聋哑人盗窃与未成年人盗窃的比较

聋哑人和未成年人都是刑法规定的从轻或减轻处罚的犯罪主体。本书的研究结论却呈现严重的两极分化，未成年人的量刑和成年人相比，减轻的幅度非常大。聋哑人的量刑和健全人相比，不仅不轻反而偏重。因此，笔者首先把聋哑人和未成年人这两个群体盗窃的主要方面做一个比较。

1. 从犯罪动机上比较。笔者认为，聋哑人的盗窃犯罪动机更值得原谅，聋哑人绝大多数都是因为没有工作机会，没有经济收入而不得已走上犯罪道路，其犯罪诱因中客观原因占决定性地位。而未成年人盗窃则多数是源于好奇、寻求刺激、赚零花钱等主观原因，因客观原因而不得已实施盗窃的比例很小。从犯罪动机上来看，未成年人的主观恶性要大于聋哑人，聋哑人盗窃更应得到社会的同情和理解。我们既然对未成年人以挽救为主，以惩罚为辅，就没有理由对聋哑人不减轻处罚。

2. 从社会危害性上比较。从未成年人和聋哑人盗窃的社会危害性方面比较，也就是从二者的盗窃数额和盗窃后果、盗窃手段等方面进行比较，比较的结果是二者并没有明显差异，未成年人的盗窃行为没有因其年龄小而危害性小。

3. 从帮教和挽救措施上比较。对未成年人的帮教和挽救措施数不胜数。从立法、司法解释到各地方的规范性文件，从各种机制、制度到各种具体措施，从中央到地方，从司法机关、共青团、妇联等人民团体到社区组织以及各类企业，无不参与到对未成年人的帮教和挽救中，全社会投入的热情、爱心以及耗费的人力和物力①不断增长。

（二）聋哑人帮教和挽救的可能性有多大

关于聋哑人帮教和挽救的可能性有多大这个问题笔者没有进行深入的社会调查，不敢妄下结论。一般来讲，对未成年人重教育轻惩罚的理由总是基于未成年人年幼无知、可塑性强。

虽然笔者没有能力也没有充分的数据来论证聋哑人改造的可能性。但是其实我们也不需要论证这个问题，对于一个弱势群体，一个因生活所迫走上犯罪道路的群体，全社会都有义务来帮助和挽救他们，而不是简单熟练地对他们施以重刑，然后再不负责任地将他们放回社会。

（三）聋哑人需要全社会的关心

1. 聋哑人需要家庭和社会的关心与帮助。聋哑人因身有残疾，和外界沟通存在障碍，常常被家庭和社会忽略、歧视甚至伤害，聋哑人感受不到

---

① 仅以未成年人社会调查为例：新《刑事诉讼法》实施后，每个未成年人犯罪案件都要经过社会调查，无论是司法机关自己调查，还是委托其他有资质的社会组织调查，都要在人力和物力上有很大的投入。以北京为例，委托社会组织调查一名未成年人的经费一般在2000~5000元。

来自家庭和社会的温暖。逐渐地，他们开始把自己封闭起来，生活的空间越来越小，社交的对象越来越少。久而久之，极易形成孤僻、冷漠的性格。他们走不进健全人的世界，健全人也不愿接触他们的世界。但他们在同是聋哑人的犯罪同伙那里，常常得到理解和认可，认为找到自身存在的价值，使他们有归属感。如果家庭和社会给予他们更多的关心和正确的引导，联通有声与无声的世界，帮助他们树立自立、自强的价值观，他们就能更快找到自己的社会角色，更容易适应社会。

2. 聋哑人就业需要政府与社会的支持。在就业市场，健全人还经常抱怨找不到工作。对于学历低、技能少、没有正常沟通能力的聋哑人更是难上加难。生存是人的本能，当一个人缺乏最基本的社会资源而又缺乏必要的救济时，就免不了会违法犯罪。当然，身体残疾与社会歧视并非是可以犯罪的理由，但如果社会能给予其应有的关爱和帮助，政府将其纳入基本社会保障范畴，企业能充分吸纳其就业，使之不为生活匮乏所困，就能最大限度地消弭其违法犯罪的冲动，就能从源头上减少聋哑人犯罪的发生，起到治本之效。

（四）刑事诉讼程序中应体现聋哑人的特殊性

1. 在司法程序中应增设聋哑人犯罪的特殊程序。未成年人犯罪有独立的、完整的特殊程序，而聋哑人除了需要配备手语翻译外，和健全人的程序是一样的。在现阶段增设一套完整的针对聋哑人的司法程序是不现实的，但笔者认为，增加以下程序内容是任何一级司法机关都可以做到，且能够体现对聋哑人的关怀：心理干预、帮教引导、法庭教育、社会联动支持[①]等。通过这些特殊程序，将社会的温暖传达给他们，让他们认识到自己不是被抛弃的群体，并重拾信心，认真改造，

---

① 这里主要指将残联及各类企业引进对聋哑人的帮教程序中，为他们的改造和就业提供平台。

不再重蹈覆辙。

2. 严格依法裁判，对聋哑人量刑真正做到从轻或减轻。刑法规定了对聋哑人的量刑原则，却没有相关的司法解释作为实施细则，《人民法院量刑指导意见（试行）》也将聋哑人量刑的有关指导意见删除。最高司法机关都暴露了对聋哑人犯罪的不重视，也难怪实际办案部门更加忽视聋哑人的权益保护。所以，要想改变聋哑人量刑的现状，司法人员必须严格依法办事，把聋哑人的量刑和健全人的量刑拉开差距，将刑法规定的原则真正贯彻到聋哑人的量刑中。

二、对非本市户籍人员的量刑应与本地人保持均衡

非本市户籍人员盗窃的量刑研究凸显了其逮捕率和监禁刑率较本地人高的问题。通过对盗窃数额的对比，非本市户籍人员和本地人盗窃的社会危害性基本相同，在此前提下，对非本市户籍人员适用更多的逮捕措施和监禁刑，就是量刑有失公正的表现。如何对非本市户籍人员和本地人做到一视同仁，笔者根据司法经验，认为应解决以下几个问题：

（一）转变司法人员的观念

事实上，有很多非本市户籍人员在北京有稳定工作，有人愿意为他们做保证人，他们自身也不会脱保，只是没有人给他们证明的机会。把非本市户籍人员脱保的可能性假设为必然性，阻绝了非本市户籍人员被取保候审的一切机会。

（二）为非本市户籍人员创造取保候审条件

改变非本市户籍人员逮捕率和实刑率的现状，司法人员改变观念是先行，但保障措施也应跟得上。这就要求侦查人员不仅要搜集犯罪事实的证

据，还要搜集犯罪嫌疑人逮捕必要性的证据。[①] 对于确实具备取保候审条件的，就要依法不予批准逮捕。对于犯罪情节轻微且认罪的嫌疑人，是否具备取保候审条件不明的，侦查机关应主动联系其工作单位、在京亲属和原籍地亲属为其创造取保候审条件，而不是简单逮捕了事。

（三）健全全国联网的监控网络

对非本市户籍人员采取逮捕措施的其中一个考虑就是担心其脱保，不能保证诉讼。其实，脱保的风险无论是对本地人还是非本市户籍人员都存在。所以，健全全国联网的监控网络，让犯罪分子无路可逃，也就解决了脱保的后顾之忧。现在全国的网上在逃系统和违法犯罪系统比较健全，异地发现和抓捕犯罪分子的作用已经比较明显。但如果将这张监控网络进一步织密织大，让犯罪分子认识到脱保只会加重刑罚而不会获得人身自由，脱保的企图就会完全被打消。是否脱保就不会再成为对非本市户籍人员采取逮捕措施的借口和顾虑。

三、主从犯划分应成为判决的必要内容

（一）主从犯划分的价值和意义

共同犯罪人分类的价值，在于解决共同犯罪中不同犯罪人的刑事责任有无和大小的问题。主犯与从犯在共同犯罪中的地位和作用是不相同的，主犯是矛盾的主要方面，处于支配地位，起着主导作用，而从犯是矛盾的次要方面，处于被支配地位，起着辅助作用。主犯与从犯划分的伦理根据在于善有善报、恶有恶报的正义观念。体现了重点打击少数、分化瓦解犯

① 事实上，随着《刑事诉讼法》的修订，对逮捕必要性和羁押必要性的审查更加严格，对侦查机关提请逮捕时同时要求其提供逮捕必要性方面的证据，但如何更好地贯彻落实这些制度，使其充分发挥作用还有待实践的检验。

罪的策略，并且是同犯罪斗争的丰富实践经验的科学总结。[①] 在共同犯罪中，各被告人如果作用相当或基本相当，可不区分主从犯，但如果各被告人在实施犯罪中的地位和作用明显差别而不区分主从犯，则是不尊重客观事实，违背了罪责刑相适应的原则。

不区分主从犯，笼统量刑，违背了人们罚当其罪的朴素情感。该重的不重，该轻的不轻，被告人难免对判决产生抵触和怀疑情绪，不利于其后的服刑改造，也不利于社会各界对判决的认可。所以，笔者认为，主从犯是法定的量刑情节，是对被告人在犯罪中所起作用的明确界定，直接影响被告人的定罪和量刑，法官应严谨认真地看待这一问题，应当划分的一定要划分。

（二）主从犯划分应当成为判决的必要内容

主从犯是刑法规定的法定情节，笔者的观点是：对于共同犯罪的案件，是否区分主从犯应当成为必要的内容，也应当成为对法官判决案件的内在要求。法官必须认真审查认定，能区分则区分，不能区分要说明理由。对于法官的认定有不同意见的，公诉机关可以抗诉，被告人也可以上诉，这样就可以督促法官思考并认真对待主从犯的划分问题。

司法实践中，主从犯的划分还比较随意。是否划分完全凭法官自己的决定，即使不划分也不说明理由。当辩护人提出从犯的辩护意见时，也常以一句“作用相当，不宜划分主从犯”的套话予以驳回。所以造成现在大量共同犯罪案件不划分主从犯的局面，甚至一些共同犯罪中各共犯的作用明显不同，也不予划分。之所以造成这种局面，主要有两个方面的原因：

1. 主从犯划分还没有成为司法人员熟练运用的法定情节。不仅是法官，侦查人员和公诉人对主从犯的划分也不是很在意，这不是他们工作程

① 参见吴光侠：《主犯与从犯区分根据论》，载《法学评论》（双月刊）2008年第2期。

序中必须履行的一个环节，划分与否除了给自己增加工作量之外，没有其他更实际的意义。但是如自首、立功等法定情节的意义就不同，从侦查人员取证到最后法官裁判，都必须给予足够的重视，成为工作中的必要一部分。如果法官在认定上有错误，公诉机关对判决会抗诉，当事人也可以上诉，这样的失误属于“硬伤”。而主从犯却不然，即使法官不认定，公诉人基本不抗诉，当事人也不会上诉，因为明知这是没有意义的诉讼行为。

2. 主从犯的划分确实在理论上有争议，实践中没有形成固定模式，这是法官只对特别明显的主从犯划分的主要原因。关于主从犯的问题，理论上有研究，但理论未能指导实践形成一些法官熟练掌握的固定模式，而使法官难以操作。例如，自首和立功在理论和实践的衔接上也曾经比较混乱。但司法解释多次对自首、立功情节明确规定，甚至具体到了某些行为模式。正是由于司法解释不断地对实践中有争议的情形予以肯定或否定，才使法官越来越熟练地掌握自首和立功认定标准。

所以，笔者认为，对主从犯的划分也应该这样，司法解释应厘清理论上的争议，总结实践中的典型模式，使法官能够熟悉和了解运用主从犯的划分方法。同时，最高司法机关也要强化主从犯的地位和作用，将主从犯的划分作为判决的必要内容。

（三）主从犯划分要考虑可操作性

笔者虽然强调主从犯的划分，但也并不认为所有的共同犯罪都要划分主从犯。主从犯划分还要考虑可操作性，在一些分工复杂交叉的共同犯罪中，无法划分主从犯就不要划分。

一些嫌疑人组成不稳定的犯罪团伙，没有组织者和指挥者，团伙中的成员随机组合共同实施盗窃，盗窃时的分工也都是在现场随机决定的，有的被告人在此案中望风，在彼案中实施窃取行为，盗窃得手后立即分赃，实施盗窃的人往往多分一些。这种案件区分主从犯时，应当采取逐笔审查、综合评定的办法。逐笔审查，就是要一笔一笔的划分，确认在每次盗窃中到底是哪一个人或哪几个人起了主要作用。综合评定，就是要把每次盗窃的主从犯情况结合考虑，进行评定，不能以一次或几次的主从情节，认定主从犯。[①] 如果这样仍然不能区分主从犯就不必再区分。

在有一些案件中，被告人角色和分工经常发生变化，相互之间也看不出作用谁大谁小。如在被告人胡某某等11人盗窃案中，胡某某参与盗窃18起，姚某参与盗窃12起，饶某某参与盗窃9起，其他被告人则参与1起到6起不等。这就是一个典型的多人组成的松散的盗窃团伙。没有组织者和指挥者，每次的纠集者或提议者也不同，在盗窃实施过程中，实施盗窃的人和望风的人也完全在现场凭默契随机确定。虽然胡某某参与盗窃次数多，但他并没有对团伙其他成员有领导和支配行为，平常大家也不住在一起，谁想去就去。无论按分工还是按作用，都不能将几个人清楚地区分开来，对这种案件，笔者认为不必区分主从犯，按照各个被告人涉嫌的盗窃数额分别量刑就可以了。

第四节　余　　论

本书的写作虽然耗时1年，且在收集判决书和制作数据库过程中也经过了几次反复，但笔者在写作中，还是发现了存在的一些不足，这些不足主要来自本书的准备阶段。

一、非概率抽样的代表性有所欠缺

笔者根据自己的研究能力和工作经验，使用非概率抽样方法确定样本

① 参见王礼仁编著：《盗窃罪定罪量刑案例评析》，中国民主法制出版社2003年版，第108页。

进行研究，这也是调研中常用的统计方法。但选择每个区的判决时，一直强调随机性，不增加人为影响，尽量使这些被抽取的判决有代表性。但在本书写作时，还是发现了样本的问题。比如，在统计未成年人盗窃的数量时，发现平谷区的未成年人盗窃居然占到所有未成年人样本的45.5%，也占该区全部盗窃的22%。这个数据显然不合常规，笔者不得不调取了平谷区2009年至2013年的未成年人犯罪的数据，确认这个数据确实存在问题，不能反映未成年人盗窃情况的准确分布规律。

因此，应该说非概率抽取样本的方法虽有代表性，但这种代表性离完全准确和全面还有一定差距。所以笔者不敢说本书所有的统计结果和研究结论都完全真实、准确无误地反映北京市盗窃罪的量刑现状。但是，笔者共选择了2000个案例且跨度为10年，笔者相信还是能够反映北京市盗窃罪量刑的基本状况的。

二、设定变量时由于经验不足而产生的缺陷

选定影响盗窃罪量刑的变量是本书研究很重要的一个环节。变量选择适当，能够完整清晰地呈现盗窃罪量刑的实际状况，选择不妥当则造成该研究的没研究，不该研究的也没有实质内容等局面。虽然笔者在制作数据库前经过了搜集资料和认真思考并征求意见，自认为将所有该研究的变量一网打尽。但是在录入数据库的过程中，笔者仍然发现了一些遗憾。例如，有一个变量被笔者忽略了，那就是在校生盗窃的量刑研究。在校生在任何法律性文件中没有作为量刑情节出现过，笔者遇到的此类实际案件也不是很多，就没有把在校生作为研究的变量。但是笔者在录入数据库的过程中发现在校生的量刑非常低，有些甚至低过了未成年人。在校生包括了中学生和大学生，总量不是很大，由于笔者的数据库制作已经过半，如果推翻重来，工作量将非常大，再加上在校生数量的确不多，于是笔者忍痛放弃了这个变量，但想将这个问题在书中做一个说明。在校生的判决在海

淀区出现数量稍微多一些，以大学生为主，其他几个城区主要是中学生。法官一定是为这些在校生的前途考虑，特别是考上名牌大学的外地孩子，对他们的量刑基本都是非监禁刑，有管制、缓刑或单处罚金刑等。有一名被告人系某高校在校生，连续13次盗窃同宿舍和其他宿舍的财物，盗窃数额巨大，在没有从轻情节的情况下，被法院判处缓刑。另一名高校在校生盗窃7000多元，也没有从轻情节，也被法院判处缓刑。此类案件的办理过程中，从侦查到审判，几乎所有的办案人员无一例外地都对这些被告人抱以同情和惋惜，并在这种感情支配下尽可能的轻缓量刑。

设定变量的另一个遗憾是对盗窃款物和被害人的设定。盗窃救济、抢险等款物以及盗窃残疾人、孤寡老人等特殊被害人是司法解释规定的从重量刑情节。但是，在数据库制作过程中，没有发现一个被盗财物符合设定的变量特征。符合被害人特征也只有很少的几个。

三、判决书作为主要研究对象带来的局限性

本书的研究对象是判决书，而非其他对案情记载更详细的案件审查报告等。判决书有固定的格式，特点就是语言规整、概括、简练。判决书记载了案件的基本信息，该有的要素都有，但是不会很细致，一些非法定或非酌定的案件附带的因素不会在判决书中出现。基层法院案件量大，法官工作压力大，写判决书不可能洋洋洒洒上万句，内容总是简练、浓缩，该有的事项点到为止，不展开论述，论理基本很少或没有。

判决书的这种简练带来的局限性就是笔者不能详细地了解案件信息，导致有些案件变量统计不是绝对准确。比如，笔者关于被告人正当职业的统计就不是很完整，因为很多判决书在被告人基本信息部分只写无业，在盗窃事实部分却又泄露出被告人是有工作的。假如盗窃事实部分不涉及被告人职业，笔者按判决书中被告人基本信息统计，就只能是无业了。再如，关于持械盗窃的统计，有的判决书简单描述一下盗窃手段，能使笔者

看出犯罪工具的存在，而有的判决书则对盗窃过程不描述，就使笔者无从知道犯罪是否存在。所以，本书中笔者统计的有些变量是不完全符合实际情况的，其数据应该比实际的情况要小。

为了使读者对这些变量有清楚的认识，关于哪些变量统计的准确，哪些统计的不准确，笔者在第五章对各变量的详细探讨中都有交代。比如，累犯、前科、立功、自首、入户盗窃、认罪、退赔等这些统计都是准确无误的，因为这是判决必须查明并认定的事实。但被告人职业、犯罪工具、犯罪动机、携带凶器盗窃等的统计就不是完全准确的。这种由研究对象先天带来的局限性，笔者也无法克服，只能做到尽量接近真实。但好在这些变量都是酌定情节而非法定情节，对量刑的影响不大，也正是因为它们是酌定情节，法官在判决书中才会忽略。

参 考 文 献

1. 孙春雨：《中美定罪量刑机制比较研究》，中国人民公安大学出版社2007年版。

2. 杨志斌：《中英量刑问题比较研究》，知识产权出版社2009年版。

3. 臧冬斌：《量刑和合理性与量刑方法的科学性》，中国人民公安大学出版社2008年版。

4. 张天虹：《量刑公正论》，法律出版社2012年版。

5. 白建军：《刑罚规律与量刑实践——刑法现象的大样本考察》，北京大学出版社2011年版。

6. 刘远、汤建国主编：《量刑规范化理论探要》，中国人民公安大学出版社2010年版。

7. 李玉萍：《程序正义视野中的量刑活动研究》，中国法制出版社2010年版。

8. 丁寿兴：《量刑探索与实践》，法律出版社2011年版。

9. 熊选国主编：《〈人民法院量刑指导意见〉与“两高三部”〈关于规范量刑程序若干问题的意见〉理解与适用》，法律出版社2010年版。

10. 王礼仁主编：《盗窃罪定罪量刑案例评析》，中国民主法制出版社2003年版。

11. 黎其武：《量刑公正论》，法律出版社2011年版。

12. 李艳玲：《量刑方法论研究》，中国人民公安大学出版社 2007 年版。

13. 赵秉志、彭新林编著：《量刑情节与量刑方法专题整理》，中国人民公安大学出版社 2009 年版。

14. 王利宾：《酌定量刑情节规范适用研究》，上海社会科学院出版社 2010 年版。

15. 陈瑞华：《量刑程序中的理论问题》，北京大学出版社 2011 年版。

16. 仇晓敏：《量刑公正之程序路径》，中国人民公安大学出版社 2010 年版。

17. 吕忠梅总主编：《美国量刑指南——美国法官的刑事审判手册》，法律出版社 2006 年版。

18. 周金刚：《量刑情节研究》，法律出版社 2012 年版。

19. 陈庆：《量刑理论若干问题探究》，知识产权出版社 2011 年版。

20. 胡云腾主编：《中美量刑改革国际研讨会文集》，中国法制出版社 2009 年版。

21. 苏惠渔、张国全、史建三：《量刑与电脑——量刑公正合理应用论》，百家出版社 1989 年版。

22. 顾肖荣、吕继贵主编：《量刑的原理与操作》，上海社会科学院出版社 1991 年版。

23. 喻伟主编：《量刑通论》，武汉大学出版社 1993 年版。

24. 高格：《定罪量刑的理论与实践》，吉林人民出版社 1994 年版。

25. 胡学相：《量刑的基本理论研究》，武汉大学出版社 1999 年版。

26. 周光权：《法定刑研究——罪刑均衡的建构与实现》，中国方正出版社 2000 年版。

27. 刘守芬、余诤：《罪刑均衡论》，北京大学出版社 2004 年版。

28. 韩玉胜、洪求华：《刑罚正义论》，当代世界出版社 2004 年版。

29. 白建军：《罪刑均衡实证研究》，法律出版社2004年版。

30. 赵秉志：《犯罪未遂形态研究》（第2版），中国人民大学出版社2008年版。

31. 赵秉志：《犯罪总论问题探索》，法律出版社2003年版。

32. 赵秉志：《刑法基本理论专题研究》，法律出版社2005年版。

33. 白建军：《公正底线——刑事司法公正性实证研究》，北京大学出版社2008年版。

34. 赵廷光：《量刑公正实证研究》，武汉大学出版社2005年版。

35. 阮齐林：《中国刑法上的量刑制度与实务》，法律出版社2003年版。

36. 姜涛：《认知量刑规范化》，中国检察出版社2010年版。

37. 胡学相：《量刑的基本理论研究》，武汉大学出版社1999年版。

38. 邱兴隆：《关于惩罚的哲学——刑罚根据论》，法律出版社2000年版。

39. 陈兴良：《刑法哲学》（第3版），中国政法大学出版社2004年版。

40. 郑伟：《重罪轻罪研究》，中国政法大学出版社1998年版。

41. 高格：《定罪与量刑（上下）》（第2版），中国方正出版社2001年版。

42. 白建军：《法律实证研究方法》，北京大学出版社2008年版。

43. 宋英辉、王五良：《法律实证研究方法》，北京大学出版社2009年版。

44. 雷小政：《法律生长与实证研究》，北京大学出版社2009年版。

45. 蒋明：《量刑情节研究》，中国方正出版社2004年版。

46. 陈炜：《量刑情节论——量刑情节疑难问题探析》，法律出版社2009年版。

47. 刘树德：《阅读刑法典——罪状结构的若干比较》，人民法院出版社 2004 年版。

48. 梁根林：《刑罚结构论》，北京大学出版社 1998 年版。

49. 季卫东：《电脑量刑辩证观》，载《政法论坛》（中国政法大学学报）2007 年第 1 期。

50. 李希慧、刘期湘：《论量刑情节的法理基础》，载《甘肃政法学院学报》2006 年第 6 期。

51. 廖瑜：《情节的定义》，载《北京大学学报》（哲学社会科学版）2008 年第 3 期。

52. 李翔：《论我国刑罚中情节的概念及其基本特征》，载《理论界》2005 年第 12 期。

53. 郭峰：《事实上的从宽情节在量刑时也要考虑》，载《法学》1982 年第 11 期。

54. 江阶虎：《试探量刑的酌定情节》，载《法学》1984 年第 9 期。

55. 周静、张宝华：《酌定量刑情节范围探讨》，载《法学评论》1993 年第 6 期。

56. 房清侠：《酌定情节的学理研究》，载《法学家》2001 年第 5 期。

57. 高铭暄：《宽严相济刑事政策与酌定量刑情节的适用》，载《法学杂志》2007 年第 1 期。

58. 陈成雄：《论事后防止实际损害结果发生情节在量刑中的定位》，载《中国刑事法杂志》2003 年第 6 期。

59. 陈航：《量刑情节的冲突问题研究》，载《法学研究》1995 年第 5 期。

60. 应懋：《酌定情节法定化之建言》，载《法学家》1990 年第 6 期。

61. 段立文、陈殿福：《近年来标准化量刑研究概览》，载《政法论坛》1991 年第 5 期。

62. 赵廷光：《论量刑精确制导》，载《现代法学》2008 年第 4 期。

63. 王恩海：《论量刑基准的确定》，载《法学》2006年第11期。

64. 白建军：《量刑基准实证研究》，载《法学研究》2008年第1期。

65. 李静：《略论影响量刑平衡的法理因素》，载《当代法学》1990年第2期。

66. 王成全：《析量刑失衡的原因与对策》，载《法理适用》1994年第3期。

67. 周光权：《量刑规范化：可行性与难题》，载《法理适用》2004年第4期。

68. 黄祥青：《量刑规范及其方法的选择》，载《法理适用》2004年第10期。

69. 臧冬斌：《量刑规范化与法官量刑自由裁量权的衡平》，载《河北法学》2007年第12期。

70. 张勇：《量刑规范化改革及路径选择》，载《甘肃政法学院学报》2008年第1期。

71. 刘铮：《量刑规范化与量刑精密化——以司法过程的性质为视角》，载《山东审判》2008年第1期。

72. 赵廷光：《"电脑辅助量刑系统"的一般原理》，载《中国法学》1993年第5期。

73. 张秉年：《对影响量刑平衡几个因素的探讨》，载《法治论丛》1990年第1期。

74. 朱建华：《量刑的理论与实践研究——量刑基准的确立》，载《河北法学》2006年第12期。

75. 张忠斌、赵慧：《论量刑情节竞合的解决》，载《长江大学学报》(社会科学版) 2004年第3期。

76. 于志刚：《论前科制度的量刑价值》，载《山东公安专科学校学报》2001年第6期。

77. 贺胜生：《关于法定量刑情节适用的几个实践问题》，载《中外法学》1998 年第 6 期。

78. 王贵东：《德国刑事判决书说理方法之考察及其启示》，载《法律适用》2010 年第 1 期。

79. 陈庆、翟红彦：《简论量刑机制》，载《山西农业大学学报》（社会科学版）2012 年第 2 期。

80. 归丽华：《量刑平衡的司法实现》，载《国家检察官学院学报》2009 年第 4 期。

81. 唐双玲：《论被害人的量刑意见权》，载《新疆广播电视大学学报》2012 年第 1 期。

82. 王培韧：《论量刑均衡及其实现路径》，载《山东警察学院学报》2008 年第 5 期。

83. 夏尊文、喻福东：《论我国刑法中的量刑均衡原则及其适用》，载《湘潭师范学院学报》2009 年第 4 期。

84. 鲁明东、金明强：《试论从宽量刑情节适用的有关问题》，载《法学探索》1994 年第 4 期。

85. 王利荣：《也是犯罪与责任相均衡——对附条件犯罪赔偿的价值分析》，载《法律科学》2009 年第 4 期。

86. 刘守芬、方文军：《罪刑均衡的司法考察》，载《政法论坛》2003 年第 2 期。

87. 曹利民、郑馨智：《对罪刑均衡的一些思考》，载《法学杂志》2009 年第 11 期。

88. 左坚卫：《简论量刑失衡的原因》，载《观察与思考》2009 年第 12 期。

89. 刘军：《量刑如何实现均衡》，载《法学》2011 年第 8 期。

90. 张明楷：《责任主义与量刑原理——以点的理论为中心》，载《法学研究》2010年第5期。

91. 王良顺：《论量刑根据——兼及刑法第61条的立法完善》，载《法学家》2009年第5期。

92. 周光权：《量刑基准研究》，载《中国法学》1999年第5期。

93. 梁根林、黄伯胜：《论刑罚结构改革》，载《中外法学》1996年第6期。

94. 陈兴良：《刑罚改革论纲》，载《法学家》2006年第1期。

95. 阮齐林：《北京市朝阳区检察院1999年度公诉案件量刑的分析研究》，载《政法论坛》2001年第1期。

96. 白建军：《裸刑均值的意义》，载《法学研究》2010年第6期。

变 量 说 明

变量1：地区　1 = 西城区　2 = 海淀区　3 = 大兴区　4 = 平谷区

变量2：年份　直接录入年份即可

变量3：盗窃数额　以元为单位直接录入数额

变量4：主刑种类　0 = 单处罚金刑　1 = 管制　2 = 拘役　3 = 缓刑
4 = 有期徒刑

变量5：主刑时长：以月为单位直接录入

变量6：罚金刑：以元为单位直接录入数额

变量7：盗窃款物特征　1 = 救灾　2 = 抢险　3 = 防汛　4 = 优抚
5 = 扶贫　6 = 移民　7 = 救济　0 = 无

变量8：被害人特征　0 = 其他　1 = 残疾人　2 = 孤寡老人
3 = 病人及其亲友　4 = 未成年人
5 = 丧失劳动能力人

变量9：嫌疑人受教育程度　1 = 文盲　2 = 小学　3 = 初中　4 = 高中
5 = 中专　6 = 大专　7 = 大学
8 = 研究生以上

变量10：是否未成年人　1 = 是　0 = 否

变量11：是否非本市户籍人员　1 = 是　0 = 否

变量12：是否被逮捕　1 = 是　0 = 否

变量13：是否累犯　1 = 是　0 = 否

变量14：有无前科　1 = 有　0 = 无

变量15：是否自首　1 = 是　0 = 否

变量16：是否立功　1 = 是　0 = 否

变量17：是否聋哑盲人　1 = 是　0 = 否

变量18：是否认罪　1 = 是　0 = 否

变量19：犯罪动机　1 = 生活所迫　2 = 非生活所迫
3 = 以盗窃为生　4 = 其他

变量20：是否采用破坏性手段　1 = 是　0 = 否

变量21：有无退赔或追缴　0 = 无　1 = 全部退赔
2 = 退赔或追缴过半
3 = 退赔或追缴未过半

变量22：有无正当职业　1 = 有　0 = 无

变量23：主从犯　1 = 主犯　2 = 从犯　3 = 其他

变量24：是否入户　1 = 是　0 = 否

变量25：是否持械　1 = 是　0 = 否

变量26：盗窃次数　按实际次数录入

变量27：既未遂　1 = 既遂　2 = 未遂　3 = 部分既遂

后　记

本书由我的博士论文修改而来。博士论文自2012年定题，历经1年有余，终于成稿，有一种苦尽甘来、百炼成钢的苦涩与甜蜜。

最初，通过和刘志伟老师多次讨论，我充分认识到了实证研究的价值，并最终确定以盗窃罪作为实证研究的对象。认真负责而又无比谦虚的刘老师又请来留德的赵书鸿老师共同讨论提纲和研究方法，通过一次次的争论和思想的碰撞以及不断修改，论文提纲更趋清晰和合理。实证研究方法也在赵老师的耐心传授下逐渐了然于胸。

论文开题后，我就着手收集判决。历时四个月收集了北京市4个区10年的盗窃罪判决，共2000份。将每一份判决书认真审阅，挑选出待研究的要素。判决书短的两三页，长的几十页，都需要反复看上几遍。制作数据库的过程更是曲折而复杂，其间因缺乏经验又返工重做一次，又将所有判决书再查看一遍，数据重新调整。待数据库终于完成已是2013年的11月，心里的紧张和惶恐使我常常无法入眠。一边对数据库进行统计分析，一边开始写作，不敢有一刻的耽搁。由于心里对论文的架构早已明晰，根据数据统计结果分别按主题写出文章，最后再按照提纲整合梳理，就像搭积木一样完成了论文的雏形，这也是我第一次尝试这样的写作方法，事实证明高效且便于修改。在初稿尚未完成时，刘志伟老师担心论文的进度，多次询问，过年期间将完成部分帮我审阅一遍，及时提出意见，避免了走弯路。初稿完成后在刘老师指导下，又给论文做了两次“大手术”，达到了参加答辩的要求，此时才长长出了一口气。但其后的小修小改一直不断。

论文是在没有较多影响工作的情况下完成的，不是白天见缝插针写一段，就是晚上熬红眼睛写一篇。过年期间，除了陪家人过除夕和初一，其他时间都在写论文，耳边震天的鞭炮声就像是战鼓，催我不敢懈怠。就这样一点一滴，一句一行写完了15万字的论文。论文写作过程虽异常辛苦，内心却始终斗志昂扬，不知疲倦，恰如攀登高峰的勇士不达目的不罢休的豪壮。

在论文写作过程中，得到了老师的悉心指导和同学们的无私帮助，没有他们，我无法完成这样一篇内容丰富的实证研究论文。特别要感谢我的同门师弟赵学军博士帮我收集判决，整理归类，为我提供了扎实的研究基础。2000份判决的收集和整理，其工作量之巨可想而知，学军却在借调高级法院的繁忙工作中，用最短时间帮我整理完毕，感激之情无以言表！还有刑科院的小师妹林思婷博士，既懂法律，又会做统计分析，数据库的所有统计分析工作都由她完成，没有她的贡献就没有这篇论文的诞生！

博士论文顺利通过答辩，终于完成了人生一个重要的阶段性目标。本以为我的论文从此要束之高阁了，刘志伟老师又鼓励我参加法学会的后期资助项目。了解了往年的资助情况后有了畏难情绪，但刘老师帮我分析了实证研究论文的实践价值，使我又树立了信心，觉得应该让更多的人了解量刑的真实现状以及存在的问题，从而引发更多的思考，也深入研究和解决实践中存在的迫切问题。秉持着这样的初衷，我认真准备材料，申报了后期资助项目。在深入和完善论文方面，我又进行了延伸和拓展，以上诉和抗诉的涉及量刑的盗窃罪二审判决作为新的研究对象。这个研究的目的是想通过检察院的抗诉和被告人的上诉，了解诉讼参与人对判决公正、均衡是否有异议，以及二审法院对量刑是否纠偏，如何把握判决之间的均衡。确定这个新思路后，我又重新搜集了5年的盗窃罪二审判决，把以量刑过重为上诉诉求的判决作为重点研究对象，对这几百份判决似庖丁解牛般进行了透彻的分析。该部分研究又历时半年，耗费不少心血，但是相当有价值，发现了二审判决的规律、特点以及存在的问题。增加了这部分研究，本书就能对量刑问题有不同层级、不同视角的认识，也有了更扎实、更全面的论证。

要感谢的人太多：感谢单位领导支持我的学业；感谢我的公公、婆婆帮我带孩子、做家务，免除我的后顾之忧。要特别感谢我的先生郁青峰，他是我坚强的后盾，没有他的全力支持，我不可能考上博士，也不可能顺利写完论文，更不可能完成这本书的写作。本书凝聚了太多人的付出和劳苦，在这里一并向大家表示深深的感激！

2019 年 3 月

图书在版编目(CIP)数据

北京市盗窃罪量刑实证研究：以2736份判决书为样本 / 董晓华著. -- 北京：法律出版社，2020
ISBN 978-7-5197-0712-5

Ⅰ. ①北… Ⅱ. ①董… Ⅲ. ①盗窃罪-量刑-研究-北京 Ⅳ. ①D927.104.354

中国版本图书馆CIP数据核字(2020)第012716号

北京市盗窃罪量刑实证研究
——以2736份判决书为样本
BEIJINGSHI DAOQIEZUI LIANGXING SHIZHENG YANJIU
—YI 2736 FEN PANJUESHU WEI YANGBEN

董晓华 著

责任编辑 黄倩倩
装帧设计 李 瞻

出版 法律出版社
总发行 中国法律图书有限公司
经销 新华书店
印刷 北京虎彩文化传播有限公司
责任校对 王沁陶 李景美
责任印制 陶 松

编辑统筹 学术·对外出版分社
开本 710毫米×1000毫米 1/16
印张 21.5
字数 266千
版本 2020年1月第1版
印次 2020年1月第1次印刷

法律出版社/北京市丰台区莲花池西里7号(100073)
网址/www.lawpress.com.cn
投稿邮箱/info@lawpress.com.cn
举报维权邮箱/jbwq@lawpress.com.cn
销售热线/400-660-8393
咨询电话/010-63939796

中国法律图书有限公司/北京市丰台区莲花池西里7号(100073)
全国各地中法图分、子公司销售电话：
统一销售客服/400-660-8393/6393
第一法律书店/010-83938432/8433 西安分公司/029-85330678 重庆分公司/023-67453036
上海分公司/021-62071639/1636 深圳分公司/0755-83072995

书号:ISBN 978-7-5197-0712-5 **定价**:98.00元
(如有缺页或倒装,中国法律图书有限公司负责退换)

中国法学会后期资助项目文丛

文丛说明

为进一步落实中央《关于加强中国特色新型智库建设的意见》，充分发挥中国法学会作为党和政府联系法学法律界桥梁和纽带的作用，着力实现中国法学会作为国家法治建设领域核心智库的发展目标，为专家学者开展法学研究和成果转化提供支持，不断丰富和发展中国特色社会主义法治理论体系，中国法学会特决定设立后期资助项目，对具有重要理论和实践价值的优秀法学研究成果予以后期资助，纳入“中国法学会后期资助项目文丛”出版。2015年中国法学会后期资助项目设立以来，累计立项80余项成果，已交付出版60余部。今后每年我们还将评选确定一定数量的后期资助项目并予以出版。

中国法学会研究部

2019年11月

中国法学会后期资助项目文丛

BOOK SERIES FUNDED BY CHINA LAW SOCIETY

1. 《行政程序法典化研究》姜明安 等著
2. 《解读青年马克思的黑格尔法哲学批判》姚远 著
3. 《清代“杀一家三人”律、例辨析》吴杰 著
4. 《中央地方关系中的民主集中制研究》苗泳 著
5. 《证券内幕交易构成要件比较研究》曹理 著
6. 《欧洲婚姻财产法的未来》樊丽君 译
7. 《德国刑法教义学上的客观处罚条件》王钰 著
8. 《结果加重犯的基本原理与认定规则研究》邓毅丞 著
9. 《刑事诉讼中法院职权调查问题研究》林铁军 著
10. 《人民陪审员角色研究》刘方勇 著
11. 《非典型劳动者权益保护研究》班小辉 著
12. 《创新与反垄断——互联网企业滥用行为之法律规制研究》仲春 著
13. 《不得援引国家豁免的商业交易诉讼研究》纪林繁 著
14. 《国家侵权的国际私法问题研究》李华成 著

15.《法律的空间意象性》朱垭梁 著

16.《罗马体育法要论》赵毅 著

17.《〈大清律例〉律目研究》张田田 著

18.《陕派律学家事迹纪年考证》闫晓君 著

19.《论行政法上的意思表示——兼论行政行为构成中的意识要件》田勇军 著

20.《新农村建设中保障农民政治参与权利的制度创新研究》蔡振亚 王为东 著

21.《国家赔偿法研究述评》上官丕亮 主编

22.《个人信息与权利配置——个人信息自决权的反思和出路》刘金瑞 著

23.《从“大陆”走向“混合”的路易斯安那民法典》李宁 著

24.《防控网络恐怖活动立法研究》皮勇 著

25.《背信犯罪：当代社会的白领犯罪》刘荣 译

26.《刑事诉讼中的鉴定意见质证制度研究》王跃 著

27.《互联网规制的国际贸易法律问题研究》孙南翔 著

28.《相关市场界定研究——以技术许可协议为视角》周围 著

29.《外资并购国家安全审查制度的平衡机制研究》杨静 著

30.《司法改革背景下裁判文书说理繁简分流研究》罗灿 著

31.《当代中国法制的政治逻辑》瞿郑龙 著

32.《美国行政法规的司法审查研究》杨蕾 著

33.《非上市公司股份交易法律问题研究》黄爱学 著

34.《中国商事立法研究》张保红 著

35.《日本民事再审事由研究——以判例分析为中心》翟志文 著

36.《论民法教义体系与家庭法的对立与融合：现代家庭法的谱系生成》刘征峰 著

37.《香港与内地刑事法制冲突问题研究》马正楠 著

38.《刑事程序性法律后果研究》马永平 著

39.《抢劫罪量刑经验研究》赵学军 著

40.《生态安全义务履行与人的致灾性法律控制》王建平 著

41.《税法的分配功能研究》侯卓 著

42.《裁判结果透明化的制度审思和完善路径》胡玉明 著

43.《德国判例使用方法研究》高尚 著

44.《现代性视域下的法律数字研究》高一飞 著

45.《商周刑罚制度研究》魏晓立 著

46.《面向行政任务的听证程序构造》石肖雪 著

47.《我国物流法律私法体系之建构——以方法论为视角》张敏 著

48.《再保险法》杨帆 译

49.《金融稳定法论》袁达松 著

50.《中国民事检察监督制度的改革与完善研究》路志强 著

51.《规范论在刑法解释中的作用》李世阳 著

52.《北京市盗窃罪量刑实证研究——以2736份判决书为样本》董晓华 著

53.《德国证据禁止规则研究——法典与判例的有效融合》张袁 著

54.《中国主权观的演进与发展》杨永红 著

55.《中国涉外商事仲裁裁决撤销：机制与实证》张春良 等著

56.《国际投资背景下的跨国公司与人权保护》隽薪 著